Diogenes Taschenbuch 21456

de
te
be

D1934400

Anton Kuh

Hans Nebbich im Glück

Feuilletons, Essays und Publizistik Neue Sammlung

Herausgegeben und mit einem Nachwort von Ulrike Lehner

Diogenes

Diese Sammlung erschien erstmals 1983
unter dem Titel ›Zeitgeist im Literatur-Café‹
im Löcker Verlag Wien
Copyright © 1983 by Löcker Verlag, Wien
Umschlagillustration:
Ethel Reed
Plakat für den Roman ›Miss Träumerei‹
von Albert Morris Bagby
(Ausschnitt) 1895

Lizenzausgabe mit freundlicher Genehmigung
des Löcker Verlags, Wien
Alle Rechte an dieser Ausgabe vorbehalten
Copyright © 1987 by
Diogenes Verlag AG Zürich
60/87/8/1
ISBN 3 257 21456 1

I

Am Wendepunkt

»Wir sind ein Staat geworden«, sagte jemand. »Stad geworden«, sagte das Echo.

Es onkêlt . . .

Es onkelt in den Schachtelhalmen.

Der Onkel ist ein herzerquickender Lump in unserer gemütlichen Philisterfamilie. Er ist gescheiter als der strenge Vater, der seinen liberalen Wahlzettel abgibt, die Jungen verprügelt, und pfeifeschmauchend den »Burgfrieden« bewahrt. Er guckt gerne mal aufs Gegenteil der geltenden Weltbegriffe und findet, daß es da Verwandtes für ihn gibt. Er lacht oft, wenn sich ein Gesetzesbewahrer das Bein bricht, geht aber gleichwohl rüstig denselben Weg. Er hält es mit der Opposition und der Jugend, weil sie seiner übernächtigen Biertrinkerfreude ein Dekorum geben. Er würdigt, er versteht, er rauft mit - aber bei allem nimmt er bedächtig eine Prise Schnupftabak, macht scherzhafte Mundwinkel, und bittet um Ruhe, wenns etwas zu toll wird. Der brave Onkel - nach dem Tode wird sein Bild im Zimmer hängen und man wird tränenschneuzend dazu sagen: »Ja - der war auch noch von den Andern.«

Ich habe jetzt selbst in seiner Sprache sein Konterfei gegeben. Denn er liebt - zu den Schriftstellern verschlagen - solche Rundbogen-Metaphern, durch die man der Wahrheit nie zu nahe kommt und doch immer ironisch aussieht. Diese archaistische Fasettensprache gibt eine Distanz, an deren anderem Ende sich der Onkel unnahbar und unsichtbar den Bauch kratzt. Denn der gute Philisteronkel ist ja nichts als ein gealterter Studiosus, ein arteriosklerotischer Lausbub, der sich gern Weinlaub um die Glatze windet, damit man sie für einen Lockenkopf hält - der im übrigen aber seine Ruhe haben will. Das Aussehen des Stürmers und Drängers genügt ihm - in Wahrheit ist er nicht mitgekommen, nicht einmal mit den eigenen Flegeljahren. Er verlangt für Strindberg eine Gasse, sagt über Wedekind »na – na«, ist für den Kosmopolitismus, der freilich nicht in waschlappigen Allerweltsdusel fallen darf, und immer: »wenn - auch«, »zwar - aber« und das brave Onkellächeln des Gescheiten, der sich dumm stellt – während er doch bloß feig ist.

Der Onkel ist in manchen Zeiten eine wohltuende Herbst-Erscheinung, der gediegene Gleichmut inmitten seichter Temperamente. Manchmal aber ist seine Fürsprache für den Geist lästig und gefährlich. So z. B., wenn ich jetzt in einem Blatte lese, »ein bißchen Freiheit täte wohl«. Ein bißchen natürlich scherzhaft; aber kann man von Freiheit überhaupt per »ein bißchen« sprechen? Ein bißchen Übermut, ein bißchen Sozialismus, ein bißchen Radau oder Pessimismus, wie Onkel Otto Ernst für ihn plaidiert, der dem toten Nietzsche einen Haustorschlüssel empfiehlt – aber ein bißchen Freiheit? Ich glaube, der unerbittlichste Konservativismus und die peitschenschwingendste Rückwärtslerei können nicht so viel Böses schaffen, wie diese bemoosten Unterhändler, die nie die Haltung ihrer feineren Bildung verlieren (aber nicht als Rückhalt des Geistes, sondern der Würde) und dem Radikalismus die saure Kontrollmiene nachmachen. Entweder – oder. Entweder die ganze Knechtschaft oder die ganze Freiheit. Ein bißchen kann man sich, ernsthaft oder nekkisch gemeint, im wahrsten Sinne des Wortes auf den Hut stecken als Gesinnungsschleife alleruntertänigster Devotion.

Es onkelt. Nie haben die Onkels eine bessere Zeit gehabt als jetzt. Da kommen sie denn und bauen auf weißen Flecken satirisches Hausgemüse, spielen gegen die Macht des bureaukratischen Zopfs das Recht des professoralen Dummkopfs aus und beschützen den Geist mit statuarischer Förmlichkeit. Sie bewahren den Anstand der Gegenmeinung und am Ende die Meinung des Anstands und lösen den »Kampf der Weltanschauungen« zu einem bürgerlichen Unterhaltungsbrei. Sie schmunzeln. Weiß man noch von früher her, wie gefährlich dieses Schmunzeln ist? Der Holzknecht und der Kreisgerichtsrat wünschen gute Laune und lachen sich in die Faust. Denn die gutmütigen Onkels sind immer die Vorboten der strengen Tanten – des Weibsteufels, der gegen sich selber wütet.

Zeitgeist im Literatur-Café

Es scheint unmöglich, daß über das Literatur-Café nach der sentimentalen Methode, d. h. detail-malerisch-ironisch noch etwas zu sagen ist. Sein irdischer Rest ruht als Klischee im Setzkasten der Witzblätter. Aber gerade jetzt, wo es seinem epitaphischen Witz erst sinnfällig ins Grab nachfolgt, eine Gespensterpantomime des eigenen Wesens, wirkt es nahezu sozial – wie eben jede aufgescheuchte Menschensiedlung. Was auf einer solchen leibt und lebt, ist uninteressant, belanglos, schattenhaft. Aber die zerzausten Spuren dieser Schatten sagen einem rührend und elegisch: Menschen! ...

Ausgebissen und schäbig wie ein altes Katerfell sieht heute die Vegetation des Literaturkaffees aus. Wo früher die Dampfhitze hart nebeneinander etablierter Intellekte kochte, ist es jetzt kalt vor Nachsicht und Geduld; wo man die eigene Stimme nicht vernahm durch das Getös der Eitelkeiten, überklappern Billardbälle und Gläser das geschwätzige Schweigen und jede Seitenglosse der Kellner ist vernehmbar, obwohl sie taktvoll genug sind, noch leiser als sonst zu sprechen, um den armen Gästen therapeutisch einzureden, daß sie in dem Nichts, das sie sich zu sagen haben, gehört werden könnten. Wo sie früher alle im Harnisch ihrer persönlichen Marke dasaßen, haben sie jetzt die Westen aufgeknöpft und lassen sich ins Beuschel schauen. Das Beuschel, das liebe Beuschel – es ist ja die symbolische Tagesordnung ihres die Zeit zum persönlichsten Stoßseufzer reduzierenden Miterlebens! Das Kulinarische schlägt die Brücke vom Phlegma zur höheren Bedeutung – in der Speisekarte berührt sich das Privatinteresse am ungezwungensten mit dem Weltkrieg. Also sind sie hier, wo's am sichersten und souveränsten ist, eins mit dem Zeitgeist. Anderen fehlt etwa das Schlagobers wirklich und sie werden nichts. Denen da fehlt es nicht im Geringsten – aber es ist ihm kürzeste Formel. Sie haben den Rücken nach der welthistorischen und literarisch-sensiblen Seite zugleich gedeckt, wenn sie in einem Atem vom Schlagobers und dem blutigen Menschenmorden sprechen – und man nicht weiß, was davon den Ton gibt ...

Der Satz: »Ich sehe viele, die nicht da sind«, wird jetzt im Literatur-Café zur intuitiven Aufdringlichkeit. Deutliche Lücken sind in der Typenskala. Hier sollte der schwarzhaarige Entwicklungsgedanke sitzen und immer nervös aus seiner Standpunkts-Bibel (erscheint einmal im Monat) aufblicken, ob noch jemand eine Seele hat – er ergänzt sich wahrscheinlich in Russisch-Polen zu Goethescher Totalität, aber vergißt die gärende Hälfte. Wo sind die Maler und Bildhauer – alle tauglich? Ihrer immer gesellig auftretenden Robustheit im Umhauen und Zugreifen und dem gewissen Mutterwitz ihrer Vitalität wäre es zuzutrauen. Einer ist wenigstens da, er zeichnet freilich die Essenz der Programme, bleibt also um sechs Kilo naiver Gestaltungskraft hinter dem A-Befund zurück. Die Musiker scheinen mit der zweiten Musterung weggerutscht; da hat es ihren sentimentalen Bäuchen nichts mehr genützt. Sie schaffen nunmehr am sausenden Webstuhl des Kanzleidienstes. Dort fehlt nur in der Ecke ein Neutöner – sein Antlitz wird vor dem Feinde verwendet. Ich darf ruhig so kleinlich-respektlos sein; er will es nicht anders und gehört nach wie vor im Geiste hierher. Denn er zählt wie sie alle, die Fehlenden und Gegenwärtigen, zu den »Trotzdem«-Zeitgenossen und schreibt seinem Freund aus dem Schützengraben, daß er die Marmorplatte nicht vergessen kann, die sich lebensvoll-mystisch schon über dem Kindesblick spannte ... Alle Aufstrebenden, Unbekannten, Dynamischen sind weg. Und damit fehlt dem Literatur-Café seine Heizung, sein Grundstock. Denn die paar Männer hier, die schon etwas sind, will sagen: heißen, soll heißen: gelten – das sind die kalten Postamentfiguren in den Nischen. Man könnte sie ebensogut an die Wand malen – und das Lokal hätte dasselbe Gepräge.

Ihnen, den halbmorschen Vätern, obliegt aber heute die Jugend-Arbeit, wie sie das Ackerweib für den eingezogenen Bauer verrichtet. Sie müssen an ihrer Stelle durchhalten und die dem Nachwuchs entgangenen Hausaufgaben des Zeitgeistes selbst präparieren. Das ist schwer, wenn man schon gemächlich in seiner Schablone sitzt und es ehrlich zu einer Unterschrift gebracht hat. Und sie tun es ja auch etwas lang, wie die außertourlichen Supplenten. Man braucht's nicht so genau zu nehmen – wenn nur der Sinn da ist ... Sie verderben sich's also mit der Jahreszahl 1913 so wenig wie mit der sagen wir ... 1917. Für das Verhältnis zu Heldentaten u. dgl. entlehnen sie sich das Bürgerstaunen, für Littera B: »Preistreiberei« bringen sie die eigenen Adjektive mit. Aber wird man ihnen es einmal entgelten, daß sie hier im frostigen Unterstand den Aphorismus von vorgestern nicht ganz kalt werden lassen, ohne eine gewisse Beziehung zum Generalstabsbericht zu entbehren? Der wird hier nota bene allabendlich höher gehängt. Allerdings nie so hoch, daß nicht seine Leser doch noch etwas höher sind. Er dient ihnen – nachdem sie sich acht Stunden lang so gegeben haben, daß nichts auf Krieg und Weltgeschichte schließen läßt – zu einem kurzen, sachlichen Blick, durch den sie sich (zum Aufbruch in die Geheimpolitik ihrer Seele) von ihrer gesellschaftlichen Beziehung verabschieden ... Sie lesen ihn wie den Gustav Meyrink, aber mit mehr Anstand.

Auch das Literatur-Café wartet – mit mehr Mühe als die anderen Institutionen freilich, denn es weiß am wenigsten »nichts Gewisses«. Inzwischen bekommt es sogar – Konkurrenz soll durch Stubenwärme ersetzt werden – einen gemütlichen »Gartenlaube«-Stich ins Familiäre. Goethes Botanik, mit der er sich über die Koalitionskriege hinwegbrachte, ist durch's Kartenspiel vertreten. Es ist eben Platz für Privatleben – die Probleme schämen sich noch ihrer belletristischen Mundart. Diese ausgespannten, affektiertbummellustigen Energieen, die den Besucher hier angähnen, diese Leidensmienen vieldeutigsten Hinunterschluckens, dieses photographische »Wie zu Hause« strömt zusammen eine Schläfrigkeit aus, der sich die Kellner kaum entziehen können. Sie sind darum die Spaßmacher, die ihre melancholischen Herren zum Lachen bringen. Wenn's so weiter geht - denken sie -, hört die Literatur auf; und wo suchen wir uns dann nachher ein so gemütliches Geschäft? ...

Schläfrig ist das Literatur-Café geworden, das früher so orgiastisch müde war. Ein Ausrauchen der Krater war jene Müdigkeit, ein Ausruhen der Selbstbiographien ... Heute hat die Schlaffheit kein Denkergesicht und keine innere Sammlung. Sie ist bürgerlich und harmlos. Ja, das Literatur-Café ist einfach ein Bürger-Café geworden - das ist die Sache, und ich bin gewaltsam kompliziert gewesen. Seine armen Hinterbliebenen halten darin den historischen Winterschlaf. Sie haben vor Gott und den Menschen die hehre Pflicht, wenn die Krieger wiederkehren, noch genau so dazusitzen, wie diese sie verlassen haben, in derselben Pose, am selben Tisch, und ihnen, tränenden Auges, zu sagen: »Geht - wir haben Euren Wortschatz bewacht, während Ihr uns neue Perspektiven holtet!« ...

Die Zeitung des Gerüchtes

Sie wird seit Kriegsbeginn in aller Herren Ländern, die am Krieg beteiligt sind, herausgegeben, hat eine enorme Auflagezahl und einen unbeschadet um jede Partei- und Gesinnungsschattierung treu zusammenstehenden Abonnentenstock, verfügt über Artikel von maßgebender und gut informierter Seite, einen glänzend bedienten Nachrichtenapparat und ein sehr pikantes und abwechslungsreiches Unterhaltungsfeuilleton, eine klare und ausgesprochene Meinung und überraschende Dementis und kostet nicht einen Heller. Vielmehr aber: den Verstand.

Das Gerücht hat bekanntlich viele Stufengrade: es gibt in aufsteigender Folge ein unbestimmtes, bestimmtes, hartnäckiges, allgemeines, öffentliches, zuverlässiges und sicheres Gerücht, von denen das erstere sich so ziemlich mit einer Erfindung und das letzte mit einer Tatsache deckt. Der Frieden hatte im großen und ganzen nur mit den unbestimmten zu tun; darum schienen Zeitung und Gerücht einander gerade gegenüber zu stehen. Der Krieg bevorzugt die andere Gattung. Sie ist derart verdichtet, exakt und sozial ausgebreitet, daß sie selbst schon wieder eine Zeitung darstellt. Die »mündliche Tradition« arbeitet genau wie eine Setzmaschine: Satz- und Wortfolge ist unvermischt beibehalten; Frage- und Ausrufungszeichen, Gänsefüßchen und Bindestriche stehen am selben Platz; auch Einleitungsklischees und Überschriften sind einheitlich, statt: »Wie verlautet ...« einfach: »Sie wissen doch schon ...«, statt: »Eine sensationelle Nachricht kommt uns ...« – »Was sagen Sie zu ...« und dann: »Eine interessante Neuigkeit«, »Die Absichten der Heeresleitung« usw. Das Gerücht spekuliert neuerdings nicht mehr auf Treu und Glauben, es sucht zu beweisen und enthüllt seine Herkunft. Es beschönigt nicht, bereitet nicht vor, stilisiert und affektiert nicht, kommt nicht im großen Bogen und mit zahmer Sachlichkeit, unterliegt keiner Zensur und hat keine weißen Flecke; ist es doch der weiße Fleck selber, sein mutwillig wieder auflebender Inhalt und protzt mit seiner restlosen, tiefschwarzen und auffälligen Vollgedrucktheit. Die Zeitung des Gerüchtes heißt »Der schwarze Dr . . .«.

Sie ist ohne Zweifel äußerst interessant und macht sich in ihrer unbeschränkten Fülle über alle Papiernot lustig. Aber sie hat auch ihre Fehler. Vor allem: ihre offizielle Richtigkeit nimmt erst allmählich zu und steigert sich mit der Entfernung vom Abonnenten; je schneller sie ihm zugestellt wird, desto schlechter ist er unterrichtet, desto zahlreicher sind Druckfehler und Irrtümer vorhanden. Wenn er sie aber verspätet oder im zwanzigtausendsten Abdruck zugeschickt erhält, hat sie sich schon in ein peinliches Amtsblatt verwandelt. Dann: man kann sie zwar mit einem Blick auf die Titel rasch überfliegen, ohne sich um

Geplaudertes und Kleingedrucktes zu kümmern – aber nicht zerknüllen und in die Ecke werfen; man muß sie hundert- und tausendmal sehen und ein und dieselbe Textstelle so oft vor Augen haben, daß man unbewußt und ohne Absicht, die Worte mechanisch herunterleiernd, einem Dritten gegenüber selbst wieder zu einem ihrer Exemplare wird. Die Verbreitung erfolgt heute übrigens weniger aus der Hoffnung, eine Neuigkeit zu melden, sondern im Gegenteil, mit ihr zu spät zu kommen, und in der Informiertheit des andern eine Stichprobe auf ihre Wahrheit zu haben. Endlich: sie lügt wie gedruckt. Zwei Drittel jeder Ausgabe sind eine Korrektur der vorigen Nummer. Aus ihrer bestechenden Reichlichkeit bleibt also nicht viel übrig.

Anfangsmängel hat ein neues Unternehmen immer. Die Zeitung des Gerüchtes tritt ja erst in ihren dritten Jahrgang – was kann man da viel von ihrer Ausgestaltung verlangen? Jedenfalls hat sie von der Materialsichtung und Quellenerfragung des Journalismus genug gelernt, um alle Legendenbildungen und Massentäuschungen des Altertums zu beschämen ... Die Urform der Zeitung war das Gerücht. Es ist nur entwicklungslogisch, daß es heute gleichsam als ihre technische Verbesserung wieder auftritt.

»Hjuhs«

Es ist eine alte Beobachtung, daß Männer des Tages, deren Namen leicht auszusprechen sind, vorweg mehr die Sympathien der Leute haben als solche, deren Namen dem Aug als ein Letternknäuel erscheint. Man tupft und tastet ungefähr an die dunkle Lautfolge, aber die Vorstellung will sich nicht weiter damit befreunden; das Gehirn braucht gleichsam einen handlichen Zettelkasten. Die in- und ausländischen Hubers und Müllers, die Smith, Taft, Grey, Briand hingegen haben unbeschadet ihrer politischen Färbung gewonnenes Spiel. Sie sind populär in dem Sinne wie alles, was einem x-mal über die Lippen kommt.

Die amerikanische Wahlkorrektur hat da unser Tagesgespräch von einer Plage erlöst. Man war bereit, dem zuerst als Präsidenten ausgerufenen Republikaner Hughes, der die Stimmen der Deutschen und Irländer hatte, alle möglichen Talente und guten Eigenschaften zuzusprechen: ihn unter Umständen als Freund und Günstling zu betrachten. Aber man war nicht imstande, sich an das Lautbild seines Namens zu gewöhnen. In Wien dürften sie – vom Rennsport erzogen – »Höx« oder »Hux« gesagt haben. Das heißt im zweiten Bezirk. In Hernals und Meidling wahrscheinlich: »Huges«. In den Lyzeen: »Hödschis«. Hier in Prag: »Chutsch«. In Berlin: »Hutsch« oder »Juch« oder »Juches«. Überall ein Husten, Pfeifen, Ächzen, Glucksen, eine Massenerkrankung an der maladie de tic (die bekanntlich ein dem Namen des geschätzten Republikaners ähnliches Kehlkopfgeräusch bevorzugt). Man erinnerte sich auch an Karl May und seine indianischen Interjektionen, das »Uff!« und »Pschaw!«. Und nach einer Geheim-Theorie sollte es für die Aussprache das beste sein, das sogenannte »Schnackerln« (Schluckreflexe) abzuwarten ... Einige allerdings gingen mit dem großen Wissen herum: »Hughes« das heißt: »Hjuhs«. Aber wer getraut sich die Schrift so mutwillig in einen neuen Klang zu verwandeln? Die Stimme hätte es leicht, aber noch immer schweben zwei »h« vor dem Auge, deren Anblick zum Husten reizt ...

Jetzt, post festum, wissen wir's alle. Hjuhs. Bitte strengen Sie sich nicht an – auch »Jus« genügt. Ja, nicht wahr, hätte sich der Expräsident in spe beziehungsweise der in spe-Präsident a. D. so geschrieben, Sie wären unbedingter für ihn gewesen? Er wäre der Mann Ihrer Mundfaulheit? ... Na, beruhigen Sie sich. Wir bleiben beim Wilson. Und es braucht keinem zu passieren, daß ihm mitten in hochpolitische Kombinationen ein naseweiser Backfisch oder ein affektierter Weltmann ausbessernd dazwischen fährt ... Die Weltgeschichte hat sich verkuzt – 's ist schon wieder gut.

Der »Erste Wiener«

Österreich ist heute ein Trauerhaus. Die Wärme, die von seinem geliebten Vater strömte, ist daraus entwichen und durch die offenen Türen und Fenster fächelt kühle, schmerzensfeuchte Sachlichkeit. So ist die Stimmung in einem Sterbegemach: der Leichnam liegt aufgebahrt, Leute kommen und gehen, man muß das Allernächste besprechen und ordnet es in einer abgeklärten Trauer, die schon den Reif der Sorge ansetzt. Das Zimmer ist weiter geworden, weit wie die unendliche, ungewisse Welt – aber es fehlt etwas Unwiederbringlich-Kostbares darin, das Wesen alles bisherigen Fühlens und Trachtens, die Heimstatt des Herzens. Fröstelnd und vom Gram zermürbt klafft dieses in die Zukunft. Nicht anders trauert ganz Österreich um seinen Vater, dem es insgeheim ein ewiges Leben wünschte.

Aber welches ist nun eigentlich das Sterbezimmer in diesem weitläufigen Trauerhaus? Wo sammelt sich der Schmerz am innigsten, weicht nicht von des Bettesrand und gebärdet sich in hüllenloser Echtheit? Und welchen Teil der großen Volksfamilie trifft er am nächsten? Seht Euch des dahingeschiedenen Kaisers Züge an, und sie werden euch von selber Antwort sagen! Blickt noch einmal auf dieses milde, friedliche, gutmütig-umrahmte Gesicht, in dem alles Schlichtheit und Nachsicht ist und aus dem die ruhige Erkenntnis der Bescheidenheit lächelt und – Ihr werdet es schon irgendwo, an anderen Menschen, gesehen haben, nicht so ausgeprägt und majestätisch vielleicht, aber gewiß verwandt und ähnlich! Es ist das Gesicht des Wieners. Und die Stätte, wo ihm am tiefsten, fassungslosesten nachgetrauert wird: Wien. Die Stadt, in der er zur Welt kam, in der er als Herrscher zeitlebens weilte und die er bis zu seinem Todestag nur selten und auf kurze Zeit verließ. Die Stadt, die ihn wie ein Krongut ihres eigenen Wesens hütete und in ihrem heitersten, ländlichsten Teile sorgsam aufgehoben wußte. Die ihn liebte, weil er nicht von ihr ging und hinter verschlossenen Fenstern, unauffällig wie der erstbeste Privatmann, Leiden und Freuden mit ihr teilte. Die an ihm hing, weil seine Augen »Wienerisch« sprachen.

Hier wurde er das, was er dann für alle war: der Kaiser. Der Artikel vibriert von der Zärtlichkeit familiären Besitzes; er ist das Duwort landmännischen Stolzes und bringt den Namen eines Menschen als bleibenden und gemeinverständlichen Begriff in die Sprache. Man sagte: der Schuhmeier, der Lueger, der Girardi - aber da war noch etwas Keck-Kollegiales; wenn man den Kaiser nannte, kam plötzlich Rührung in die Stimme und leuchtete ein ehrerbietiger Festglanz auf, als müßte selbst die Sprache mit einer so erlesenen Erbschaft der Liebe zart und bedächtig umgehen. Wenn es eine angeborene Loyalität des Tonfalls gibt – hier war sie. Der Kaiser – man könnte es im Sinne eines geadelten Bürgernamens übersetzen: der Herr v. Österreich. Der liebste und geliebteste Bewohner der Stadt, der außerdem noch Herrscher über das Land war. Hoch und Niedrig, Arm und Reich, Groß und Klein wurden blutsverwandt, wenn sie von ihm sprachen. Der alte Herr General, dem es dabei einen Habtacht-Ruck gab und der junge Kellner, der ihn bediente, die Marktweiber und Greislerinnen, die in den letzten Tagen im voraus weinten und ihrer Rührseligkeit auch sonst nie ein besseres Thema wußten als den Kaiser, Ministerialräte und Kanzleipräsidialisten, die noch vor dem Weg ins Amt rasch einen Blick aufs Bulletin warfen, der Kaiser gehörte ihnen allen - er gehörte ihrer Jugend, ihren Eltern, ihrer ersten Erinnerung und der Gewohnheit ihres Herzens.

Woher es kommen mag, daß der Kaiser, der von jetzt an nur noch in geschichtlicher Striktheit »Franz Josef« heißt, von den Wienern so einmütig und ursprünglich geliebt ward? Er war, so weit man es auf einen Monarchen sagen kann, kein »Mann der Öffentlichkeit«; kein Freund der umrauschten Balkon-Tiraden und historischen Posituren; er fuhr nicht mit Gepränge durch die Straßen der Stadt, hielt keine Reden, erschien selten in den Hoftheatern – sondern blieb in seinem buttergelben, barocken Lustschloß zurückgezogen und fuhr höchstens (in früheren Jahren) von hier durch die belebte Mariahilferstraße nach seinem Stadtpalast. Gleichwohl war er der volkstümlichste Mann von Wien. Oder deshalb? ... Wirkte die stille Regelmäßigkeit seines Lebens, die gemütliche Privatheit seines Wirkens, die bürgerliche Selbstverständlichkeit seines Wesens so vertraut und liebenswürdig auf die Mitbewohner? Gewiß – aber es hätte sie, die Geselligen und Umgangsbedürftigen, auch befremden können. Es mußte also zuvor noch etwas anderes dasein, woraus sie ihn als den Ihren erkannten. Was war es? – Die unteilbare Summe aus Wesen und Schicksal, wovon eines für das andere garantierte. Sein Leiden und Dulden und die Unbeirrbarkeit, mit der er dem Augenblicke diente; die Treue zum Bestehenden trotz alles Vergangenen; die Tröstung im fortlaufenden Geschäft – diese Pflichterfüllung ohne Aufwand und Anspruch; die Friedensgeneigtheit im Großen und Kleinen; die gewisse Saloppheit, in der der Mensch den Kaiser behandelte; die Hausväterlichkeit und – die Virginier ... Daß er, der Mittelpunkt aller Etikette und ihr würdigster Bewahrer, innerlich zeitlebens etikettlos blieb, daß es ihm gelang, den Bürger und den Kaiser zu vereinen, groß und gemütlich, majestätisch und intim zugleich zu wirken und einen strotzenden, demutgebietenden Purpurmantel um die Schlichtheit zu tragen, diese Verschwisterung des Allerersten mit dem Erstbesten gewann ihm die Liebe Wiens. Die Stadt erlebte das Glück, sich auf die Art selbst in der Geschichte repräsentiert zu sehen. Ihr Herrscher war ihr Blutsverwandter.

Ist es verwunderlich, daß die Wiener diesem geliebten Herrscher mehr Tränen nachweinen, als irgendeinem zuvor? Sie beweinen sich selbst und ihr bestes Teil. Sie beweinen ihre Vergangenheit. Und sie trauern um einen fürstlichen Begleiter, wie ihnen die Weltgeschichte nicht so bald einen zweiten schenken wird. – Wer wird je noch ihren Eigenschaften ein so glänzender Protektor sein, vor der Mitwelt und Nachwelt?

Melange = Milch + Kaffee

Die Addition stimmt. Melange heißt Mischung, und wenn man Milch mit Kaffee mischt, erhält man jenes Getränk, welches man in Frankreich »Milchkaffee«, bei uns aber »Melange« nennt.

Und doch muß etwas daran nicht richtig sein!

Vor einigen Tagen kam ich nach 2 Uhr nachmittags in ein Kaffeehaus und bestellte auf's Blinde - wer kann sich den verzwickten Stundenplan für Schwarzen, Weißen und Gemischten merken? - eine Melange. Der Kellner bedauerte.

»Nach 2 Uhr kann ich leider nicht dienen.«

»Warum? Man erhält ja bis 3 Uhr Kaffee?«

»Ja - schwarzen. Aber Melange nur bis 2 Uhr.«

»Und vormittag?«

»Bis 10 Uhr bekommen Sie eine Melange, von 10–1 Uhr nur Milch, weil da der Schwarze verboten ist, von 1–2 Uhr Schwarzen, Milch und Melange, aber von 2–3 Uhr ...«

»Nur Schwarzen.«

»Nein - Sie können auch Milch haben. Eine Schale Schwarzen und ein Tasserl Milch. Aber beides in einer Schale nicht. Es ist Melange-Verbot.«

»Aber aus schwarzem Kaffee und Milch kann man sich doch selber eine Melange machen?«

»Daß geht uns nichts an. Die Behörde erlaubt's nur extra.«

»So? Dann bringen Sie mir eine Melange!«

»Kann leider nicht dienen. Nur eine Schale Schwarzen und ein Tipferl Milch. Oder vielleicht eine Schale Milch und ein Tipferl Schwarzen - wie der Herr wünschen.«

»Dann bringen Sie mir also eine Schale Schwarzen und ein Tipferl Milch!«

»Schani! Eine Melange für den Herrn auf Sechse!«

Ich bekam Milch und Kaffee und machte mir die appetitliche Mischung. Es schmeckt besser, wenn man sich's selber anrichtet.

Ehre dem Geist des Gesetzes! Es macht einen Unterschied zwischen der Summe und der Summierung, zwischen Melange und Milchkaffee. Es bittet die P. T. Gäste, sich die Umgehung gefälligst selbst zu addieren. Denn Gottlob: noch sind Milch, Kaffee und Melange jedes für sich verschiedene Dinge!

Dieses Miniaturbild gehört eigentlich in die politische Rubrik. Etwa unter: »Die Nichteinberufung des Parlamentes ...«

Parlamentarischer Bilderbogen

Erste Impression

Die Ringstraße liegt in strotzendem, blaugoldenem Frühsommerglanz gebadet, eine Prachtkulisse für gehobenen Müßiggang. Drinnen aber unter dem wienerisch-hellenischen Säulendach der Politik, bekommt die lyrische Witterung einen Arbeitsdämpfer. Soigniertes, mäßig durchkühltes Halblicht. Es schließt eine Welt ab, die von der Straße und dem Tag nichts wissen darf, wenn sie an ihre heilige Wichtigkeit glauben soll. Und sie weiß auch nichts davon, folgt vielmehr im Sitzungssaal, im Vestibule und der Kreuz und Quer durch alle Wandelgänge ihrem eigenen Rhythmus: dem der Sachlichkeit ohne Schweiß, der Emsigkeit ohne Abhetzung, der pathetischen Nüchternheit. Nur die Galerie schwitzt, ist hochrot vor Exaltation und wölbt die Hände und beide Ohren, um keinen Abänderungsantrag zu verpassen. Die Herren Abgeordneten aber überweisen – sofern ihre Gesinnung nicht zum Schreien verpflichtet – ihre Affekte den Ausschüssen ...

– Das ist überhaupt die Überraschung des neuen Parlaments: die Affektlosigkeit. Kenner behaupten, sie sei identisch mit der Arbeitswilligkeit. Wo Ruhe ist, wachsen die Gesetze. Andere sind skeptisch und warten die Formalitäten ab. So trauen sich Rekonvaleszente oder Kerkerentlassene noch nicht zu, daß sie von hier über die Gasse können. Sie orientieren sich erst über das Terrain. Hier heißt das: parlamentarische Sammlung.

Spezialdebatte

Wie sieht aus der naiven Vogelperspektive – die gesetzgeberische Arbeit aus, beziehungsweise: Wie hört sie sich an? . . . Im Saal ist schwatzhafte Zwischenaktstimmung. Respirium. Lebten wir in der Zeit der mitgebrachten Schinkensemmeln, sie müßten in den Händen der Volksvertretung sichtbar sein. Ein gemütliches, halblautes Brodeln, von einer irren, obenaufschwimmenden Stimme gestört, die aus irgendeiner Ecke des Saals kommt. Es ist die Stimme des Kontra-Redners: Er macht sich keine Mühe, die 238 anderen, die nicht zum Worte gemeldet sind, zu überschreien. Seine Überzeugungsglut kühlt sich zischend in dem lauen Wortgeplätscher. Es macht den Eindruck, daß er sich lauter unterhält und dabei nur beschwörende oder kräftig formulierende Akzente aufbietet. Aber ob man weghört oder nicht – es fallen mitunter Wendungen ins Ohr, die einen die Entfernung vom Sprecher bedauern lassen. Vorüberstreichende Zeitkritik. Eben gibt ein Triestiner Slowene, ein junger Mann von sozialistischem Autodidakten-Typus, Proben davon. Seine Sprache hat bereits eine leise wienerische Färbung und ist auch voll der ironischen Verbeugungen, die hierorts den Wahlredner machen. »Es gibt Leute«, sagt er in bezug auf gewisse Patrioten, »die den Schützengraben nur aus dem Prater kennen.« Österreich tendiert doch nach Wien . . . Wenn auch der geschätzte Vorredner, der Ekstatiker Kallina, vorher darüber lamentiert hat, daß er deutsch reden müsse, um im hohen Haus verstanden zu werden.

Das Buffet

Das ist – neben der Trafik im Couloir, vor dessen vollbesetztem Pult kein Mensch sich anstellt – eine der angenehmsten Erscheinungen des Konstitutionalismus. »Buffet« nennt es sich bescheiden – aber welches Restaurant könnte sich heute mit ihm vergleichen? Hier findet der hungrige Gesetzgeber und Mitschreiber zwar keine Speisekarte, aber etwas Ehrlicheres: Speisen. Er bekommt Suppe, die naturgelb ist, sichtbares Fleisch, ungestrichene Beilage, eine Mehlspeise, die keine kategorische Mehlkarten-Forderung erhebt und einen Schwarzen, an dem die Kaffeebohne hervorragend beteiligt ist. Das Ganze heißt: ein Parlaments-Diner. Es kostet – die Sozialdemokraten essen mit Gewissensbissen – 8 Kronen 50 Heller. Alles fürs Volk, daher das Volk für sein Alles. Ob die Regierung dem Fleiß des Hauses so nicht besser zuredet als mit Pauschaldiäten und § 14-Fuchteln? Die Trafik und das Buffet gehören jedenfalls zu den taktischesten Dingen. Wenn es im Haus noch einen Schuster gibt, der Schuhe doppelt, garantiere ich für einjährige Sessionsdauer . . .

Die Eingerückten

Die Frage: »beurlaubt« oder »enthoben« hat bekanntlich die Debatte des zweiten Tages beschäftigt. Er bot auch schon ein zivileres Bild. Der Referent Hummer hatte die Leutnantsuniform abgelegt, die so schlecht zu seinem Vollbart und so gut zu seiner Sprache paßt, auch der Abgeordnete Neumann erschien, statt im Inkognito eines Dragonerleutnants, im simplen Gesetzgeber-Sakko – blieben nur ein paar ukrainische Legionäre, für welche die Debatte noch brenzlich war, und der Demokraten-Leutnant Zenker, dessen üppiger Haarwuchs sich der Montur auch in der Gestutztheit genialisch anpaßt. Sie begegnen sich in den Couloirs ohne Ehrenbezeugung. Die Uniform darf herein – aber ihre Autorität hat hier ein Ende. Der Gefreite von der Linken kann dem Hauptmann von der Rechten den Kopf waschen. Hier liegt in einem Bilde der Zauber des Parlamentarismus. Aber der Rechten, scheint es, muß man das erst plausibel machen. Sie ist prinzipiell für den Hauptmann, der dem Gefreiten den Kopf wäscht ...

Die Politik der Tertia

Der Vollbart-Gymnasiast ist eine der widerlichsten und typischsten Erscheinungen unsres politischen Lebens. Er neigt zu Haufenbildung, nimmt den Vordergrund ein, besetzt Landkarten, Parlamente, Ämter und öffentliche Stimmen, nennt sich in Deutschland »Vaterlandspartei«, in Österreich »Nationalverband« und bildet hüben wie drüben die starre Phalanx, an der sich Geist und Wille der Wirklichkeit bricht.

Was ist sein Wesen? Nun, das liegt im Wort: daß er in die Tertia geht und einen Vollbart trägt. Aber beides steht in notwendiger Beziehung: Bildung, Horizont und Subordinations-Wollust der Tertia zum machtheischenden, sittlich-gelehrten Vollbart. Wenn man ihn rasiert, steht noch immer kein athletischer Metzgergeselle, sondern ein blutleerer, schweißfeuchter, lippenzuckender Diurnist da, der liebe Müller von einst, der schon wieder seine Präparation nicht gelernt hat, den Professor, vor dem er sich vormittags kreischend auf dem Boden windet, am Abend in seine schwülen Pubertätsträume einschließt und zur Vergeltung auf den Moment wartet, wo er einen Witz seines Gewalt-Lieblings oder das Ungeschick eines Geprüften mit mutig-entfesseltem Gegröhl quittiert. Macht und Bild sind die Elemente seiner Anschauung geblieben. Sein Gymnasium heißt: Staat. Sein Ordinarius: Behörde. Nur ist er jetzt selbst zugleich Professor – ein Professor, der seine Schülerillusion befriedigt und sich in das Phantasiebild seiner jugendlichen Träume verwandelt. Er ist sitzengeblieben.

»Macht« und »Bild«. Jene ist Inhalt, dieses Form seiner Geistigkeit. Außer Nachprüfung, Hausarrest und Klassenbuch haben ihn noch Landkarte, Geschichts- und Lesebuch auferzogen. Aber dieser ganze Unterricht war nur eine Höhenprojizierung und Bildverklärung seiner Distanz zum Katheder, des Glaubens an eine mysteriöse, von Gott in die Welt gesetzte Straf- und Herrengewalt. Mit diesem notwendigen, naturgegebenen Widerpart des menschlichen Willens rechnete fortan sein Geist, er konnte nur noch ein Oben und Unten, Sieger und Besiegten, Herrscher und Hörigen sehen. Sein Weltbild orientierte sich danach, bevor er noch daraufkommen konnte, ob es ein Oben und Unten, Sieger und Besiegte, Herrscher und Hörige überhaupt geben muß und nicht der Mensch das einzige Maß der Welt ist. Er sah in Vergangenheit und Gegenwart nur noch Bilder, Dioramen, Apotheosen, insgeheim alle auf dem Gegensatz von Tafel und Schulbank, Autorität und Sklave aufgebaut. Die Ideologie des Lesebuchs vergoldete dieses beharrliche Verhältnis. Sie sorgte rechtzeitig dafür, das Jünglingsaug' mit gemalten Harmonien zu umgeben. So wurde er denn bequem und überließ sich den Bildern, begann in historischen Tableaux, Festzugsgruppen, Rand-Pyramiden und Wehrschild-Enthüllungen zu denken. Sein Gehirn war tot. Und sogar seine Sprache zog – wie unser grauenhaftes, mit gestrafften Sittlichkeitslenden stolzierendes Heldendeutsch, das vor merkantiler »Ballung« schnaubt – ihre Säfte nicht aus Erlebnis und Erkenntnis, sondern aus dem Bilderbewußtsein. Beispiel: das Wort »Ertüchtigung«. Man muß sich vor sich selbst in Positur stellen, knirschend und gottdurchbebt bis zum Adernplatzen nachhelfen, um an das verwischte Bild zu glauben und es zur Wahrheit zu runden. Eine Elephantiasis der Geistesleere, wie die Weltanschauung der Tertia überhaupt.

Was zeichnet denn also die Bilder aus, die den Himmel der Tertia verhängen? Gleichgewicht - Rangstafflung - Umfang. Macht und Schwäche, Natur und Zwang, Glück und Gesetz vollziehen darauf in Rosenfarben einen statischen Ausgleich. (Die Vorliebe für den »Ausgleich« bleibt.) Das politische Universum erscheint nicht als Körper, der seine Festigkeit von der Adhäsion lebendiger Moleküle erhält, sondern als eine Waage. (Daher der Name »Europäisches Gleichgewicht«.) Die Begriffe vagieren nicht, sie »stellen sich auf«, begeben sich an ihren vorgesehenen Platz. Die Menschen bilden ein spitz in die Höhe verlaufendes Autoritäts-Ensemble, Volk rechts und links, in der Mitte die Ritter und schwertgestützten Vasallen, einer über dem andern wie auf der Akrobatenstange. (Die Zeichnung der Bürokratie.) Und sie tragen alle Kostüm, Bärenhaut, Harnisch oder Uniform, das Kleid theatralischer Größe. Größe - oder besser noch: Rekord - ist auch das Lieblingsthema der Bilder. Vorstellung riesenhafter Flächeninhalte, imposanter Bevölkerungszahlen, endloser Darius-Armeen und ungeheurer Landkartenfarben. Das ungefüllte Tertianergehirn schwelgt in Weiten, sein Ideal ist das Nochmehr. Nur Zuwachs, Verbreitung und Hegemonie! Zu Englands Seemacht, Alexanders Weltreich und Rußlands Flächenraum blickt die Seele auf wie zu Areal gewordenen Professoren. In der Klasse hängt eine Karte: »Österreich zur Zeit Karls des Fünften.« Der Jüngling kann den Blick nicht davon wenden. Alles goldgelb: die im Reichsrat vertretenen Königreiche und Länder, dazu Ungarn, das halbe Italien, Spanien, Belgien, die Niederlande und ein Trumm vom neuen Erdteil. Wenn sich die Farbe noch weiter ergösse! Daß sie Menschen ertränkt oder auch nur bedeutet, daran denkt der Tertianer nicht. Der Mensch kommt ganz zum Schluß. Wenn die Stunde des Lebens aus ist - oder in der Nacht von zehn bis drei.

Dies ist die Bilderbuchpolitik einer schmächtigen, beintrockenen, geschlechtsblassen Subalternität, die sich mit ihr die engen Schultern wattiert. Ihre Sittlichkeit ist eine gefällige Schildknappenpose vor dem lieben Gott, Selbstverzicht vor dem Selbstgericht. Daß sie monarchisch, bureaukratisch, imperialistisch ist, an Hörigkeit glaubt, das Parlament mißachtet und im Geschichtsbuch blättert, liegt an den Wandbildern der Tertia. Begreift man da, welcher Wechselhaß zwischen ihr und der Wirklichkeit, der Welt des erwachsenen Verstandes, klafft? Sie sieht das Bild – dieser den Menschen. Sie ordnet die Menschen ins Bild – dieser entwirft es nach ihnen. Das ist die Urformel aller Zwiste und Gegensätze, die in Österreich und Deutschland den politischen Tag erfüllen.

Wien ohne Zeitung

Das heißt: Wien ohne Wien. Denn die Zeitung ist Wien, Wien eine Zeitung. Die Stadt lebt erst dann, wenn sie sich gedruckt liest. Alles Geschehene tendiert zu ihrem Lesebehagen. Alle Wirklichkeit hat nur den Spiegelzweck. Was ist die Eroberung des Mondes ohne Riesenletter? Was der Krieg auf Seite 5? Was der Streik ohne Schilderung? Phantome, Nebensachen. Aber die Letter ist die Welt. Und diese Welt teilt ihre Aufgabe mit dem seligen Mohnkipfel: den Frühstückskaffee besser hinabzuschwemmen. Die Ereignisse sind Polster, Vorhänge, Tücher, mit denen der Hintergrund des Tages behaglich verstopft ist. Ohne Zeitung aber ist Wien zeitlos. Die Uhr, die achte, zwölfe, dreie und sechse schlug, steht still, denn bekanntlich werden die Wiener Uhren nach dem Erscheinen des Morgen-, Mittags-, Abend- und Spätabendblattes gerichtet. Wenn die Mittagszeitung herauskommt, zieht der Türmer von St. Stephan am Glockenstrang.

*

Für den ersten Moment wirkt das Ungewohnte feierlich, spannungshältig. Es ist, als balle sich der vorenthaltene Nachrichtenstoff insgeheim in den Straßen zusammen, als müsse ein Wind die Neuigkeit herwehen. Rückkehr ins 15. Jahrhundert. Man wartet, da die Papierplanke der Welt weggerissen ist, auf stärkere Elemente. Wir werden gerücht- und wundergläubig, fragen alle Bekannten durch, was am Neubau, in Favoriten, in Zwischenbrücken los ist und horchen in jeder Gasse. Während das Auge Ruh' hat, wird das Ohr nervös. Sonst allerdings sind wir alle Rax-Urlauber, 2000 Meter über dem Meeresspiegel, von jeder Alarmierung entfernt. Was nicht ungedruckt und ungeschrieben heraufgelangt, kann uns wenig bekümmern. Wir ersparen uns damit bloß Sensationen, die in einer Woche vergilbt sind.

Man muß nicht bei allem dabeisein - auch nicht bei der Zeit. Nur unsere Anwesenheit ist es ja, die sie so tumultuös und eng macht und uns nichtig und wichtig nicht mehr unterscheiden läßt. - Bilanz des ersten zeitungslosen Tages: Wir ruhen aus. Fronturlauber von der Zeitgeschichte. Man sieht jetzt erst, wieviel Lärm die Druckerschwärze macht. Die brausende Stimme in den Ohren erinnert wieder an die Geschichte vom versiegten Niagarafall.

*

Am Vormittag bieten die Kaffeehäuser das Bild eines Fasttags. Die Gäste sitzen zeitungsausgehungert da, aus ihren Augen blickt der nüchterne Lesermagen. Sie stehen am Zeitungsständer und kramen gähnend herum. Es ist wieder Hausse für die »Wiener Zeitung«, deren Mistelbacher Schweinerotzfälle und Klauenseuchen aus dem Gmündner Bezirk sonst nur die Stunde würzten, wo uns die Geliebte warten ließ. Sie ist das einzige Blatt, das man nicht vom Vortage kennt. Von den anderen liest man die Annoncenseite oder man entschließt sich äußerstenfalls doch zum Leitartikel.

Die Muße bringt Gerüchte in Gang. Der Ober ist wieder Mittelpunkt. Er hat aus der Brigittenau etwas erfahren und sein Bruder ist Metallarbeiter. Sehr interessant. Man seufzt, blickt auf die Uhr und bestellt »Über Land und Meer«, dann die »Medizinische Wochenschrift«, den »Architekt« und die »Kaffeesiederzeitung«. Worauf wartet man nur? Auf die – aber richtig, die erscheint ja gar nicht. Ein trauriges Leben, nimmt man's, wie man will.

Nachmittags kommen die auswärtigen Blätter. Man reißt sie sich aus der Hand, blickt den Langsamleser giftig an. Frische Druckerschwärze! Vorher spiegelt sie eine gespiegelte Welt – die der vorigen Wiener Nummer. Morgen wird es anders werden. Da wird sich Wien wieder lesen und erst glauben, daß es ohne Zeitung ist – weil es schwarz auf weiß steht.

*

Ohne Zeitung? Das ist nicht wahr. Auf dem Tisch liegt ein Blatt: »Mitteilungen an die Arbeiter«, Nr. 1, Jahrgang I, im Druck der »Arbeiterzeitung«, nur etwas amtlicher, spazionierter, mit Aufrufen, nackten Streikberichten und der gestrigen Debatte im Budgetausschusse, drei Seiten stark. Eine Zeitung von ungerader Seitenzahl, das ist das Unikum, aber es bedeutet keineswegs die Neuentdeckung, daß eine Wurst nur ein Ende und ein Papier nur eine Seite hat. Die letzte Seite ist einfach leer. Großes Neuigkeitsfasten. Streik und Friede sind die Fastenspeisen. Mehr duldet das sozialistische Dogma nicht. Und wenn der Generalstab auf seine Reklame verzichtet, können auch die Rothberger-Berichte wegbleiben.

Kein Blatt ist je stärker gelesen als dieses. Ganz Wien wird nolens volens »Genosse«. Aber um die leere Seite ist doch schad'. Hätte dort nicht der Mordprozeß Nutil – vom Streik erbarmungslos auseinandergerissen –, eine Schmucknotiz über das Tauwetter und die Fortsetzung des Romans »Die Hexe von Kreuzenstein« Platz gehabt?

Der Stillstand der großen Rotationsmaschine, bis in den kleinsten Winkel vernehmbar, hat bei uns die Zeit zum Stillstand gebracht. Wien gehört heute nicht zu Europa. Es ist ein kleines verlassenes Alpendorf, in das nach Tagen vielleicht ein Reisender neue Kunde bringt . . .

Servas!

Es gibt einen Ausruf perplexen Staunens, der besser als alles andere das Verhältnis des Individuums zum Weltgeschehen darstellt. Er enthüllt in einem: Kindlichkeit, Brutalität, Machtwunsch, Anbetung der Dimension, kurz: Indianertum. Das offene Aztekenmaul beim Anblick der von Ferdinand Cortez produzierten Schußwaffen, das Karl May'sche »Hughes!« und »Uff!« sind bis auf den heutigen Tag Gesichtsausdruck und Sprache der Menschheit gegenüber roher Zahl- oder Raumwirkung geblieben, wie sie eben auch in jenem volkstümlichen Salut urlebendig wiederkehren. Jener Salut aber, der Pülcherreflex der zeitgenössischen Seele, heißt: »Na servas!«

Es ist derselbe Ruf, den der Volksschüler ausstößt, wenn er einen Fußball von 5 Dezimeter Durchmesser sieht oder erfährt, daß der dreißigjährige Krieg gerade dreißig Jahre gedauert hat; es ist der Ruf des Quintaners, der die Stärke der Darius-Armeen, die Übeltaten des Nero und die Geheimnisse der Elektrizität vernimmt oder im Atlas antiquus den Umfang des römischen Weltreiches erblickt oder Rußlands Flächenausdehnung auf der Karte sieht. (Er ist darum bei jugendlichem Kriegsspiel entgegen allem Schul-Ethos lieber der »Ruß« als der Japaner.) Es ist der Aufschrei, wenn der erwachsene Staatsbürger von den mm-Kalibern der Skoda-Geschütze, Gefangenenzahl, Luftschifferleistungen oder der Beschießung der Festung Paris (identisch mit der Weltstadt gleichen Namens) auf die Entfernung von 120 km hört. Warum sollten es nicht 180, 390, ja warum nicht 7830 km sein? Die Technik, die das Große möglich macht, ermöglicht das Größere. In diesem Krieg gibt es bereits über 10 Millionen Gefallener auf allen Seiten. Wer das glaubt, muß auch daran glauben, daß die Treffweite eines Geschützes von Berlin bis New York reicht. Oder daß es ein Mittel gibt, binnen 3 Minuten eine ganze Armee zu vernichten. Der europäische Organismus hat sich an das Nervenmittel der Zahl zu stark gewöhnt, als daß eine gewöhnliche Dosis zur Belebung ausreicht. Er braucht die Billion – oder eine Entziehungskur. Eine rapide Zahlentwöhnung bei gleichzeitiger Befreundung mit dem einzelnen Ziffernwert. Vorderhand betäubt er sich noch weiter mit dem Rekord-Gift. Rekord heißt der Gott der Gottlosen. Und ihre Gottesfurcht verströmt hierzulande in den Ruf: »Servas!«

Am Wendepunkt

Motto: Erit vinum neque
erimus ipsi.
Guschelbauer

In der Zeit des Untergangs des Weströmischen Reiches gelebt zu haben – wie mag das gewesen sein? Stürzte der bröcklige Koloß vor aller Augen ein, standen die Menschen zu Hause beisammen und weideten sich geschichtsfröstelnd am Anblick des Niederbruchs?

Der Plebs auf dem Mons Aventinus, Odoaker und die gothischen Schwärmer haben es vielleicht gesehen und gespürt. Rom selbst aber? Es saß in seinem Freiluft-Café »Forum Romanum«, trank Met, las die »Neuen Römischen Annalen« und machte Aphorismen dazu. Licinius, ein Hausbesitzer der Via Appia, warf dann ein: »Wann's nur schon aus war'!« Und in einer Ecke debattierte der junge Lukullus mit dem Betteldichter Vargo darüber, ob die demokratische Idee des Christentums gegenüber dem Ästhetizismus der hellenisch-imperialistischen Weltanschauung als egozentrisches Sentiment oder aber als realpolitischer Auftrieb zu werten sei, in welchem Augenblick ihn Stävola aus Tarent zum Billard rief. Dazwischen ertönte des Knaben Quinctilius Stimme: »Zahlen 1 rechts!«

Im Kolosseum aber drängte sich das Volk zu einem erschütternden Riesenschauspiel. Dort gab man: »Bitte vorgehn«, Ausstattungsrevue von Cajus Julius Willner und Tullius Bodanzky, mit Musik von Hostius Granichstädten.

So ging das große Reich unter.

*

Der bekannte Historiker Balthasar Meyer (gest. Würzburg 2017) wird in seinem Büchlein: »Wien zur Zeit der Kulturwende« schreiben:

»... Die Miasmen des Zerfalls durchsetzten den hellichten Tag. Staat und Welt krachten in ihren Fugen, eine verscheidende Kultur tat ihre letzten Atemzüge. Für Wien, den stolzen Mittelpunkt des Reiches, den Überlieferungssitz der Geschichte, entstand die Frage nach Fortbestand in besserer Art oder der Bescheidung zu einer bajuvarischen Reliquie, zu Stambul am Kahlenberg. Vor den Geschäften lagen noch immer Nächte hindurch Frauen und Kinder auf dem nackten Gestein. Eine neue Seuche, die Grippe, deren Name man heute in der Rückerinnerung nur schaudernd vernimmt, erfaßte eine viertel Million Menschen. Leute fielen auf der Gasse oder in der Straßenbahn tot um. Die Ärzte und Medikamente wurden zu wenig. Die Straßenbahn stellte stundenlang den Verkehr ein. Neuigkeiten flogen ermunternd und bedrückend von Mund zu Mund. Zur selben Zeit aber drang auf der Bühne des »Johann-Strauß-Theaters« vor einer atemlosen, tausendköpfigen Menge ein Mann auf eine schrittweise vor ihm weichende und bei jedem Schritt den Kopf zum Sang aufwerfende Frau mit dem Ruf ein: ›Heirat mich!‹ Dieses Ereignis wurde in den Zeitungen mit doppelt soviel Zeilen besprochen, als man dem Angebot an Präsidenten Wilson widmete. Wien kannte seine Zukunft . . .«

*

In der »Reichspost« stand am Tage jenes Anbots eine achtzigzeilige Notiz zu lesen über den Besitzwechsel eines Breitenfurther Restaurants, dessen Schwesterlokal in Rodaun einige Tage vorher von einem Mann namens Deierl übernommen worden sei. Darin hieß es:

»Wo ist der Deierl, der sich Breitenfurths annimmt?«

Ein Danteschrei im Kosmos. Elend, Mühsal, Seuche, Tod und Geburt - und aus der dunklen Brandung der Ruf: „Wo ist der Deierl?«

Aber vielleicht erbarmt sich Gott des Kindes, das keine anderen Sorgen hat und läßt ihm, wenn alles sonst zergeht und vergeht, doch einen Deierl.

*

Wie freue ich mich darauf, einst mit dem Tschibuk vor der Ringstraßen-Haustür zu sitzen und auf dem Stefansplatz die Tauben zu füttern!

Buben übt euch im Barfußgehen, Kutscher kauft Maulesel, Volkssänger studiert euer Repertoire: Erit vinum et tamen erimus! Nämlich für die Fremden!

. . . wenn nicht doch der große Umschwung kommt.

Deutschösterreichisches

Am 21. Oktober 1918, punkt 5 Uhr, legte Deutschösterreich zum Selbstbestimmungsrecht der übrigen Nationen feierlich den Gehrock an.

*

»Wir sind ein Staat geworden«, sagte jemand. »Stad geworden«, sagte das Echo.

*

Ja, was ist denn mit dem Selbstbestimmungsrecht der Grippe?

*

Als ein Mann aus einem Wirtshaus hinausgeworfen wurde, machte er ein langes Gesicht und sagte: »Jetzt mache ich mich selbständig.«

*

Man liest jetzt in der Zeitung viel von radikalen Versammlungen. Es sprechen unter anderen: »Reichsratsabgeordneter Neumann, Bezirksvorsteher Dr. Blasl, Frau Professor Misar.« Kein Zweifel: Wien steht vor einer Rohövolution.

*

Als Dr. Viktor Adler im Ständehaus zu sprechen begann, stellte sich Herr K. H. Wolf wie ein aufgezwirbelter Kampfhahn ihm gegenüber und sah ihm forschend ins Gesicht. Er dachte: »Jetzt werde ich ihm mit einem Zwischenruf in die Rede fahren ... aber mir fällt nichts ein ... Also jetzt ... auch nicht ... Jetzt aber ... wieder nicht. Na – macht nichts. Wenigstens bin ich ihm wie ein Kampfhahn gegenübergestanden.«

*

Im Kaffeehaus saß ein Mann, legte die Zeitung mißmutig aus der Hand und meinte sodann: »Wann geht's denn gegen Italien?« Es war der Herausgeber der »Ostdeutschen Rundschau«.

Was an der Schwelle Neuösterreichs vom alten Österreich erhalten blieb, das war die schöne Möglichkeit, an den drei betreßten Dienern am Eingang mit einer unter bedeutsamen Rufen geschwungenen Tramwaykarte ungehindert vorbeizukommen.

*

Ein Tscheche sagte zu mir: »Sehen Sie, das ist der Unterschied zwischen uns und den Deutschösterreichern: Wir sind via facti et voluntatis ein Staat geworden – aber wir werden nie die Lächerlichkeit begehen, uns feierlich in einem Saal aufzustellen und als solchen zu proklamieren. Denn wir wissen: ein Staat ohne Macht ist ein Unding. Die Deutschösterreicher aber, die sich dem Selbstbestimmungsrecht immer in den Weg gestellt und es nie begriffen haben, fürchten diese Lächerlichkeit nicht. Sie ziehen aus unseren vitalen Bedürfnissen ihre zeremoniellen Konsequenzen.«

Café de l'Europe

Es befand sich – wie männiglich bekannt – auf dem Stefansplatz, neben dem Rothberger und vis-à-vis von der Gothik, im idealen Mittelpunkt der Stadt. Der Standort war Charakter, Eigenart, Spezialität, Schicksal – des Cafés? Ja. Aber noch mehr der Stadt. Keine Kirche in ihr ohne Café, kein Café ohne Kirche. Café, Kirche – das war ihr Wahrzeichen. So gehörte ihr Hauptplatz teils dem traulich-winkeligen, idyllisch-engen Mittelalter, teils der weltstadtregen, pariserisch-balkanischen Neuzeit. Der Stefansturm vertritt die Traulichkeit, die Enge, das Mittelalter. Das Café de l'Europe vertrat die Weltstadt, Paris, den Balkan – gerade dem Turm gegenüber. Das bewirkte seinen topographischen Reiz, der sich besonders nächtlich wirksam entwickelte. Strahlendes Halbwelt- und Betriebslicht gegenüber den Konturen historischer Finsternis, Schwätzen und Schweigen auf einem Fleck. Unter dem Schatten Rudolf des Stifters (aus dem Hause Babenberg), Sobieskis und des Grafen Starhemberg beschwindelten sich armenische Juden, traf sich internationaler Geschäftssinn und Liebestrieb, liebäugelten und schäkerten Korso-Offiziere, tänzelte am Arm eines Galan die Mizzi Schmidt (die man nachmals auf mysteriöse Art ermordet fand) oder die junge von ihrem Vater verkuppelte Contesse Veith ...

Das Café de l'Europe hatte einige merkwürdige Eigenschaften. Zunächst war es bummvoll, sommers und winters und zu welcher Tageszeit man es betrat. Denn es war kein Aufenthalts- sondern ein Durchgangscafé. Die Glastüre im Eingang drehte sich ununterbrochen, Tag und Nacht, und oft konnte man während einer Stunde denselben Hut, denselben Bart, dieselbe Diebsnase zehnmal in Rotation sehen. Man kam schauen und ging. Das kalte Weißlicht, der tosende Wellenlärm, durch den, wie Spielmotorboote im Teich, zischend und auf die Seite geneigt, hochbeladene Kellner schnellten, lud nicht zu Behagen. Zweitens: Von hier ging das Zitat aus »Ende nie«. Das Café de l'Europe war ein großstädtisches Perpetuum mobile, ein Wunder der Rastlosigkeit und Unaufhörlichkeit und als solches auf Nachtfürchtige und Todesängstliche beruhigend wirkend. In der Früh saßen Übernächtige und Ebenaufgestandene an einem Tisch und sahen sich aus fernen Welten an; jene mit heuchlerisch-überschärftem, wegscheuem Verachtungsauge, diese feuchtwimprig, frischgewaschen, rosenbackig, voll überlegenem Neid - zwei Rassen: Tag- und Nachtmensch, Lüderjahn und Bürger, einander widersprechend wie Lackschuhe auf tauigem Almgras.

Die interessanteste Zeit aber war um 3, 4 Uhr morgens. Da saß etwa, in ein Journal vertieft, ein glattgescheitelter, schüchterner Jüngling, blickte von Zeit zu Zeit unruhig nach der Drehtür, bis der Schwarm aufgedonnerter und hochgeraffter, Parfümströme ausgießender Damen einbrach und eine von ihnen sich seinem Platz näherte. Er stand artig auf, küßte ihr die Hand, hängte ihren Pelz an den Nagel, setzte sich wieder verlegen zu seinem Blatt, während sie seinen Handrücken koste. Dann schob sie ihm sachte ihre Réticule zu – und er zahlte. Wieviel solcher Bilder hat Peter Altenbergs nachtseitiger Anmut zugewandtes, mit Verhängnistiefblick begnadetes Auge hier nicht gewahren dürfen! Er lernte für seine Apologie des Zuhälters.

Das Café de l'Europe ist jetzt gesperrt worden. Eine Bankfiliale soll an seine Stelle kommen. Der Stefansplatz wird wieder rein-christlich (bis auf den Rothberger) und keusch-bajuvarisch – das Wahrzeichen für Paris und Balkan schwindet. Ist das nicht zukunftsdeutend für Wien, die deutsch-österreichisch eingeschrumpfte Ex-Hauptstadt eines in Kaffeehäusern vereinten Völkerstaats? Ist es nicht symbolisch für seine Rückentwicklung in eine knödlig-biedere, werktätig-solide Kleinstadt? Das deutsche, von slawischen und magyarischen Bestandteilen gesäuberte Wien schwingt sich mit kühnem Ruck auf die Höhe von Linz. Rudolf der Stifter lächelt: Nicht bloß, daß die Stadt seine Farben trägt, hat sie ihm auch das ärgerniserregende Lokal vor seinem Dom hinweggeräumt.

Patej und Lukaj

Eine Wiener Wahlbetrachtung

Zwei Worte nenn' ich Euch inhaltsschwer: Patej und Lukaj.

Jenes bezeichnet keine Côte Nr. 5 der vormals südwestlichen Front, dieses keinen verstorbenen Banus von Kroatien. Denn beide sind auf der Endsilbe betont. Woraus klar ist, daß es sich um ortsüblich-phonetische Verstümmelungen der Begriffe »Partei« und »Lokal« handelt.

Allein: dem besonderen Klang entspricht ein besonderer Sinn. Ein verhängnisvoller, urbedeutender.

Nehmen wir das wichtigere: Lukaj. Was ist das? Der Gravitationsort aller geselligen Instinkte. Die Heimstätte aller öffentlichen Beziehung. Es ist für die Angezogenen, was das Schlafzimmer für die Ausgezogenen. Gilt hier der Körper, die Animalität, die Notdurft, so gilt dort: die Würde, der Rang, die Gesinnung. Wer sich dort unter den Achseln kratzt, streicht sich hier den Überzeugungsbart. Das Lukaj ist also, kurz gesagt, ein Forum Romanum für den Ehrgeiz jedermanns. Wenn auch kein Volkshaufen Bravo ruft, so hört doch mindestens einer am Stammtisch zu.

Was dieses Wunder wirkt, ist der Umstand, daß man hier nur Gast- nicht Hausrecht hat. Das verbessert die Akustik, stellt geschmeidige Beziehungen her, macht unterwürfig, heiter, zuvorkommend. Müßte man daheim für jede Viertelstunde Aufenthalt zahlen – wer weiß, welche Sonne zwischen den vier Wänden schiene!

Alkohol, Tabakdunst, Gewürz- und Saucengerüche im Verein mit weißen Tischtüchern und hellem Gaslicht ergeben eine Sphäre, in der die Wirklichkeit verqualmt und Seßhaftigkeitsideale sprießen. So entsteht Politik. Sie ist ein Vorwand, über tote Punkte hinwegzukommen, die Konsumation zu steigern, das Beisammensein zu verlängern und damit vom Wirt ein Lächeln zu gewinnen.

Dieser Wirt ist nicht allein Haupt-, sondern auch Mittelpunkt des Lokals. Bildet die Debatte der Gäste untereinander ihre persönliche Wert- und Würdenquittung, so läßt sein Gruß, devot aus Wolkenhöhen, dankbar vom Königsstuhle, Wonneschauer über den Rücken rieseln. Er stellt erst die soziale Bescheinigung dar. Man sieht damit den Herrn als gehorsamsten Diener vor sich und fühlt sich in schwindelnde Steuerzahlerregionen gehoben. Man möchte dem Gönner, der zugleich Geselligkeits-Schützer ist – hält er doch das Feuer der heiligen Vesterl wach! – alles hinwerfen: Leib, Seele, Geld, Gut. Zum Ersatz macht man die Zeche und zwecks der Zeche Politik. Aus dem Gefühl aber, daß es ohnedies nur auf die Zeche ankommt und der

Gesinnungs- und Geistesreinertrag unter allen Umständen dem Wirt zukommt, fragt man sich: Wozu in die Ferne schweifen? Wer uns zur Politik verhilft, die Politik sichert und gottväterlich auf sie herniederlächelt, wer uns für sie warm macht, zu essen und zu trinken gibt - der sei unser politischer Mann! Die Garantierung des Fortbestandes seines Lokals, bedeutet das nicht die Sicherung unserer sozialen Existenz? Man setze ihn auf die Liste!

Es ist damit genugsam erklärt, warum Gastwirte und Kaffeesieder in Wien von so viel politischem Glück begünstigt sind. Im Lukaj entsteht die Politik, im Lukaj endet sie. Der Kosmos Wiens ist ein Lukaj.

Prinzipiell wären dem Wirt die Parteien dabei nebensächlich. Er weiß, daß Deutschnationale sich aufs Extrastüberl kaprizieren und bei großem Wein- einen noch größeren Sangeskonsum haben, wobei die völkisch bewußten Frauen sich zwischen Küchengang und Hof häufig verirren. Dies und das gibt Ursache zu seiner nationalen Lauheit. Er erkennt die Freidenker am geringen Ausschank, die Demokraten am Ausverkauf der billigen Speisen, die Zionisten an beidem. Und er weiß, daß Christlichsoziale sowohl essen wie trinken, daß ihre Gesinnung in jeder Hinsicht zechfördernd wirkt. Er weiß, welche alkoholische Grundlage die Erkenntnis braucht, daß die Juden krumme Nasen haben, beim wievielten Viertel man Gott und den Kaiser einen guten Mann sein läßt und daß der Glaube an Familie, Altar und Bürgersitte einen Kruspelspitz mit Essigkren als Voraussetzung erfordert. Ihm gefällt diese Weltanschauung, die im Stammtisch kulminiert und das Dasein als rings gruppiertes Panorama von Behaglichkeiten betrachtet. Darum liebt er die Christlichsozialen und mit ihnen Kaiser, Kirche und Wurstelprater. Seine Liebe findet mandatsverleihende Erwiderung.

Die Patej wurzelt im Lukaj. Aber was bedeutet sie dem Gast? Wenn behauptet wird, daß jemandem das Hemd näher sei als der Rock, so muß umgekehrt von ihm gesagt werden, daß ihm der Rock näher ist als das Hemd. Denn er denkt, sieht, atmet nicht unmittelbar, sondern – als hätte Gott sie vor der Welt erschaffen – durch das Medium der Patej. Er gewahrt nicht, daß sie ihn unterjocht und zwischen ihm und der Welt ihr eigenes Leben führt; daß sie sich, an ihn vergessend, Selbstzweck wurde; daß sie ihm ihre Existenzgesetze als die seinigen unterschiebt; daß er die Aufsatzfigur auf dem Parteiorchestrion bildet, die zu dem inneren Geräusch nickt. Er glaubt sich von ihr kreiert, wo er sie kreiert hat; weiß nicht mehr, daß sein Wille sie erschuf und hält sich für das Produkt ihres Willens. Das macht ihm, weil er den Widerspruch von Interesselosigkeit und Anhängertum, Unverantwortlichkeit und Zusammenhang ja dunkel in sich spürt, zuförderst die Politik zu einer unliebsamen Sache; ihn aber selbst zu einem Schlafwandler, der auf jede Erscheinung, auf jedes Ereignis, auf jede Frage das Wort »Patej« parat hat und es durchs Leben irrend vor sich herlallt.

Im Krieg, als die Partei soviel tat, was gegen ihn und seinen Willen war, als sie ihn im Stich ließ, in Blut, Mord, Schmach und Elend hetzte, ja als sie um ein paar geheimer Goldkreuzer und öffentlicher Straßentafeln willen gegen sich selbst und ihre Pflicht entschied – da mochte man hoffen, daß der Schleier zerreißen und aus dem Parteiendunst allsichtbar die Wirklichkeit hervortreten werde.

Aber die Hoffnung war falsch. Es geht zu den Wahlen und von allen Lippen tönt es: Patej, Patej, Patej. Das Wort ist ein Myom im Gehirn des Wieners. Kein Erlebnis kann es ihm exstirpieren. Nicht einmal das eines viereinhalbjährigen Krieges samt Zubehör. Denn er ist auch an der Front der Wirklichkeit aus der Unwirklichkeit des Lukajs nicht herausgekommen.

So steht er am 16. Feber 1919 dort, wo er am 26. Juli 1914 stand.

II

Ein ausgestorbenes Rollenfach

Kompetent: klingt wie »Kombattant«.
Das, was einer, für das, worum man ihn
angeht, nicht ist.

Schuhmeier

Es gibt einen dummen Kerl von Wien und einen lieben Kerl von Wien.

Beide wechseln leider gern die Masken und das hat dem einen zu gutem Renommée verholfen und dem andern die Freude genommen. Es gibt eine Dummheit, die unwiderstehlich liebäugeln und einen Charme, der unausstehlich blödeln kann oder muß – weil keine andere Mischung vom Wiener besser goutiert wird.

Der dumme Kerl von Wien ist eine Plage des Jahrhunderts. Wie rührend und witzig war seine Einfalt, als er noch in einer Strafecke des alten Volksstücks stand, sein hausbeschränktes Raisonnement heruntersprach, die Welt nach seiner Gasse richtete und im Stillen immer sein Herdfeuer des Gemütes pflegte. Dann fielen die Wälle und Gräben, aus der Kleinstadt wurde die Großstadt und der dumme Kerl stand ohne Unterkunft. Aber da halfen zu glücklicher Zeit die literarische Pietätsmode und das soziale Schlagwort mit – und der dumme Kerl wurde ein gar aufgeblasener Herr, lernte hochdeutsch sprechen, schmückte sich mit einer Ehrenkette, kurz: der kleine Mann wurde ein großer Mann. Ja, er regierte nicht bloß das nächste Wirtshaus und die Stadt herum, sondern die ganze Monarchie. Er gab dem Volke, was des Volkes ist und vollzog eine Umwertung aller Werte. Wozu der Respekt vor der Bildungsbrille, wozu die Leitung durch die unverstandene Vernunft, wozu der ewige Abstand von Hoch und Nieder, von Schriftsprache und Dialekt, von Wirtshaus und Parlament, von Burgtheater und Volkssänger? Nein, der Greisler ist der eigentliche Herr seines Volkes, sintemalen auf einen Gelehrten fünfhundert Greisler kommen. Er setzte sich also selbst auf die Tribüne und sprach und benahm sich, wie es die anderen Brüder vom Stammtisch wollten und taten. Nun war dieser dumme Kerl allerdings auf dem Wege zur Rednerbühne im Handumdrehen selbst ein »Studierter« geworden. Dennoch zog er die Volksjacke an, trank Bier und überschwemmte Österreich mit dem Geruche von Fusel.

Dieser dumme Kerl von Wien mit seinem rechthaberischen Embonpoint und seinem aufgetragenen Besitz geistiger Besitzlosigkeit ist die Unausstehlichkeit selber.

Aber siehe da! – Hinter dem in Selbstübernützung, im Kehlkopf- und Ellbogenkampf verbrauchten und entarteten Dekadent des dummen Kerl drängte auf einmal ein frischer Nachwuchs des ehemaligen Volkstums, durch Arbeit und Abgeschiedenheit vorbestimmt zum Erben des guten, alten Wien. Diese neue Art Mensch war Sozialdemokrat. Und dennoch darf kein Kulturaristokrat hier »Fi donc!« sagen und sich die Nase zuhalten. Die Unteren sind den Oberen gegenüber, denen sie auf dem Fuß folgen, ja immer um eines im Vorteil: daß sie heiß und rechtlich um das gerungen haben, was diese verschlangen, nämlich um die Kultur. So waren diese homines novi sehr wohl erzogene Wiener, das heißt sehr wohl im Wiener-Geiste erzogen, und wenn sie sich tausendmal »international« nannten: es war bei ihnen nicht der berühmte Kraftentladungs- und Zerstörungstrieb und nicht die Bombenlust des welteinigen Hausens, der sie an die Oberfläche riß, sondern im Gegenteil, ein Wiener Kulturgefühl, das ihnen gebot, mit Schlacken aufzuräumen und sich oder den Söhnen in Reinheit wiederzugeben, wofür sie ihren Anspruch berechtigt glaubten. Ein Wiener Sozialdemokrat ist eben innerhalb der weiteren Gattung selbst eine Spezialität, wie ein Wiener Jesuit, ein Wiener Feudalherr oder ein Wiener Tscheche. So ist der »klassenbewußte« Arbeiter mit der Mode trotzenden Umlegkragen, der flatternden Freiheitskrawatte, dem vormärzlichen Schlapphut und dem arbeitsgebleichten Gesichte ein direkter Erbe des Volkswieners aus der Mitte des vorigen Jahrhunderts geworden. Ein Zeitgemäßer, was man vom dummen Kerl nicht behaupten kann. Dieser Umstürzler erkennt Autoritäten an; es ist sein Ehrgeiz und sein Stolz, im Tone ruhiger Vernunft zu sprechen und im Kreise ruhiger Vernunft zu gelten; sein

Humor ist nicht demagogisch und protzig umgefärbt - er fließt so still vom Herzen ab, wie eben bei der bescheiden zurückgekehrten Betrachtung. Und dieser Umstürzler ist vor allem wienerisch darin, wie er - im Innersten wohlig gekitzelt, wenn man ihn einen Wiener nennt - der Parteiparole zu Liebe mit gläubiger Beharrlichkeit dabei bleibt: »Ich bin international.«

In diesem Korps fand der dumme Kerl seinen Antipoden. Er läutete zuerst beim Wiener Hausmeister Alarm: »Zu Hilfe! Die Revolution kommt, Ihr seid gute Bürgersleute, hütet Euch vor den nihilistischen Raufbuben.« Der Hausmeister hat gehört und die Wohnparteien sind ihm (so lange sie nicht wußten, daß dieser Ordnungshüter ihr böser Geist ist) willig gefolgt. Aber allmählich trat zutage, wie manierlich diese Raufbuben seien und wie lächerlich die Würdevollen vor ihm daständen und jedes Kraftwort von ihrem Sitz aus zog wie Sauerstoff durch die überdrüssige Thadäddlstimmung des Saales und durch die matte Seele des Lesers. Und die Sozialdemokraten - was hier noch sehr lange nicht bedeutet: die Sozialdemokratie - wurden in Wien populär und nahmen bei den letzten Wahlen nahezu alle Mandate für den Reichsrat in die Hand. Namen, die dem Wiener Ohr früher die Zukunft eines Robespierre oder Marat verheißen mochten, bekamen bald einen Klang wie der Guschelbauer und der alte Blasel. Ja, die höchste Ehre wurde ihnen damit zuteil, daß sie die Phantasie samt ihren Titeln und Charaktern zu einem traulichen Begriff verkürzte: Der Seitz, der Pernerstorfer - der Schuhmeier.

Er war der populärste von ihnen. Warum? Weil er ein Wiener war in einem Sinne, der dem Wort schon beinahe abhanden gekommen ist. In seiner Gemütlichkeit lag keine herablassende Hausvaterart, die mit Bonhomie die Schäfchen einhüllt; in seinem Auftreten nichts vom robusten Hausherrn, der in und mit dem Dialekte Ordonnanzen gibt; in seiner Sprache kein unsicheres Herumbandeln zwischen Bildungsaffektation und Unbildungskonzession (oder, wie bei den modernen Taktikern der Volksversammlung, umgekehrt); in seinem Leben nichts von jener Art Popularitätsverfertigung, die immer einen Triumphwagen vor sich einspannt und sich den Leuten durch Erfindung eines Spottnamens auf die eigene Person, durch ein verlogenes Schäkern und Scharmuzieren selbst in den Mund bringt. Nein, das alles war mit ab dato Schuhmeier plötzlich vieux jeux, das war der dumme Kerl am Thron. Der Schuhmeier aber war schlicht. Er blinzelte nicht zu den Tischen herüber, weil er ja geradezu aus der Mitte der Tische und Bänke sprach, die sich vor ihm füllten. Noch als Abgeordneter und öffentlicher Funktionär hatte er das Gefühl, als Unbeteiligter, als Mann aus dem Volke, mitzureden; und daraus mochte wohl die Art entspringen, wie er immer mit einem jähen und ungeduldigen Ruck sich auf die Tribüne schwang und die ersten Worte in so hellem Akzente sprach, als hätte er seine Sprechluft lange mühsam bezähmen müssen. Dann aber war sein Vortrag wirklich rhetorisch und nicht allein volkstümlich. Der Witz – und er war einer der schlagfertigsten Meister des Wiener Zwischenrufs – genügte ihm nicht; so lange er rhetorisches Feld in Sicht hatte und Unausgesprochenes im Kopfe brodelte, floß auch sein Mund eindringlich davon über. Und seine Volkstümlichkeit? Er trug sie weder in der loyalen Art des Unerkannten und doch Bekannten; noch auch schleifte er sie in berauschenden Vivatrufen hinter sich nach. Er gehörte zu jenen Genies des Lebenseifers, die so ausschließlich und selbstverständlich und ohne die gemeine Fähigkeit, im Gehirn zwischen Arbeit und Schlaf für Selbstbespieglung noch Platz zu halten, sich mit ihrem Kopf befassen, daß ihnen der Begriff und die Frage, wie sie auf andere wirken mögen, spanisch ist. Er war der liebe Kerl von Wien.

In früheren Tagen wäre man in Wien beinahe geneigt gewesen, durch namentliche Abstimmung zu erweisen, wer populärer sei: Lueger oder Schuhmeier? Und diese Frage ist darum nicht ohne Interesse, weil die beiden, so sehr sie aus einem Holz der Mundart geschnitzt schienen, dennoch von ganz gegensätzlicher Struktur waren. Lueger – das war die Popularität einer revolutionären Bierkrügelzeit, die Popularität des Schlagworts, die Beliebtheit des offenen Wagens. Schuhmeier – das ist die unwandelbare und ungeteilte Popularität des Wieners schlechthin; eines, der nicht bloß wienerisch, sondern als Wiener spricht, der sich Volkslaute nicht zur politischen Verwertung ausborgt, sondern mit ihnen auf die Welt kommt. Dieser Schuhmeier war also das Urbild dessen, womit seine Gegner in breitschultriger Entstellung Propaganda gemacht haben: des »Hamur«. Es ist eine gemütspikante Mär, die man sich in stürmischen Parlamentstagen erzählt hat: daß die beiden Gegner, Schuhmeier und Lueger, einander beim ärgsten Geschimpfe zublinzelten, als wollten sie sagen: Beim Bier werden wir uns schon darüber unterhalten! Nun ist gerade dieses private Arm in Armgehen der öffentlichen Feinde ein österreichischer Zug, der mehr der Galerie als dem Parterre gefällt. Aber es war kein Wunder, wenn die beiden sich in ihrem Element verwandt und versöhnt gefunden hätten. Sicherlich wäre es keines, soweit es Lueger betrifft: sah er doch in der Gestalt seines politischen Duellanten seinen Lieblingstyp wieder, den er dann auf tausend Leisten gespannt und in seine goldene Echtheit gebracht hätte.

In Schuhmeier trägt Wien seinen Genius des lieben Kerls wieder in einer starken Person zu Grabe. Werden nur, um Himmelswillen, jetzt nicht Original-Imitatoren kommen und das verwässern, was bei diesem einzig war und also bei allen anderen ungenießbar sein muß?

Der Sommer-Lebemann

Ohne Zweifel: es gibt wirklich streng gezügelte Ehemänner, die ihre jahrüber verhaltene Abenteuerlust in diesen zwei Monaten froher Ungebundenheit austollen lassen; aber sie sind an den Fingern abzuzählen, und wenn man ihnen besser zusieht, gewahrt man, daß sie es im Winter zwar heimlich, aber nicht anders treiben. Nur die französische Possenbühne kennt solche Ehestands-Exemplare, die sich die zehn Monate über in der sittsamen Treibhausluft der Familie gleichwohl für die restliche Zeit des Hollodrihtums frisch zu erhalten wissen. Im Leben aber gleichen sie eher dem trocken gewordenen Ulrik Brendel; die Wartezeit hat ihre Kräfte aufgezehrt; am Ziel ihrer Wünsche erkennen sie, daß sie gar keine haben. Die Ehe hat ihren Magen auf Kosten des Blutes genährt und der Genius der Behaglichkeit steht ihnen näher als der bacchantische Geist. Sie ziehen den Smoking an und sehnen sich nach dem Schlafrock.

Trotzdem verlangt der Begriff »Männlichkeit« seine Ehren. Brav reimt sich auf Schaf; das Seitwärtsschwärmen und Hinterm-Rücken-Leben aber strömt ein männliches Aroma aus, Leichtsinn gilt für Jugendkraft. Und so wird aus dem Winter-Ehemann ein Sommer-Lebemann. Er markiert schon eine Woche vor der Abfahrt seiner Familie Ungeduld, seufzt beim Abendtisch unter Freunden auf, als ließen sich die Flügel kaum noch zurückhalten, macht ein schuldbewußt-durchtriebenes Lausbubengesicht, wenn ganz zufällig der Blick der Frau ihn streift, winkt mit affektierter Verlegenheit den Stachelreden seiner Kollegen ab, und wenn einer von ihnen die Bemerkung macht: »Ja – in einer Woche!«, dann lispelt er mit dem Augenaufschlag eines durchschauten Schlingels: »Macht mich nicht schlechter als ich bin.« Die Frau aber deckt ihn mit dem liebevollen Stolz einer Mutter zu, deren Ältester – so ein Filou! – schon ehebrechen kann: »Na, Du bist der Richtige!«

Am ersten Freiheitstage wechselt der Sommer-Lebemann seinen Anzug; er wählt natürlich den von der lichteren Farbe, womöglich das Leinengewand (beziehungsweise: Lüster, Rohseide usw.). An Stelle des breiten, eheherrlichen Panamahutes tritt der kleine, kecke Girardihut, die Hand spielt mit einem zierlichen Rohrstöckchen, mitunter schwingt auch, als Zeichen der Unternehmungslust, ein Überzieher am Arm. Die erste Mittagsfrage im Restaurant lautet: »Was machen wir heute abends?« Dann werden alle Vergnügungsstätten und Musiklokale durchgenommen bis zur endgiltigen originalen Einsicht, daß in Wien nichts los ist. Die Reihe geht wieder zurück und man kommt überein, sich am Abend in einem anderen Restaurant eines anderen Stadtteils wieder zu treffen. Dort bezwingt der Sommer-Lebemann bis zwölf Uhr den Schlaf und schämt sich endlich vor dem Hausbesorger, so zeitlich daheim zu sein.

Am nächsten Tag hat er ein anderes Programm. Wozu braucht er Mitwisser seiner Harmlosigkeit? Er wird also mystisch um $^1/_2$9 Uhr auf und davon verschwinden, sich ebenso mystisch um $^3/_4$12 Uhr in einer möglichst zweifelhaften Gegend blicken lassen und - so Gott will - um 3 Uhr früh von einem Bekannten in Duliäh-Laune getroffen werden. Und was soll er in der Zwischenzeit beginnen? Warum nicht wirklich ein Abenteuer? Ja, aber so etwas ist schwer: wer suchet, der findet nichts, und was er findet, ist wenig gesucht. Unter Freunden allerdings - aber das geht ja nicht, denn sie sind alle wie er, beobachten sich gegenseitig in ihrer hilflosen Langweile und wirken unbehaglich. Und dieses Programm-Machen überhaupt ist ein schlechtes Zeichen; früher ergab es sich von selber und von rückwärts. Jetzt aber erhebt er es zu seinem Herrn, sein Arbeitsgeist geht im Meritorischen auf, er berechnet Zeit, Eintrittsgelder, Speisentarife, Ergötzungsbehelfe - und es wird ihm am Ziele etwas abgehen: das Ergötzen. Hol's der Teufel! Er überläßt alles dem Zufall und geht in den Prater, in den Kaisergarten oder in die Ausstellung.

Hier wandelt er die Avenue auf und ab, auf und ab. Wohin man blickt - erblickt man ihn: in einem weißen Leinenanzug, mit Rohrstock und Girardihut, als würde er zwischen zwei Don-Juanerien ein bißchen Luft schnappen – ein wandelndes Gespenst reisefertiger Unternehmungslust! Man sieht ihn um 10, 11, 12, um 1 und um

2 Uhr. Um diese Zeit findet er – weil er sonst nichts findet – seinen Humor. Er setzt sich anspruchslos ins letzte offene Wirtshaus, trinkt sein Achtel G'spritzt und wankt, den Hut ein bißchen zur Seite gestülpt, wie der angesäuselte Gott der Feschheit, aus dem Lokal. Zwei Minuten vom Wohnort entfernt nimmt er ein Auto und rattert damit aus dem wilden strömenden Leben heraus in sein stilles Gäßchen.

Am nächsten Tag wird gemunkelt, gestichelt, gefrozzelt; tjaa – man hat ihn gesehen. Er wird rot. Na, nur nicht verlegen werden, die Frau soll nichts erfahren. Ach so – sie wissen nicht, daß sie nichts wissen. »Aber, was wollt ihr denn«, protestiert er, »ich hab' mich um zehn Uhr Schlafen gelegt.« Einer riecht zu seinem Rock: »Aah!! Wie heißt sie?« Ein anderer sagt beziehungsvoll: »Man hat jemanden gestern um 3 Uhr im Auto gesehen.« Der Freund bleibt schweigsam und fühlt sich pudelwohl. Gott sei Dank! Er hat für ein ganzes Jahr Manneswürde; denn er hat gezeigt, daß er insgeheim doch ein verfluchter Kerl ist.

So zieht der Sommer dieses Lebemannes zwischen Stammtisch- und Promenadenächten wechselnd vorüber. Wenn die Frau zurückkommt, ist es so weit, daß sich die Kollegen glücklich ein oder das andere Mal vor ihr nicht verschnappen dürfen. Sie merkt es und ist zufrieden: Der Leinenanzug hat seine Mission getan. Sie packt ihn wieder ein, wie sie ihn am Tag ihrer Abfahrt herausgelegt hat und bewahrt ihn für den nächsten Sommer auf, in dem er ihrer Ehe wieder ein beneidenswertes Fluidum zu geben hat.

Der umgewandelte Kommis

Der Kommis, der jahrüber im bestgeschnittenen Anzug, mit der neuesten Kragenform und der feinsten Jahreszahlprägung des Gesichtes in den Theatern sitzt, auf dem Korso schwänzelt, im Nachtlokal die Mimi in den Arm zwickt,

Ehrenaffären hat, und auf seine gesicherte Position hinweist – kehrt in dieser Zeit zu seiner alten, devot-chevaleresken Küß-die-Hand-Demut zurück.

Seine Rückverwandlung in den liebenswürdigen, dienstbereiten, weltbescheidenen Tausendsassa läßt seine glanzvolle Vergangenheit in der Nestroy-Posse wiedererstehen. Da war er schäbig und reinlich, ärmlich und adrett, trug karierte Magazinhosen und den farbigsten Krawattenknopf, hüpfte mit anmutiger Velocität alle Sprossen zu den Fächern und Schachteln auf und ab, kascholierte Dienstmädchen und Weltdamen mit der Anmut, die man im Geschäft und vom »Juchhe« des Burgtheaters herab lernt, ratschte verzuckerte Reklame-Weisheit herunter über Leben, Liebe, Kandis und englische Wolle – der liebe Kerl, den der Volksmund nicht zu Unrecht „Budlhupfer" nennt. Über das Geschäftspult tänzelt seine unwiderstehliche, zynische Lebenskenntnis.

Aber weh' – es kamen Zeiten, da der Kommis mondän wurde. Alternde Sozialformen erkranken an einer Sklerose: der Etiquette. Sie stahl sich auch als Ausdruck von Ernst und Würde ins Geschäft. Der neue Kommis sprang nicht mehr die Leiter empor – er hatte seine Lehrbuben und die Servilität stand nicht im Vertrag mit dem Prinzipal: auf den gefallenen Günstling von Kohn und Sohn wartet schon Weiß und Bruder. Auch war er nicht so zungenfertig wie ehedem, denn das jahrmarktsmäßige Zungenschnalzen paßte nicht mehr zur Industrie; appetitanregender wirkte heute seine aus Kragen, Krawatte, Besatz-Schuhen und Mode-Sakko zusammengestellte, tadellos sitzende Zurückhaltung. Sein geändertes Benehmen war eine Folge der Änderung in den sozialen Instinkten. Ganz anders fühlten sich die auf einmal geschmeichelt: nicht mehr durch Devotion, tiefe Theaterbücklinge und mechanische Ergebenheitsformeln von ein paar Minuten, die einem die Stampiglie »Kundschaft« aufdrückten – sondern durch zugeknöpfte Reserviertheit und Kühle bis ans Herz hinan, die einem selbst unzugängliche Fremdheit imputierte. Der moderne

Mensch gibt auf Würde mehr als auf Macht und tauscht das individuelle Geltungsbedürfnis in vornehme soziale Anonymität. Sein Herr und Meister, der Kommis, spielt ihm hinter dem Pult die Rolle vor und demonstriert, durch die Ökonomie, nicht mehr als das Unbedingt-Nötigste für die Geschäftsbeziehung zur Kunde herzugeben, vielsagend: Privatleben. »Ein Hut - der Herr? ... Oskar - ein Hut!« Schluß damit. Und der junge Bub muß die Ware mit einstudierter Sachkenntnis drehen, wenden, abgreifen und ins Licht tragen.

In der schönen goldenen Weihnachtszeit aber, wo alle zu Kindern werden, schämt sich der Kommis nicht mehr der gesprächigen Vertraulichkeit. Zehn Tage zählt der geschäftliche Hochdruck - da muß man schon ein bißchen die Peitsche nehmen und: anbringen, anbringen. Der Kommis kennt keine Parteien mehr, er weist das Dienstmädchen aus Sievering nicht mit stolzer Gebärde nach hinten, sondern sagt ihr, wie in guten alten Zeiten, das »'nä Fräul'n« und macht, was er nie macht, weil er es nicht braucht und wenn der eine geht, ein anderer kommt: Umstände. »Ein Hemd mit Piquetbrust, bitte? ... Einen Moment, der Herr - vielleicht hieher! ... Johann, die Piquethemden, links ... Franz, vielleicht von hinten die Schachtel mit den ganz feinen ... Fritz, wo sind die weichen Hemden? ...« Dann stapelt er fünf, achtzehn, zweiunddreißig Hemden auf und hat für jedes sein Pro und sein leise auf die nächst teurere Qualität weisendes Contra. Und dazu das alte, lang schon abgekommene: »Sonst nichts, mein Herr?« Zu den Hemden gehören Knöpfe, und da die einen verlorengehen können, ein zweites Paar. Selbstverständlich können sie an diesen Röllchen nicht sitzen, und es wäre da gerade eine Neuheit, die aber nur als Garnitur mit Kragen verkauft wird ... notabene Unterhosen haben wir von derselben Farbe ... etwas Diskreteres. - Wie liebenswürdig, wie heiter, wie springingerlfrisch und witzig - Millöckersche Bruder-Luftikus-Musik gehört dazu, die elastische Umgangsart zum Libretto fertig. Der Kommis hat wieder um einige Kilogramm Position, Würde, soziale Stellung abgenommen und wiegt leicht wie sein ehrliches Geschäftsinteresse. Das Jaquett hängt im Kasten – er arbeitet in Hemdärmeln.

Eine seltene, kostbare Zeit, in der der Held zum Statisten wird und seinen großen Anteil am Zeitbetrieb vorläufig niederlegt. Heute ist er brav, ehrlich und fleißig und schafft am sausenden Webstuhl des Weihnachtsgeschäftes – morgen wird er wieder auf dem Korso und im Musikcafé erscheinen und sich herablassend unter den Leuten zeigen, die er angezogen hat.

Hausierer-Requiem

Blicken wir noch einmal auf seine wohlvertraute Gestalt, eh' er uns auf lange entschwindet:

Zwischen den Häuserreihen schleppt sich traumvergrübelt und pflasterverwachsen ein verschimmelter Binkel-Mann. Aus dem schlapp hängenden Tüchel guckt ein Zylinder und ein Reibeisen. Die hat er für blutige dreißig Kreuzer – die letzten Herzenstropfen – erbeutet und trägt sie als den stets wechselnden und ewig zerfallenden Grundstein eines Geschäftes heim. Sein Schritt ist der eines Menschen, der im Vorwärtsgehen überlegt, ob er nicht zurück sollte. Von Zeit zu Zeit bleibt er stehen, wendet den Kopf schief zu den Dächern hinauf und läßt den speckigen Krähllaut erklingen, der sich tief in den Straßenlärm einätzt: »Handlääääh!« oder auch: »Heindl!« . . .

Die Häuser fangen ihn durch offene Fenster auf. Die Mutter im Hochparterre hebt ihr plärrendes Kind über die Brüstung und zeigt auf den Momoh. Den Studenten im dritten Stock weckt der Ruf der morgenmunteren Straße aus dem Sorgenschlaf, wirbelt ihn aus dem Bett. Er eilt an's Fenster, winkt mit Heftigkeit. Der Hausierer sieht ihn nicht. Ein Glück. Die ungestüme Geste hätte den Erfolg gedrückt. Er ruft gleichgiltig-übellaunig: »Sie ... Mann!« Der Hausierer blickt auf, eilt aber nicht - sein Geschäft hat begonnen. Der junge Mann fällt aus der Rolle. »So, was ist denn - Sie sollen herauf!« Der Hausierer ächzt, geht resigniert zum Tor. Er hat Zeit. Diese Geduld ist schon ein Vorteil. Sie kündet Skepsis und Herablassung, Strenge und Überlegenheit.

Er klopft. Sehr zaghaft und zeremoniell. Bitte, nur hereinzutreten. Die Hose liegt mitten im Zimmer, auffällig über einen Fauteuil geworfen. Der Hausierer streift sie mit düsterem Vormerk-Auge und geht an ihr vorbei. Man muß ihn mit der Nase drauf stoßen. »Die Hose? ...« Er tut einen tiefen Seufzer – daß ihn Gott zu solcher Prüfung erschaffen –, faltet die Hose auseinander, kehrt ihr Gesäß zum Licht, faltet zusammen, nestelt am Aufschlag, kratzt, putzt - wobei er ein betroffenes Gesicht macht, mit dem Kopf wackelt und chaldäisch in sich hineinjammert - und reicht diesen Teil wortlos hin. Nun? Abgewetzt. Es ist ein strenges Gericht. Was man seiner Hose je Übles getan hat, kommt jetzt unter Anklage. Wo sind die Knöpfe? Was ist das für ein Fleck? ... Plötzlich ein Triumphgeschrei: Die Stelle ist gestopft. Der Hausierer zupft daran, roh und ohne Gnade. Halt ein - das Loch wird sich wieder öffnen. Zu spät. Der Zwirn ist gesprungen. Der Verkäufer knickt schamrot ein. Drei Minuten haben ihn zum nichtswürdigen Bettler gemacht. Der Hausierer legt die Hose mit boshafter Säuberlichkeit zusammen, hängt sie wieder hin. »Was haben Sie n o c h ?«

Ein Stoß mitten in's Herz. Kein Schuldspruch könnte grausamer sein. Die Hose ist also nur das Supplement eines Kaufes, ein paar Deka Übergewicht. Oder nicht einmal das? Man will den Hausierer wieder auf sie lenken und streichelt sie tückisch. Darauf sagt er ruhig: »Was wollen Sie für den Fetzen?«

Fe - man zuckt zusammen. Gott sei Dank, daß er nur die Hose meint! Also wir verlangen.

Der große psychologische Augenblick ist da. Aug' kettet

sich in Auge. Zwei Raubtiere in der Wüste. Man überlegt, dividiert, multipliziert, logarithmiert in fünf Sekunden. Wozu die Frage, Schurke? Du willst wissen, wie hoch ich meine Hose schätze, um mir das Viertel zu geben? Wart', ich multipliziere den Höchstwert mit vier! Oder sagen wir drei ... mit zwei.

Der Hausierer wird ungeduldig.

Man verlangt.

Drauf packt der Hausierer seinen Binkel, wünscht guten Tag und geht mit langsamen, hallenden Schritten ab. Reist fort, auf Nimmerwiedersehen, weit, weit weg – nach Labrador, Kamtschatka, den Kleinen Antillen ... Steht aber plötzlich wieder im Vorzimmer.

»Fünf Kronen?«

Nein!

»Sechs?«

Nein!

Er geht. Kommt wieder. Breitet die Hose ein zweites Mal aus, zärtlicher, schmerzvoller, ungestümer. Zeigt nochmals die fehlenden Knöpfe, den Fleck, den abgeschabten Aufschlag. Sechs Kronen! Er bäumt und windet sich, jammert, fleht, schluchzt, wie wenn sich ein Spieß in seiner Wunde drehte. Seine Lippen zucken, seine Hände zittern, die Stimme wird majestätisch und donnernd, sein Körper bebt von einem trockenen Weinkrampf. Er schwört, daß man ihn ruiniert. Er segnet die Nachkommen. Er wird ein Jesaja an einem Stück zerrissener Hose. Unheimlich und bejammernswert. Aus dem fanatischen Auge sieht Ahasver. Eine Tragödie des Rebbachs. Ertrag' das, wer es kann! Da – die Hose.

Der Hausierer rafft sie zusammen und zählt auf den Tisch 5 K 90 h. Kein Kleingeld! Die zehn Heller wird er ein andres Mal zahlen. Beim Pelz. Er stopft die Hose zwischen den Zylinder und das Reibeisen, dreht sich bei der Türe um und fragt (wie oben): »Stiefel haben Sie keine?« – Man wird die Szene lange nicht mehr erleben. Die Kleiderkarte verabschiedet den Hausierer. Alte Hosen sind eben im sozialen Niveau gestiegen, weit über den Verlegenheitswert eines armen Studenten. Der Hausierer, der sie zusammengekauft hat, ist ein anderer. Er heißt jetzt: »Tailleur«. Aber er braucht einem auch sonst nicht leid zu tun. Was er an Fracks verdient hat, bekommt er jetzt für Abreibfetzen ... Womit sich sein Wort erfüllt hat.

Monographie der Möbelpacker

Die Wiener Möbeltransporteure haben ein Zirkular herausgegeben des Inhalts: Es sei ihnen bekannt geworden, daß die Möbelpacker in dieser schweren Zeit den Umstand ihrer Seltenheit und Vielbegehrtheit dazu benützen, an die Parteien im Augenblick der Übersiedlung erpresserische Trinkgeld-Forderungen zu richten und im Fall ihrer Nichtbewilligung alles liegen und stehen zu lassen. Wer diese Schädlinge sofort beim nächsten Polizeiamt zur Anzeige bringt, erwerbe sich ein unschätzbares Verdienst um die menschliche Gesellschaft und erspare sich bei der nächsten Übersiedlung erhebliche Auslagen.

Nun kommt also auch diese unbezähmbarste und selbstherrlichste Rasse unters Kriegsgesetz. Was wird die Folge sein? Daß die Möbelpacker »ausgehen« werden, genau wie früher die Zuckerln, Erdäpfel und Saccharintabletten. Ein Möbelpacker, der kein Trinkgeld erpressen darf, hat eben seinen Beruf verloren. Denn für den Gehalt kann er wirklich noch Dienstmann werden. Oder Zirkus-Ringkämpfer aus Jamaika.

Schade, daß diese letzten Abkömmlinge von Fafner und Fasolt, die »auf der Erde Rücken wuchten«, nun aussterben sollen. Schade, obzwar nicht verwunderlich. Denn der Begriff »Möbelpacker« ist, ehrlich gestanden, ein bißchen unaktuell. Scheint es glaublich, daß in dieser Zeit, deren Atem wie die Luft einer Schweinsblase ausgeht und deren Menschen zu chemischen Präparaten schrumpfen, noch solche ärmelgeschürzte, lendenbreite, dröhnende Giganten leben, bei deren Anblick man an Chamissos »Riesenspielzeug«, Swifts »Gulliver« und vor allem daran denkt, daß sie ein halbes Schwein so gemächlich in den Mund stopfen, wie unsereins ein Kaviarbrötchen? Wo fließt für sie Speise und Trank? In welchen Vorratskammern lagert ihr Konsum an Preßwurst, Kalbshaxen, Schweinsbeuschel und Faßbier? Woher nehmen sie ihr »klanes Gabelfruhstuck«, bestehend aus einem Kranz Knackwürsten, einem Glassturz voll Quargeln und einem Joch Paprikaspeck? Aus welchen Schleusen strömt ihnen der Branntwein zu? ... Nein, es ist kein Wunder, daß sich ihr ungestillter Appetit in Melancholie, die Melancholie in eine Trinkgeld-Psychose wandelt. Aber dafür wohl eines: daß sie überhaupt noch leben. Leben – im Hinterland Man muß kein Neidling und Musterungs-Moralist sein, um darüber zu staunen.

Figura genügt. Wie kommt es, daß ihre Hünenkraft und ihr kolossalischer Wuchs nicht die Verwendung findet, mit zwei Armen eine Front auseinanderzureißen und die feindliche Schlachtlinie »ein wengerl zu tupfen« – was nach Möbelpackerversicherung sofort Tod und Vernichtung nach sich zieht. Ein Rätsel der Natur, wie sie sich darin so oft gefällt: Die Starken sind die Schwachen, die Schwachen die Geeigneten. Bei diesen ist das physische Etat-Erfordernis so gering, daß sie mit Wenigem zur Gesundheit auskommen. Bei jenen ist es so groß, daß immer noch für Leberschwellung, doppelte und dreifache Leistenbrüche und Krampfadern ein ungedecktes Manko bleibt. Jedenfalls sind unsere Riesen die Krüppel. In ihrer Gedrungenheit und Fülle nagt der Wurm der Siechenstation. Der will etwas zu fressen haben. Immer mehr und mehr. Und wird immer gerade bei Übersiedlungen rebellisch.

Und doch wär's schade, wenn die Möbelpacker sich ins Jenseits zusammenpackten. Sie sind ja mit der Geschichte der Sportentwicklung und Wahlbewegung unzertrennbar verknüpft, mehr noch als die Fleischhauergehilfen, die in der Entstehungszeit des christlich-sozialen Gedankens auch keinen kleinen Teil zur Beschwichtigung fortschrittlicher und sozialdemokratischer Wähler beitrugen. Nach den Kredenzen, Schränken und Klavieren stemmten sie draußen in einem Vorstadtgasthaus, in schmucke, buntfarbige Trikots gekleidet, und vor einer mitschreibenden und hochfeierlichen Kommission 100- und 200-kg-Gewichte einarmig, zweiarmig mit Schwung und vom Stand. Da veränderten sie auf einmal ihre Sprechweise, machten aus jedem »e« ein »ö« und bekamen in ihre massive Urnatur einen Zug bureaukratischer Leutseligkeit. Sie lächelten wie Amtsgerichtsräte aus dem »Simplizissimus«, unterwarfen sich rückenbeugend - für den Verehrer des Elementaren ein bedrückender Anblick - den Herren im Gehrock, heimsten Ehrenzeichen und Medaillen ein, und nur selten fuhr ihnen die Gewichtsstange im Unmut daneben. Eine hohe Schule des politischen Werdeganges. (Mancher hat sie bei uns erfolgreich zurückgelegt.) Aus Schülern wurden dann - bei Wählerversammlungen, Protestkundgebungen, etc. - Lehrer. Sie waren die »bedenklichen Elemente«, welche »die Saaltüre besetzt hielten«, die »Eindringlinge«, welche die »Opposition hinausdrängten«, die paar »handfesten Männer«, die »Ordnung schafften«. Sie wiesen jeden Ungebärdigen in die Schranken einer rechtmäßigen Gesinnung, gaben auf den ungestörten Verlauf der Tumulte acht und führten den Bierkrügel-Schwung ins politische Leben ein. Ein Lassalle oder Bismarck hätte sich dieser realpolitischen Überlegenheit von Podiumstischen, Sesseln und Abzugbierflaschen beugen müssen. Die Möbelpacker hatten eben eine glückliche Hand; unbekümmert ergriffen sie die Volksfragen dort, wo sie zu fassen waren: beim Krawattl. »Das freie Spiel der Kräfte« sagt in Hawels unvergleichlichen »Politikern« der Wahlkandidat, und ein Wähler ergänzt: ». . . hat dem Stepniczek sein' Zylinder eindruckt.« Das freie Spiel der Möbelpackerkräfte.

Es hat ja leider auch ein anderes Feld gefunden: im Beruf. Muß man die Kindheits-Erinnerung erst wecken?

... Übersiedlungstag. Im Zimmer stehen zwischen Bettstellen, Körben, Matratzen und Sesseln eine Nähmaschine, ein Kinderwagen, ein Vogelbauer und Meyers Konversationslexikon. Diese Zerrissenheit des Hausrats wirkt so, als ob die Schallwände der Wohnung bersten und zerbröckeln würden, sie erzeugt jene flutende, hallende Aufräum-Akustik, wie sie auf den Gängen der Ämter herrscht. An Stelle der Türen klaffen weite Löcher. Es ist gar nichts da, was einmal fest und fugendicht schien, die Mauern stehen »sprachlos und kalt«, das Heim ist explodiert, und man sieht, daß es eine Anordnung von Möbeln war ... Im Vorzimmer aber würfeln wilde Zechkumpane, Höllenritter aus einem Bilderbuch, jeder eine Kreuzung aus Bsuff und Sisyphus. Fleischig, gröhlend, satanisch. Ihr Kopf ist glatt geschoren, der Muskel springt wie ein Fußball aus dem Oberarm, die Kredenz wankt bei ihren Schritten. Einer frißt ein Stück Speck, die andern Zwei gurgeln mit Urlauten: öah ... üaah ... oah ... uuuu ... Die Familie sitzt müde und angeschauert (wie bei einem Sterbefall) auf Kisten, staubigen Sofas und Zeitungsbänden und wartet. Wann wird der Kriegsrat zu Ende sein? Da tritt einer vor, blickt nach allen Seiten, schluckt mit den Augen das Mobiliar, schüttelt den Kopf. Das alles? Und der Bücherschrank gehört dazu? ... Er rüttelt daran. Der Kasten gibt nicht nach (bloß eine eingepackte Vase fällt herunter). An dem Versuch – mit untauglichen Mitteln – wächst die Aufgabe ... Der Kasten scheint jetzt geradezu in den Erdboden gerammt. Ein zweiter Griff. Der Aufsatz zersplittert. Sehn S' gnä Frau? Und die anderen können's auch nicht. Darum lassen sie ausrichten: zwanzig Kronen sind zu wenig. Also in Gottes Namen – dreißig. Ein Lach-Zyklon. »Dreißig Kronen haben wir schon vertrunken ... und was ist mit dem Gabelfrühstück?« Also vierzig. Fünfzig. Die feindlichen Kräfte sammeln sich. »Höh ruck!« Die Gurten um die Achseln gezogen und mit der Last durch die Türe gestampft. Sie winden sich schweigend und nackensteif die Treppe herunter. Wohin man im Hause flüchten will –

überall folgt einem der Kasten, unheimlich, schreckenerregend, wie der an die Tragbahre geschnallte Irre im Film, der dem fremden, im Hause unbekannten Besucher durch alle Räume nachgetragen wird. Dabei trifft den Stiegensteiger aus ihrem Blick mühbeladene Verachtung; sie halten eben wie der Gasröhren-Träger in Pötzls Skizze jeden, der keinen Kasten am Buckel schleppt, für einen Müßiggänger ... Das erste Stückl. Und schon stehen sie wieder, mit vorn überhängenden Armen, im Zimmer. Jetzt das Klavier. Ein Räuspern der Mannen. Was kriegen wir? Aber es sind ja schon fünfzig vereinbart. Sie machen kehrt. Also nur rasch herein - sechzig. Das Klavier wird angepackt. Nicht so roh, bitte! Aber da hilft nichts - krach! in die Wand hinein, die Saiten dröhnen, ein Stück Lack springt ab - die Hausfrau ringt die Hände. Nie mehr übersiedeln!

Was wird künftig vom Klavier noch übrigbleiben, wenn man die Polizei ruft? Und was von den Möbelpackern? Gezähmt und entmannt haben sie ihren Namen verwirklicht. Sie heißen dann: Möbeltransporthilfsbeamte.

Ein ausgestorbenes Rollenfach

Letzthin, als ich beim Schein der Bettlampe in die licht- und luftsprühende Ärmlichkeit der Nestroy-Welt zurücktauchte - ich las den »Unbedeutenden«, Posse mit Gesang in drei Akten –, kam ich darauf, daß bei uns eine Gattung Schauspieler dank Bühnenverein, »denkenden Künstlern« und Operette schlechthin ausgestorben ist. Das heißt: nicht als ob hier ein Traditionsstamm kein Grün mehr ansetzte, auf Blätter und Blüten warten ließe; sondern: der Stamm selbst fehlt, das Erdreich ist weg, und es kann nichts mehr nachwachsen.

Ich spielte Burgtheaterdirektor, nahm (ohne Programm und Journalistenempfang) einen Kurswechsel vor, setzte den »Unbedeutenden« aufs Repertoire und verteilte die Rollen. Baron Massengold - Herr Devrient (das geht); sein Sekretär - Herr Lackner - (warum nicht?); Klara - Frau Medelsky (üppig-klassisch); Thomas Pflöckl – natürlich: Alexander Girardi. Das ist der Glanzpunkt, das Ereignis, der Kassenansturm. »Freundlich submiß und mit dummpfiffigem Lächeln« heißt es in der Regiebemerkung des Stückes. Und daraus lebt Girardis Gesicht auf. Ach, wie souverän submiß und wie genial dummpfiffig wird er sein! Wie wird sich sein Mund lakaienstreng und moquant verziehen, als ob er vor Sprech-Zeremoniell aus dem Leim gehen wollte! Wie werden seine Augen bedeutsam-verbindlich tun! Und welche Prachtgelegenheit bei dieser Rolle (eines Lebensretters, der keiner ist und seinem Schützling wie ein erpresserischer Schatten folgt) für Girardis tiefste Eigenart: nämlich einer bis zur letzten Sekunde zweideutigen, spitzbübisch-ungewissen Rechtschaffenheit! Ich erquicke mich daran schon aus meiner Direktionsloge. Aber halt! Eine Rolle ist noch unbesetzt. Zufällig: die zweite Hauptrolle. Jugendlicher Held aus Lichtenthal, liebenswürdig-heiteres Zentrum des Stücks, wiff, schlicht, witzig, mit Geist und galoppierender Zunge behaftet, aus einer Zeit, wo man die Walzerbeine sozusagen noch inwendig hatte und die Seele fesch war. Wem geb' ich nun diese Rolle? Wem?? Ich überdenke alle Namen. Nichts darunter. Ich lange nach der zweiten Garnitur. Dito. Ich such' bei der Operette - vergebens. Ich greif' mir einen baumlangen Statisten heraus, der durch die Nase spricht, geh' in »Neufellners Orpheum« (auf der Lerchenfelder Straße) und fahre nach Sankt Pölten. Nirgends ein Wiener von 1870 - bloß Nachkommen des Fritz Grünbaum oder Werner. Ich kann also den »Unbedeutenden« nicht aufführen. Einfach: weil ein Genre ausgestorben ist.

Wie könnte ich diesen Typus landläufig benennen? Er ist eine Mischung aus Charakterkomiker, Held, Bonvivant und Wiener. Kürzer, literarhistorischer: ein Bonviv-hanswurst. Er ist wesentlich Improvisator, das heißt: ein gemütvoller, unablässig gutgelaunter Mensch, der den Witz aus dem Ärmel schüttelt und doch aus sich kein Wesen macht. Dieses Napoleontum der Bescheidenheit führt ihn von selbst auf die Helden- und Liebesbahn - seine Unwiderstehlichkeit muß Arbeit bekommen. So steht an Stelle eines spaßenden Komödianten ein komödiantischer Spaßvogel da. Er zieht alle Register des Theaters auf, imitiert und parodiert »Burg«, singt Quodlibets, macht Aphorismen, fällt auf die Knie - ein Tausendsassa und Springinsfeld von innen heraus, dessen Charakter aber keineswegs quadrilliert, sondern hübsch einfarbig ist, von der Farbe des Herzens. Nestroys Zeit fand diese Figur am häufigsten hinter der »Budel« vor, auf Geschäftsleitern, zwischen Tüte und Kassabuch. Damals war der Commis noch ein sympathischer Schußpattel, ein Gummi elasticum zwischen den Klassen, reverent gegen die Kundschaft, schnatterfrech gegen die Seinen, weltfroh aus der Nähe zur offenen Ladentür, zynisch aus Praxis, keck und bescheiden und vor allem: ohne Sozialernst. Aber seitdem er die Klassen leugnet und sich »Handelsangestellter« nennt, nicht bloß die Hosen, sondern auch die Gesinnungen seines Chefs trägt und, weil er in die Krankenkasse eingeschrieben ist, nicht mehr »Küß die Hand« sagt: seither ist er nicht bloß ein Andrer und in andern Branchen zu Hause (von der Schriftstellerei bis zur Operette), sondern es haben - Wunder der Entwicklung! - die Klassen auf ihn abgefärbt. Allwoher der Theater-Commis den Geschäfts-Commis so überwältigt hat, daß dieser jenen nicht mehr befruchtet, sondern im Gegenteil von ihm seinen Odem empfängt.

Mit dem Untergang dieses Hans Dampf in allen Wiener Gassen hat das Nestroysche Rollenfach seine soziale Wurzel verloren. Nach den Commis kamen die Kellner dran, und auch die Ziegelschupfer werden nicht lang auf sich warten lassen. Das Vorbild fehlt. Nicht nur in der Klasse - auch in der Rasse. Das Jantsch-Theater im »kaiser- und königlichen Prater« war seine letzte Epigonen-Stätte (wie die Kunstwelt die Realität ja immer um Etliches überlebt). Hier taten noch Leute ohne Ruf und Namen, ohne Kontraktbruch, Skandalaffäre und moralische Empfindlichkeit mit, die das Eingelernte zu improvisieren verstanden, mit dem Publikum durch Natur und nicht durch Patschierlichkeit auf dem Duz-Fuß standen und überhaupt so mager, bescheiden, selbstsachlich und vom Thaddädl-Genie (das mehr wiegt als aller Reißer-Geist) erleuchtet waren wie Nestroys Wiener. Heute ist nur noch Girardi übrig, der mit dem Zehntel seines Auges jene Zeit erwischt hat, um sie ganz zurückzustrahlen. Aber er ist über sechzig und darf sich für das blamierte Wienertum nicht mit Fußfällen, Seufzern und Jünglingsschminke blamieren.

Und so gelang' ich, in der Betrachtung über die ausgestorbene Rollenfigur, unversehens zu der Entdeckung, daß sie niemand andrer als – der Wiener ist.

Lama, Hund und Taucher

Auf dem Holzgestell, das wie eine Schiffsbrücke in die Brandung des Wurstelpraters vorspringt, steht neben dem Ausrufer ein Lama.

Der Ausrufer könnte des Demosthenes Sprechkunst haben, ohne einen Hund vom Ofen zu locken – wäre das Lama nicht da, rundrückig, stilläugig und einem bekannten Musikrezensenten aufs Haar ähnlich. Sein Blick scheint Erstaunen über die Stauner; geduldiger Hochmut. In Wirklichkeit ist dieses seltene Geschöpf, das hundert stumminterviewende Augen darüber ausfragen, was es zum Wurstelprater sagt, mit der glücklichen Eigenschaft begabt, daß der Radius seines Rundblicks nicht größer ist als seine Freßgier. Es sucht auf den Köpfen der Menge nach Gras.

Dieses Lama auf der Brücke muß ein Vorposten Afrikas oder Indiens sein (ich weiß nicht, wo die Lamas wachsen) – also strömen die Menschen in die Bude.

Drinnen aber ist weder Afrika noch Indien, sondern eine kalkgetünchte, in einen Saal verwandelte Auto-Garage. Die Kulisse auf dem Podium könnte sich keines Reinhardts Kunst besser erfinden. Ein hingemaltes Stück Schmutz, halb Haus, halb Schlangenbehälter, graugrün und trüb, mit einer seitlich angebauten Stiege. Glänzend komponiert – aber weiß Gott, was es darstellt!

Pianoklimpern. Ein sichtlich schlecht bezahlter Jüngling mit Zwicker springt conférencier-munter hinauf und spricht vom Herrn Direktor und der Gaasch. (Nachtlokal auf der Praterbude!) Hierauf folgt Produktion mit einem dressierten Fox.

Dieser Hund ist ganz enthundet. Ein armes, nacktes Vivisektionsexemplar der Dressur, offenbar angesteckt von der Sorge seiner Züchter; das Wedeln ist ihm gründlich vergangen. In diesem Dasein, wo man bloß alle Sonntag einen Knochen zu Gesicht kriegt, gibt es wahrhaftig nichts zu wedeln.

Es stellt sich bei dieser Nummer heraus, daß alle Sympathie, die Hunde in uns erwecken, darauf beruht, daß sie Müßiggänger sind. Ein Fox, der mitverdient, ist ein Hund.

Da lob ich mir (bei Dressurnummer 2) doch den Schnauzer. Er hockt sich – ist es Verachtung oder Lampenfieber? – plötzlich zur fataleren Form des Eißerlns hin. Mir wird leicht, wie dem Faust, da er den Mephisto wedeln sieht.

Der Abrichter ließ ihn vorher rechnen. 2 × 3, 2 + 5, 4 – 1; brav-blecherne Volksschülerstimmen aus dem Parkett geben aufzeigend die Übungen an. Der Hund bellt sechs-, sieben-, dreimal und wird applaudiert. Da kommt die Aufgabe: 1400 dividiert durch 200. Der Hund denkt angestrengt nach, eh' er das Resultat hinausbellt. Aber diesmal bekommt der Abrichter den Applaus.

Letzter Dressurakt: ein Mensch. Und zwar wird sich jetzt bald das Geheimnis des graugrünen Behälters lüften. Auf der Bühne stampft, 30 HP Fafner und Fasolt schwer, jeder

Schritt ein Kündigungsgrund: der Taucher. Steigt mit seiner schweratmenden Rüstung die Stiege empor. Wird unten vom Conférencier in seinen Einzelbestandteilen volkswissenschaftlich analysiert und oben (wo er sich indessen niederließ) wieder zusammengesetzt. Dann hebt er das eine Bein über den Basinrand, und die Folge ist eine Gewißheit und eine Frage: die Gewißheit, daß das Tapetengrün Wasser bedeutet; die Frage: wie lang es sich schon in diesem Bassin befindet.

Zugleich beginnt auf dem Podium ein Knabe mächtig Luft zu pumpen.

Der Taucher steigt hinein; zwei Kubikmeter Taucher in drei Kubikmeter Wasser.

Wer wagt es, Rittersmann oder Knapp'

Zu tauchen in dieses Lavoir . . .

Alsbald zeigt er, durch den Glasrand, schön apportierend, einen Fund: Tiefsee-Muschel. Schnorrt auf einer unterm Wasser beschriebenen Tafel um Zigaretten. Fühlt sich also offenbar pudelwohl.

Weniger wohl der aus allen Poren schwitzende, luftpumpende Knabe. Um den Taucher ist einem nicht bang. Man sieht kaum hin. Aber der Bub – wird dem nicht die Luft ausgehen? Es soll schon Fälle gegeben haben, wo Luftpumper erstickt sind.

Für Taucher hab' ich – wie für Sandwichmen – eine besondere Schwäche. Ich denke mir sie nämlich wegen der Würde verleugnenden Passivität ihres Berufes als Wedekind-Figuren. Der Mann taucht und leidet – die Frau betrügt ihn. »Während ich für mein schmachbeladenes Handwerk in diesen Tümpel tauche und Abend für Abend den Atlantischen Ozean vor einem Parterre von Tagdieben lächerlich zu machen die elende Pflicht habe, wirfst du dein Herz einem Meistbietenden hin!«

Aber so könnte der arme Praterbudentaucher niemals reden. Es ist das Glück der Taucher, daß sie keine Wedekind-Figuren sind – das heißt: daß sie auch in ihrem Privatleben tauchen.

Das Lama draußen dürfte gewerkschaftlich organisiert sein.

Der zertretene Rasen
Ein Verkehrs-Capriccio

Menschenansammlung auf dem Opernring.

Erst fünf, dann zehn, dann dreißig, dann hundert, dann aberhundert Menschen – in ihrer Mitte amtshandelnd, verlegen vor der anstürmenden Masse, die Kompetenzwürde mit Mühe gegen die eigene Unsicherheit verteidigend: ein Wachmann.

»Was ist? Was gibt's?«

Die Szene spielt auf der sogenannten Reitbahn, zwischen Straße und Trottoir. Der Zustrom der Neugierigen wird immer stärker und sie müssen, um an den Tatort zu gelangen, über die Rasenbosquetts stampfen, die, durch zierliche, grüne Zweige als pflegebedürftig bezeichnet und des Fußgängers Schonung empfohlen, die Ringstraßenbäume umgeben. Man könnte sie die »Breitner-Bosquetts« nennen, denn es sind Anlagen, die der sozialistische, bei allen luxusabgebenden Unternehmern verhaßte Stadtrat der Freude des kapitalistischen Publikums zuliebe in seine Obhut genommen hat.

»Nicht hereintreten! Auf den Rasen achtgeben!«, rufen die schon Versammelten den neu Anstürmenden zu.

Aber in der Hitze der Neugier achtet keiner drauf. Man rennt, tritt, stampft, die Zweige hängen schief, das weiche Erdreich wirbelt auf, der Rasen ist unrettbar hin, wie ein Stiefmütterchen-Bosquett von Elephantentretern.

Der Wachmann hat sich roten Gesichts entfernt.

Das Volk, enttäuscht, weil keiner tot zurückbleibt, keiner in Ketten abgeht, zerstreut sich.

Später erfährt man die Ursache von Auflauf und Amtshandlung: ein Mann war aufgeschrieben worden, weil er in den Rasen getreten war.

Beim Geheimrat, dem Friseur

In meinen Dichterkopf waren Schaben gekommen. Die edle Locke, die sonst bloß eines energischen Kopfwurfes nach rückwärts bedurfte, um melodischer und symmetrischer als irgendein Friseur sie hätte zurechtkräuseln können, in die Stirne zu fallen, litt an Auszehrung, die große Welle stürzte mit jedem Tag steiler ab.

Der Graf L., blond und dicht gewellt, dem ich meine Sorge klagte, sagte:

– Wenn Sie nächstens einmal nach München kommen, dann gehen Sie zum Friseur X. in der Y-Straße Numero 54. Er ist ein Genie in seinem Fach. Ihm verdanke ich mein Haar.

Ich kam nach München, suchte nach dem Spezialisten und fand ihn.

Das heißt, ich fand zunächst nicht ihn, sondern eine seriöse Dame vom Heilsarmeetypus, die allein im Parterreladen saß und in einem Hauptbuch Eintragungen vornahm.

– Ich möchte mir die Haare untersuchen lassen.

– Wir bedienen eigentlich nur Damen. Wer hat Sie herempfohlen?

Ich nannte den Namen des Grafen. Das verschaffte mir das Recht, eine Vorausgebühr von 15 Mark zu erlegen. »Wunderbar«, dachte ich, »diese Hypnose, die von der Zurückhaltung ausgeht. Andernfalls wäre mir um die 15 Mark leid gewesen, so aber bin ich glücklich, sie zahlen zu dürfen.«

– Wo ist der Aufgang?

– O, das geht nicht so rasch. Mein Vater ist sehr überlastet. Ich kann Sie nur vormerken.

– Der Vater. So. Familien-A.-G. Dann bin ich ja in guter Hut.

Am nächsten Tag. Ich werde vorgelassen. Der Herr Friseur persönlich.

Friseur? Das ist eine Lästerung. Ich müßte sagen: der Herr Geheimrat.

Er ist klein, sächselt, hat jovial bebrillte Augen, blickt begütigend von unten herauf, sieht aus wie ein zur Exzellenz aufgestiegener Gewerkschaftler.

So wirkt nicht der Dr. Unblutig, sondern der Dr. Allwissend.

Er hat eine Ironie, die ins Herz schaut. Handschriftendeuter und Chiromanten üben sonst diesen wohlwollenden Zwang zur Übergabe.

Die Vorstellung »Friseur« ist endgültig ausgeschaltet; das respektvolle Herzklopfen des Prüflings befällt mich, wie vor Darmspezialisten, Psychiatern, Musterungsärzten.

Ich sinke in den Folterstuhl. Der Haar-Geheimrat wirft einen flüchtigen Blick auf meinen Kopf und sagt (mit einem Unterton des Bedauerns):

– Künstler?

– Ja, nicht ganz.

Er weiß offenbar schon alles. Künstler haben einen ganz eindeutigen Haarausfall-Habitus. Sie sind natürlich selbst schuld – aber diese Gedanken, Phantastereien und gar keine Rücksicht auf das beschützende Dach!

– Sehr nervös?

Hand und Stimme erzittern als ich erwidere:

– Ja.

– Stehen spät auf?

– Ja.

– Trinken?

– J-aa.

– Und in der gewissen Beziehung?

– Normal.

Er geht taktvoll über diesen Punkt hinweg. Aber es wird noch einiges zu beichten geben!

– Krankheiten in der Familie?

– Karzinom, Bandwurm, Masern, Nierenwanderung, Blutarmut.

– Mhm ... Und Sie selber?

– Ganz Unschuldiges, Herr Profriseur . . .
– Obstipationen?
– Manchmal.
– So. Und jetzt kommen wir zu etwas anderem . . .
Ich sitze aschfahl, zu allem bereit.
Er, dicht an meinem Ohr:
– Lebenswandel?
– Nicht geradezu so ganz allerdings – lautet meine Pallenbergsche Antwort.
– Fetten Sie die Haare, waschen Sie sie? Benützen Sie Köllner-Wasser? Gehen Sie barhäuptig?
– Ja.
Er zupfte mir ein paar Haare mit einer Pinzette aus, zwecks mikroskopischer Untersuchung.
– Ja – mja – typisch.
– Wieso typisch?
– Sie haben nicht aufgeschrien. Der Haarboden ist ein Künstlerhaarboden. Um zehn Jahre älter als Sie . . . Wo wohnen Sie? Leben Ihre Eltern noch? Beide? Wo? Sie müssen eine genaue Diät befolgen.
– Wissen Sie schon, warum mir die Haare schütter werden? Haben Sie ein Mittel?
– Nach der genauen Untersuchung. Aber Sie werden Ihre Lebensweise ganz umstellen müssen!
– Ganz umstellen? Vielleicht den Beruf aufgeben? Was werde ich, der seinen Nerven und Innereien noch keine Konzession gemacht hat, meinem Haarschmuck für Opfer bringen müssen?
Der Geheimrat diktiert inzwischen einem Fräulein die folgenden unheimlichen Chiffren fürs Merkbuch:
Color nativus: niger.
Pilus: diversi generis – vitiosus – condosco.
Sudor: emittens.
Radix: ad similationem.
Squama: panneoi.
Ich glaube, ich habe den kompliziertesten Haarwuchs der Welt. Kein anderer kann eine solche Menge von

Fremdwörtern konsumieren. Alle Mikroben und Haarausfallerzeuger des Universums müssen sich auf meinem Kopf ein Rendezvous gegeben haben!

Der Professor rerum capillarium ist indessen am Ende.

– Kann ich das Resultat wissen?

– Brieflich innerhalb drei Tagen.

Der Brief – 60 Gramm schwer – hat mich gestern erreicht.

Heißgierig riß ich die Hülle weg.

Da kam zuerst ein Katalog zum Vorschein mit zwei wohlgelungenen Porträts des Geheimrats und seiner Tochter, ferner ein kurzer historischer Überblick über sein Geschäft, endlich eine philosophische Studie über das Wachstum der Haare, woraus klipp und klar zu entnehmen war, daß der Haarausfall durch bestimmte Veränderungen bedingt ist, die festzustellen die Aufgabe ernsthafter Untersuchungen bildet, während die Beseitigung dieser Phänomene verschiedenen Umständen unterworfen ist, deren Kenntnis noch nicht dazu führt, ausgefallene Haare nachwachsen zu lassen, wohl aber, wenn die Natur hilft, den Erscheinungen an den Leib zu rücken.

Es fielen zwei Prospekte heraus, Bartwichsen, Rasierpinsel, Kölnisch-Wasser und Pomade betreffend.

Endlich – der Brief!

Er lautete:

»Im Anschluß an nebenstehende Untersuchung teile mit, daß es sich bei Ihrem Fall um eine Haarboden- und Haarstörung verschiedener Art handelt. Erfahrungsgemäß habe immer beobachtet, daß Gelehrte zu wenig Eitelkeit besitzen und den Schmuck des edlen Hauptes vernachlässigen. Die Selbstbehandlungen Ihres Falles sind zwar leicht und einfach, erfordern aber noch große Ausdauer und Geduld. Im übrigen wollen Sie sich zur Kräftigung ihrer Nerven etwas künstliche Gleichgültigkeit und Phlegma zulegen.«

Auf der Rückseite stand ein exaktes Gutachten des Wortlauts:

»Die gegenwärtige Situation ist auf sehr viele, verschiedene Ursachen, hauptsächlich Reliefveränderungen des Haarbodens, zurückzuführen.«

Das Elixier, das verheißen war, kam nicht mit.

Doch bin ich jetzt wenigstens gegen Erlag von Mark 15 auf streng wissenschaftlicher Basis zu der Erkenntnis gelangt, daß mir die Haare ausfallen.

Der wahre und der falsche Heurige

Grinzing, die liebliche Weinvorstadt Wiens, wo Beethoven seine Symphonien schrieb, feierte Sonntag unter großer Beteiligung aller Heurigen-Wirte das Jubiläum ihres 500jährigen Bestehens.

Kommt ein Fremder zum erstenmal nach Wien und erkundigt sich nach jenen Ortsgenüssen und kulturellen Eigenbaugewächsen, die in keinem Reisehandbuch stehen, so hört er unter hundert Malen neunundneunzigmal die Frage?

»Waren Sie schon bei einem Heurigen? Da müssen Sie unbedingt hin! Nach Grinzing, Liebhartstal, Sievering oder auf die Hohe Warte.«

Hierauf geschieht dem Manne folgendes: Er wird in ein Auto gepackt und hält nach einer Viertelstunde vor der breiten Einfahrt eines ebenerdigen Hauses, unter dessen Giebel an einem herausgesteckten Besenstiel ein Stück vergilbtes Tannenreisig baumelt – Wahrzeichen des »Heurigen«. Eine lange Autokolonne ruht in Vergessenheit, die Chauffeure sind mit eingeladen.

Im Flur springt ihn Fidelität an; da sich hier zumeist jene versteckten Orte befinden, wo sich der Frohsinn substantielle Erleichterung schafft, stapfen paarweise, Dampf vor dem Mund und glasigen Auges, seltsame Giganten über den Hof, indes je drei Weiber in eine verschlossene Holztür hineinreden. Aus dem Hintergrund brodelt etwas Musikalisches, Mischung aus Gebrumm, Gesang und Gefiedel. Das streckt nach dem Ankömmling die Fänge aus, zerrt ihn zu sich nach rückwärts.

Er tritt in einen langgestreckten, niedrigen Raum, Dorfschänke von Tanzbodendimension; die Tische sind lang, roh gezimmert, ungedeckt, zu beiden Seiten laufen Sitzbänke. Die Luft brutwarm von einem Qualm, in dem sich Klänge und Gerüche mengen: Tabak, Harmonika, Fusel, Gelächter, Gewisper, Wein und Lied. Girlanden und Lampions hängen von der Decke – offenbar, damit der Gast nicht bloß akustisch und aromatisch, sondern auch optisch restlos umwickelt wird.

Die Stimmung ist friedlich, aber laut: die jungen Herren mit Knopflochgezier, die an der Seite weinroter Mädchen (beide Teile sehen verdächtig nach dem Vorraum eines Rechtsanwaltsbureaus aus) das schöne »Stumpfsinns«lied erklingen lassen, wären eher in einer Burschenkneipe denkbar; die Korrektheitsgesichter, die jetzt mit einem winzigen Spaßhütchen auf dem Schädel Weltvergessenheit markieren, sehen auch nicht ermunternd aus; ihr Duliäh hat die Vorsätzlichkeit nördlicher Zonen. Ansonsten freilich scheint für soziale Gemischtheit Vorsorge getroffen; immerhin hat zwischen je zwei Nobelgästen (deren Auto draußen wartet) ein stiller Hausknecht oder Schustergehilfe Platz, der vergnügt herumäugt.

Der Wein wird gebracht (ohne Bestellung) in einer unhübschen Kelchflasche, die eher zu Säuglingsmilch als zu heurigem Wein paßt.

Wie schmeckt er? Nun, die Wangenmuskeln widerstreben zuerst. Der »Sod« – dieses Körperorgan, das ein Wiener Humorist kürzlich entdeckte – sträubt sich dagegen. Aber der Trank riecht. Wiesenhang und Beere mit dem rätselhaften Zuschuß eines Vomitivs, das allen Heurigenorten gemeinsam ist und dessen Geschmack nach neuestem Sprachgebrauch vielleicht nur mit einem optischen Wort, nämlich »gelb«, wiedergegeben werden kann. Der Geruch ist stark, er gärt gleichsam noch im Glase; das

Aroma: ein schwacher Mosel- oder Franken-Wein mit ungarischem Süßwein verschnitten.

Aber kommt's darauf an? In zehn Minuten hängen die Lampions schief. Der Einzellärm von den Tischen ist in einen Lärmbrei ineinandergeflossen. Vom Tisch der Musikanten (warum der eine, mit der Ziehharmonika, doch immer ein Holzbein hat?) klingen unablässig, im Kutschiertakt, Wiener Weisen. Zwei Stimmungssänger pflanzen sich vor dem Fremden auf - vor ihm besonders: der Kleine, dicke, ist Tenor, der Große, magere, Bariton. Sie sehen sich zuerst an, drohen einander mit steifem Zeigefinger die verschmitztesten Stellen zu und fahren dann, der eine kühner, einen Schritt vorwärts, der andere diskret im Hintergrund, auf den Gast los: Der weiß zunächst nicht, was er mit der treuherzigen Versicherung: »I kenn' kan Neid!« oder wenn es hochdeutsch zugeht: »Liebchen, fahr' mit dem Propeller!« anfangen soll, versucht den Augen, die ihn dabei todernst anstarren, unbekannterweise standzuhalten, gibt aber die Bemühung sogleich auf, indem er den beiden (so er gut beraten wurde) ein Glas Wein nebst einigen Banknoten hinreicht. Doch ist das Ende noch weit, dem Fremden ist der Fremde zu sehr ins Gesicht geschrieben; er muß noch die schönen Lieder in Empfang nehmen: »Zuschau'n mag i net!« und »Wenn i amal ins Wirtshaus kumm!«

»Schluß, meine Hirrn! Schluß, meine Hirrn!« ruft auf einmal von hinten mit der Resolutheit des Hinauswerfers der freundliche Ausschenker von zuvor; alle, die noch eben dienstbar lachten, sich krümmten, den Besucher mit »Hetz« und »G'stanz« umwedelten, sehen unnahbar pflichternst, rabiat drein. So rasch und nur durch die Sperrstunde bestimmt, wandelt sich der willkommene Anakreontiker in den lästigen Bsuff!

Die Musikkapelle hält den Teller auf: die Sänger machen einen erwartungsvollen Bückling; mystische Worte umsäuseln von allen Seiten das Gehör: »Musikschatz ... Der Zigarrenbua ... D'Tolettfrau ... Fir'n Schaffeur«; der

Salamimann, die Bäckereienfrau, der Mann mit den Juxhüten bilden einen Abschiedskordon. Durch den Lärm schneiden die Rufe: »A Ruah geben S'!« – »Weibi, Weibi, sei doch nicht so...« – »Zahln biddä, zahln biddä...« und alles übertönend » Schluß, die Herren! « (Es klingt wie: » Schloß die Hirn. «)

Und während dies alles, der Dampf und Suff und Braus, noch in einer letzten Welle hochgeht, gewahrt der Besucher bei der Eingangstür, zwei Meter groß, dickwamsig eingewickelt, statuensteif – einen Wachmann.

Der Fremde tappt in die Nacht hinaus; es war schön und gemütlich, ja, aber der Wein brennt noch ein wenig nach, und das Ohr ist betäubt und die Brieftasche so dünn - war's am Ende nicht Berliner Aufmachung des Wienertums? Lokalkolorit en gros?

Die Rechnung stimmt. Denn, o Fremder, was du hier mehr zu Gehör als zu Gesicht bekamst, das war eben der Heurige, den man den Fremden zeigt; der mit Stimmungssängern, Lampions und Autokolonne. Es gibt aber gottlob – und nun merk' auf - noch einen anderen.

Dieser andere - kein Plakat verrät sein Haus - ist der Wallfahrtsort der Trinker und Kenner; er ist nicht Tag für Tag, sommers und winters geöffnet, denn der Wirt schenkt redlicherweise nur so lange aus, als sein kleiner Weinberg noch einen Tropfen hergibt. (Er verschneidet nicht, bietet nur Eigengewächs.) Man muß also Erkundigungen einziehen, sich geheim unterrichten lassen: wer jetzt den Besten hat. Einer tuschelt's dem anderen zu: » In der Armbrustergassen auf sieben - da werden S' dran denken! « oder: » Im Kasgraben auf Numero zwölf, a kleiner, aber gut! « Auch dort halten die Gefährte; aber gewiß keine Luxuswagen, vielmehr Trabergespanne, Gigs und richtige Zeugeln.

Der Raum ist klein, mehr Stube als Wirtshaus. Der Wirt macht den Kellner. Tische und Bänke sind nicht erst auf Einfachheit präpariert, oft müssen die Sitzgelegenheiten aus der Wohnung geschleppt werden; wird im Freien ausgeschenkt, so umsäumt dich in der Regel ein trauliches, zwischen Obstbäumen, Stall und Berghang eingeklemmtes Idyll, italienisch, aber voll bajuvarischer Zartheit.

Die Gäste ... nein, ihre Mischung ist nicht zu einem Vorführungszweck bereitgestellt. Hier läßt sich wirklich das Wunder erleben, daß der Nachbar zur Rechten ein Kutscher und der zur Linken ein Großhändler ist, beide verbunden durch die Liebe zum gleichen Trank. Liebespaare, die beim anderen, dem Hochdeutsch-Heurigen, das Zwecktempo ihres Beisammenseins nicht verleugnen, drücken sich hier, die Minuten auskostend in die Ecke, dämmrige Schubert-Luft umweht ihre Gesichter. Die Frohlaune gröhlt nicht, sie summt; und man braucht sich keinem vorzustellen, um an seinem Tisch zu sitzen und ihn anzureden.

So rasten sie hier wie Wissenschaftler der Heiterkeit. Was ist die engere Materie, über die sie disputieren, Mann, Weib und Kind? Der Wein. Er wird geschlürft, zerdrückt, besprochen, verglichen. Wein-Weise sitzen da, die in einem Dialektgemisch aus Böhmisch und Wienerisch Seminare über ihn halten. Und er verdient's! Hier ist das Ekelgeld nicht spürbar; scharf und stürmisch treibt in ihm die Wiese, die Sonne; der ganze, kühlgelegte Sommer eines Jahres! Du trinkst den Kahlenberg in dich hinein; stärkst dich mit den Ursäften der Wiener Hügel. Was braucht's dazu Schrammelklänge und Holdrioh? Ein alter Zitherspieler, dem man zum Dank ein paar Münzen hinwirft, ein gstanzelkundiger Mann aus der Runde – genug! Dafür ist es auch die wahre, wienerische Musik.

Posa antichambriert

Was ist das wesentliche Stütz- und Hilfsmittel der Autorität? Die Disziplin? Die Ordnung? Das Gesetz? Oder die in aller drei Namen amtsübende Polizei? Nein: das Vorzimmer (lies: Wartezimmer).

Wenn es diese vom Möbeltischler und Architekten geschaffene Einrichtung nicht gäbe – malen Sie sich einmal die Folgen aus! Der Impuls eines beliebigen Privatmanns käme von der Straße her die Treppen heraufgejagt und stände mit einem Male überrumpelnd am Tisch des Machthabers (des Herrschers, Regierungsrats, Generaldirektors, Chefredakteurs), der Wunsch des Geistes und die Not des Herzens setzten in ihrer ungedämpften Hitzigkeit die Luft in Brand und brächten den hartnäckigsten Willen zum Schmelzen; heut' stände das Bureau, morgen die Welt in Flammen. Dies zu verhindern, wurde das Wartezimmer eingeführt. Es ist ein Kühlraum für heiße Energien, ein Backofen für Initiativen; hier wird die Frische des Gehirns geröstet, die Glut der Seele ausgekühlt; hier zerbröckelt sich die Tat- und Redeentschlossenheit in psychologische Bedenken. Die sechs bis zehn Meter, die es in der Länge mißt, setzen zwischen Ansporn und Ausführung einen Abstand von der Unermeßlichkeit des Stillen Ozeans. Marquis Posa (in Schillers Don Carlos) hat es leicht gehabt. Er brauchte kein Audienzgesuch einzureichen, die Tür zum Allerheiligsten flog ohne Voranmeldung von selber auf. Im Nu stand er vor seinem König und schmetterte die Worte hin: »Sire! Geben Sie Gedankenfreiheit!« War das ein Kunststück? Wenn sich vor mir unjambischem Wurm die Portiere zum königlichen Prunksaal im Augenblick öffnete – ich wollte euch zeigen, was ich von Seiner Majestät alles verlangte! Es ist kein Verdienst, in edler Aufrichtigkeit zu glühen, wenn man nicht zuvor zwei Stunden im Vorzimmer sitzen, sich von traurigen Plüschüberzügen anstieren lassen, die Lautlosigkeit der vier Wände in sein Gehör trinken und das Fachblatt für Obstbau und Ziergärtnerei unentwegt durchblättern mußte.

Aber nehmen wir an, Marquis Posa, in heiligem Schwung zum König stürmend, mußte zunächst im Vorzimmer Platz nehmen.

»Ha«, denkt er im ersten Moment (bloß ein wenig darüber enttäuscht, daß ihm ein Brett vor sein drängendes

Herz geschlagen wurde), »jetzt ist der große Augenblick ... ich werde - wohin lege ich meinen Hut? - ohne Umschweife werde ich vor den König treten und zu ihm sagen: Sire - Geben Sie ... Ja ... er soll einmal die Sprache und den Mutterlaut hören, in dem der einzelne spricht - Unbefangenheit ist alles!«

Marquis Posa hat sich nach anfänglichem Widerstreben entschlossen, den Federhut auf einen Nagel zu hängen. Er blickt zu den Deckengemälden des eskurialischen Raums empor und stellt fest, daß der maurische Stil unter dem Einfluß der Renaissance seine ehrfurchtgebietende Hoheit nicht nur nicht ... das dauert aber! ... vielleicht ist gerade der englische Gesandte drin ... »Ich muß«, sagt er nach einer Viertelstunde, »alles rekapitulieren, damit ich mich nicht lächerlich mache. (Die Fresken sind hübsch ... nobel wohnen die Gesalbten ...) Also: ich trete ein, knie nieder, sage: Sire! ... Geben Sie ... Geben Sie ist ein bißchen frech. Er wird das zwischen zwei Audienzen gar nicht verstehen ... ich muß reif auf ihn wirken, wie ein ernster Politiker ... da sagt man: es wäre meines Erachtens angebracht ...«

Nach einer halben Stunde erhebt sich Marquis Posa vom Sessel, bringt sein Hirn durch Auf- und Abgehen in Fluß, sein Blutdruck hat sich vom Kopf über den ganzen Körper verteilt und pulst jetzt in unregelmäßigen Herzstößen. Ein Lakai huscht durch den Vorsaal, als ob da drin keine Audienz, sondern eine Entbindung stattfände. »Gedankenfreiheit«, denkt der Marquis, »ist ein vieldeutiger Begriff. Boshaft wird mich der König fragen: Was verstehen Sie eigentlich darunter? ... Und wenn es einmal ans Erklären und Haarspalten geht, machen die hohen Herren ihrem Zeremonienmeister ein Zeichen ...«

Nach einer Stunde kommt der Graf Lerma mit einem müden, gottergebenen Gesicht aus dem Thronsaal, daß durchs Hirn des Marquis unwillkürlich der Gedanke zuckt: »Schlecht gelaunt heute Se. Majestät ... Ich werde im allgemeinen die Vorteile der Gedankenfreiheit, oder besser: ich werde zuerst über die Fresken reden und dann mit einer scherzhaften Wendung (ein Witz wird mir schon einfallen) dazu hinüberleiten, daß ein gewisses Maß, ja, gewisses Maß ist ...«

Anderthalb Stunden später: »Sire!« werde ich sagen, »geben Sie mir die Erlaubnis, um etwas zu bitten: ich warte seit anderthalb Stunden ... kann es nicht nach Eurer Majestät raschem Verständnis formulieren ... es handelt sich ... vielleicht ist Ihnen bekannt geworden, daß gerade in letzter Zeit der Gedanke ...« 1 Uhr 40 Minuten: »Der Marquis von Posa!« Der Vorhang teilt sich – Himmel, rasch den Federhut! – Marquis Posa schwingt ihn mit ausladendem Arm, beugt sein Haupt in der geöffneten Flügeltür bis zum Erdboden und spricht stockend zu Philipp II., König von Spanien: »Sire! – ich wollte mir nur die Freiheit nehmen ... gestatten Sie, daß ich Ihnen meine besten Wünsche zum Gedeihen Ihres Hauses ergebenst hiermit ausspreche ...« Die Audienz ist zu Ende.

Capistran

Ein kleiner Friseurladen auf der Ringstraße, in unmittelbarer Nähe der großen Hotels. Der Gehilfe, der mich bedient, ist heiter, zutunlich, gesprächig. Der Meister dagegen trägt einen gepflegten grauen Professorenbart zur Schau und ebensolche Umgangsformen. Die Tür geht auf, herein tritt ein hochgewachsener schlanker Herr unbestimmbaren Alters. Adrett, gipsern, leicht vorgeneigten Hauptes. Er spricht die sogenannte Armeesprache ... jenes noble k. u. k. Salondeutsch, in dem als Spektralfarben sämtliche österreichischen Landessprachen vom Ungarischen bis zum Böhmischen schimmern. Also Ex-Offizier? ... Der Schwefel hat meinem Haar nichts genützt, sagt er und läßt sich die Serviette um den Hals binden.

Ich blicke mit schrägem Aug' in den Spiegel, den er vor

sich hat. Woher kenn' ich diesen Mann nur? Wo habe ich diesen etwas steifen und vergreisten Bubenkopf mit den eiskalten, müdbohrenden Grauaugen, der steil aufsteigenden Stirn und dem dünnen Schopf, der sich über sie legt, schon gesehen? Es muß ein Aristokrat sein, nur Aristokraten können wie gealterte Knaben aussehen. Der Meister streicht ihm die Serviette zurecht, sie beginnen ein politisches Gespräch. »Was meinen, Herr Graf«, höre ich den Friseur flüstern, da er seiner Kundschaft eben die Schermaschine an den Nacken setzt, »wie stehen wir Österreicher? Was für Hoffnungen haben wir?« »Gar keine«, sagte der Graf. »Mit uns schaut es seit 15 Jahren immer trauriger aus. Wir können nichts mehr machen.« »Und die Deutschen?« »Die stehen trotz allem turmhoch über uns. Gar kein Vergleich. Sie haben uns ganz überflügelt.«

Sehr interessant. Wer ist der Mann, der diese politischen Ansichten ausspricht, wem gehört der oft geschaute Kopf? Ich frage leise meinen Gehilfen: »Kennen Sie ihn nicht? ...« »Das ist der Berchtold.«

Leopold Berchtold – natürlich – jetzt entsinne ich mich – der Kriegs-Berchtold. Ein prickelnder Augenblick; die Geschichte selber sitzt neben mir unter dem Schermesser – der Mann, der mit einem Federzug über das Leben von einigen hundert Millionen Menschen entschied, ohne sich was Arges dabei zu denken – der Vielgescholtene, dem man nachsagte, Krieg oder Frieden sei für ihn nicht viel mehr als eine Sport-Event gewesen. Und jetzt so sorgenbekümmert und hochpolitisch! Ich spitze meine Ohren schärfer: Berchtold über die Gegenwart, das muß ein Fund sein ...

»Ja, die Österreicher haben keine Aussicht mehr. Die Situation ist zu schwierig.« »Und Ungarn?« fragt unnachgiebig der Meister. »Die Ungarn – nach meinem Dafürhalten ist's mit ihnen auch nicht besser. Sie können heut' nichts mehr machen.«

Pause. Die Schere klappert. Dann kommt aus der geschniegelten Kehle mit einem kleinen Seufzer der Satz:

»Nur Capistran kann uns retten! ...«

Capistran? – holla, was ist das? ... Der heilige Capistran, der das Christentum predigte, bevor es ein Haus Habsburg gab, ist ein paar Jahrhunderte tot. Und wenn er noch lebte – oder ein Nachfahre von seiner Art – kann neuchristlicher Geist retten, was die Wirtschaft verlor? ...

Mein Gehilfe entwirrt den Knäuel: Morgen ist der Austria-Preis: Capistran (oder Capitan?) heißt der österreichische Vorausfavorit.

Der Graf hatte sich über die Freudenauer Rennen unterhalten: über Pferde, nicht über Völker. (Er hat diesmal übrigens richtig getippt.)

Wörterbuch des Fremdenverkehrs
Ausgabe: Österreich

Der Fricksche 1000-Mark-Erlaß wird, wie die Österreicher hoffen und wie ihnen wohl auch zu wünschen ist, in diesem Jahr ein stärkeres Anschwellen des Fremdenstroms aus den anderen europäischen Ländern zur Folge haben. Viele, deren Reisepässe ursprünglich in entferntere Gegenden zielten, rüsten sich zur Fahrt ins schöne Alpenland. Ihnen seien die nachfolgenden Winke eines Sachkenners gegeben:

Verspätung

Dieses Wort (im Österreichischen mit einem »d« ausgesprochen) bedeutet für den Fahrplan etwa das, was für die Mathematiker die Regeldetri ist. Es bezeichnet ein ebenso kompliziertes wie verläßliches Verfahren, unter Abrechnung der auf dem Perron verbrachten Zeit die Ankunfts-, resp. Abfahrtszeit zu eruieren. Der Fahrgast lernt auf diese Weise die vorzügliche Küche der österreichischen Bahnhofsrestaurants kennen.

P. S. Bei Nichteinhaltung der Verspätung ereignen sich Unglücksfälle; es kommt jedoch selten vor.

Doktor

Sprich: » Dokter.« Apostrophierung von Menschen, die an einem Augenübel leiden und infolgedessen Zwicker oder Brille tragen. Wird speziell von Friseuren zur Anrede ihrer Kunden gebraucht. (Nach anderer Version: jüdischer Vorname.)

» Verbotener Eingang«

Dort, wo man, ohne anzuklopfen, hineingehen soll. Hinter der Tür, auf der diese Aufschrift angebracht ist, birgt sich der Allgewaltige, der über Wünsche, Beschwerden, freies Entree, Devisenvorschriften, Fahrtermäßigung, Gesetzesauslegung usw. entscheidet. Der Neuling verirrt sich auf den Korridoren der Kompetenz und gelangt nie zum Ziele. Der Eingeborene weiß, daß hinter dem verbotenen Eingang die Entscheidung thront. Das bloße Öffnen der Tür wird dem hier sitzenden Beamten kundtun, daß eine berücksichtigenswerte höheren Orts akkreditierte Person vor ihm steht.

Kompetent

Klingt wie » Kombattant«. Das, was einer, für das, worum man ihn angeht, nicht ist.

»Ein Momenterl!«

(Höflicher Ausruf von Telephonistinnen, die um Geduld bitten.)

Erst kommt die Sekunde; dann die Minute; dann die Stunde; dann der Tag; dann die Woche; dann der Monat; dann das Jahr; dann das Jahrzehnt; dann das Jahrhundert; dann das Jahrtausend; dann die geologische Periode; dann die Äone; dann lange nichts. Und dann das Momenterl. Die meisten Staatsbürger Österreichs verdanken ihre Arteriosklerose nur den Momenterln, die sie ihr Lebtag zusammengewartet haben.

»Zahlen!«

Ein Wort, mit dem man das Echo ausprobiert. In Österreich hat sich nämlich die interessante physikalische Tatsache herausgestellt, daß nicht nur Bergwände, sondern auch Kellner ein Echo geben. Man rufe zum nächststehenden Kellner: »Zahlen!« Er wiederholt das Wort, der einen Meter von ihm stehende Speisenträger fängt es auf, ruft's weiter zum dritten, der zum vierten, fünften, sechsten, bis irgendwo in der Nähe der Küche ganz heiser das Schlußecho verendet: »Zahlen.«

Unparteiisch

Bezeichnet die politische Gesinnung der Hoteliers, Ansichtskartenverkäufer, Meiereibesitzer, Hüttenwirte, Zimmervermieter und Lodenwarenhändler vom 31./V. bis zum 15./X.

»I bin der, der was...«

Beim Verlassen eines Hotels, in dem man gewohnt, eines Lokals, in dem man geweilt hat, schiebt sich nach der Abfertigung der verschiedenen Personen, die einem Aufmerksamkeiten erwiesen haben und demgemäß honoriert werden wollen, immer ein Unbekannter näher und raunt einem etwas dicht an's Ohr. Fragt man ihn ungeduldig, was denn los sei, so wiederholt er die Anfangsworte eines Satzes: »I bin der, der was...« (Ergänze: »... das Auto geholt hat«; »... den Bettler von heute vormittag rekommandiert hat«; »... die Blumenfrau auf Sie aufmerksam gemacht hat«; »... auf das Gepäck während Ihrer Verhandlungen mit dem Portier Acht gegeben hat« usw.) Der, der was – ist der österreichische Zwischenverdiener. Da das Land überwiegend aus Zwischenverdienern besteht, so wundere man sich nicht über ihre Zahl. Auch der Herbergvater ist schließlich nur der, der was...

Vurschrift

(Schriftdeutsch: »Vorschrift.«) Die Erklärung des Unerklärbaren. Lösung aller Rätsel in Natur, Raum und Zeit. Wo die Vernunft an eine Geheimnistür stößt, ruft es von drinnen: »Vurschrift!«

»Der Sterbende murmelte unverständliche Worte«

Kaum daß der Vorstand Deierl seine Augen zur letzten Reise geschlossen hatte, stand er in einem weitläufigen, halbdunklen Raum, wo viele Menschen warteten. »Das ist der Eingang zum Jenseits!« sagte er sich.

Ein traurig-vertrauter Geruch umfächelte ihm das Herz. Kalkfeuchtigkeit, Steinkühle, Registerstaub und dazu eine ferne Spur von Karbol. Geruch der Hinrichtungsstätten, die man auf Erden unten »Wartezimmer« nennt.

Von weit her, aus dem anderen Ende des Saales, hörte er eine Stimme, die eintönig eine Formel verlas. Sie erinnerte den dahingeschiedenen Vorstand an den Schaffner, der an Ausflugs-Sonntagen auf dem Südbahnhof alle Stationen von Meidling bis Mürzzuschlag ausrief. Eine weite Reise, dachte er; die Stationen wollen kein Ende nehmen. Nach einer halben Stunde wandte er sich an den Nebenmann: »Wann komm' ich denn dran?«

Der Angeredete zuckte die Achseln. Wortlos drehte er in der Hand eine Nummernkarte, blickte auf sie, hernach fragend auf den Neuankömmling, wie um sie gegen dessen Nummer zu vergleichen. Der Vorstand Deierl will schauen, was auf seinem Zettel steht. Da bemerkt er mit bleichem Schreck, daß man vergessen hat, ihm einen auszuhändigen.

»Das is a schöne G'schicht!...« sagte jemand hinter ihm.

Der selige Vorstand hätte die Hälfte seines gelebten Lebens dafür gegeben, wenn ihm jetzt ein solches Kartonstück in die flache Hand gewachsen wäre.

Sie sind unmerklich der Stimme, die am anderen Saalende Stationen ausruft, näher gerückt. Aber – das sind ja Ziffern, nicht Stationen! Ellenlange, unendliche Reihen!

»... zig Billionen siebenhundertachtundsechzigtausend Milliarden ...« konnte der Vorstand unterscheiden.

Unwillkürlich spielte er mit der rechten Hand. Sie war noch immer leer.

»Das hat mit der Warte-Nummer nichts zu tun!« tröstete ihn der Hintermann, der es bemerkte. »Die Sterbeziffer wird bloß verlesen. Jeder, den was s' einliefern, seit die Welt steht, hat sei' Zahl. Die wird verlesen, ob s' stimmt. Und dann beginnt ...«

Leuchtenden Auges vollendet der Vorstand: »... die ewige Ruh'?«

»Na. Dann beginnt der andere (Sie können ihn jetzt noch nicht hören, er steht in der Ecken) mit der Kontrolle. Der verliest's ein zweites Mal, einer allein könnt' sich irren ...«

Sie kamen ruckweise weiter. Endlich war auch der tote Vorstand an der Reihe. Der Ziffernverleser saß vor ihm über ein Buch gebeugt, ohne den Kopf zu heben. Der Vorstand zitterte ein bißchen, wie in der Schule, wenn der Lehrer den Katalog aufschlug. Er fühlte sich gegenüber allem, was jetzt geschehen konnte, furchtbar unvorbereitet. »Fegerer oder Höllerer?« fragte der Sitzende. Der Vorstand begriff, daß damit nach seiner Zuteilung zur Hölle oder zum Fegefeuer gefragt war. »Ich weiß nicht«, antwortete er verlegen. »Ich hab' geglaubt, das werd' ich hier erfahren.« – »Hier werden keine Auskünfte erdeild«, sagte der Amtierende schneidend. »Haben S' keinen Schein?« – »Nein.«

Da kam, durch die Debatte angelockt, ein Zweiter – der Kontrolle-Verleser – näher. Er blickte dem Sitzenden über die Achsel und fragte ihn: »Vielleicht is ein Vermerk im Akt?«

Sie blätterten und suchten zu zweit, fanden aber nichts. Dann besprachen sie etwas im Flüsterton. Schließlich rief der Eine: »Ablegen!« Der Vorstand nestelte am Hals, um den Kragen zu öffnen. Da bemerkte er erst, daß er splitternackt dastand. »Rasch! Rasch! – Was bandeln S' denn?« Der Vorstand blickte fragend. »Herunter mit der Haut!« Er folgt dem Geheiß, die Haut läßt sich aufknöpfeln wie ein Hemd.

»Weiter! Die Leber, der Kehlkopf, das Beuschel ... die ganze Hülle ...«

Ein Stück nach dem andern wird ausgefolgt, auf dem Tisch deponiert als letzte Habseligkeit. An das Bündel spendelt man einen Zettel, dann wird es wie im Versatzamt weggeschoben. Traurig blickt ihm der zu Luft und Seele reduzierte Vorstand nach. Wenn nur keine Verwechslung geschieht! ...

Indem steht er bereits in einem unendlich dunklen Korridor. Türen zur Rechten und zur Linken. Aber – o Wunder! – er fühlt nun auch ein Papier in seiner Hand. Sie werden es ihm nach dem Geflüster zugesteckt haben! Der Vorstand gäbe was drum, zu wissen, was sie ihm aufgeschrieben haben, doch er wagt es nicht, den Zettel anzusehen. Er geht weiter, Wochen und Jahre, immer an den Türen vorüber, er möchte gern eine Klinke aufdrücken, aber es geht nicht; überall hängt eine Tafel: »Herein ohne zu klopfen!«

Da scheint ihm, als dränge sich im Dunkel jemand neugierig an ihn heran. Zugleich schlägt ihm ein schlechter Knaster-Geruch in die Nase. »Zeig'n S'!« sagt eine Stimme. Der Vorstand erblickt einen alten Soldaten mit Franz-Josef-Bart. Er raucht aus einer Schusterpfeife und trägt die Montur eines Kriegsinvaliden, der bei Custozza gefochten hat. »Wer sind Sie?« – »I bin hier in Versorgung. Ein alter Fegerer. Helf' bei der Aufsicht. Zeig'n S'!« Der Vorstand zeigt seinen Schein. Der Invalide zieht eine Brille aus der Tasche, liest, schüttelt den Kopf: »Nicht zum Derziffern ...« Dann hält er das Papier noch einmal dicht ans Auge: »Höll kann man lesen. Aber daneben steht noch was wegen dem Akt ...« Der Vorstand denkt: Gott sei Dank! Hölle kann man lesen. »Und in welchem Zimmer soll ich mich melden?« – »Gengans nur weiter! Das muß man von allani finden.«

Der Vorstand geht weiter – Türe, Türe, Türe. Es ist ihm, als sei er schon ein paar Jahrtausende unterwegs ...

Plötzlich toste gebieterisch und schreckenerregend der Ausruf durch den Korridor: »Deierl!«

Sein Name! – er stand also vor der richtigen Tür? Und noch einmal: »Deierl!« Er ging dem Ruf nach und war so aufgeregt, daß er irrtümlich – trotz der Vorhänge-Tafel – anklopfte. Der Beamte, vor dem er stand, machte ein totérnstes Gesicht: »Wir haben Ihnen eine unangenehme Mitteilung zu machen – aber Sie brauchen sich deshalb nicht aufzuregen ...« Dem Vorstand flimmerte es vor den Augen. Er hatte schon manches Todesurteil gehört: »Durchgefallen!« oder »Tauglich!« oder »Schuldig!«. Was wird ihm jetzt noch ärgeres blühen? »Ich komm' doch«, sagte er endlich und hielt sein Papier wie einen Garantieschein hin, »ich komm doch in die Höll'?« Der Beamte wiederholte: »Regen S' Ihnen net auf ... es ist eine kleine Unannehmlichkeit unterlaufen ... Nämlich ...« Er unterbrach sich, um die arme Seele nicht mit einem Schlag hinzustrecken, und nahm ihr dabei vorsichtigerweise das Stückchen Papier ab. Dann verglich er dessen Inhalt mit einem Amtsstück, das vor ihm lag, nickte mit dem Kopf und sagte: »Ja, 's stimmt ... Ihr Akt is in Verlor 'gangen ...«

*

»Der Akt is in Verlor 'gangen! Der Akt is in Verlor 'gangen ...«

Am Bette des Vorstands, der jetzt die Augen für ein paar Sekunden aufschlug, saßen, die Tränen mit einem Schnupftuch wegtupfend, seine Schwestern Gisela und Eudoxia. »Er redt' was! Er will was. Verstehts ihn?« Gisela beugte sich über den Kopf des Sterbenden. Seine Lippen bewegten sich unhörbar: »Der Akt is in Verlor ...« – »Ich versteh ihn nicht«, sagte die Schwester, »er phantasiert was von ein' Akt ...« Und die andere Schwester brach in Schluchzen aus: »Noch im Tod denkt er an sei' Amt ...«

Da traf sie ein Blick des Bruders, wie Spott verglast zu ewiger Weile. Es war, als hätte er noch etwas sagen wollen.

III

Die Agonie des Leitartikels

Ich war Augen- und Ohrenzeuge dafür, was sich der kleine Moritzl alias Trautgotterl unter Siegfrieds Ermannung vorstellt.

Die Agonie des Leitartikels

»Der alte redliche Schafskopf«, wie Gustav Freytag ihn nennt, hat seit kurzem das Delirium tremens. Würdig und gemessen durfte er, im wallenden Faltenbausch des »Wir«, die Friedensjahre hindurch ober dem Strich residieren. Er atmete schwer und asthmatisch, strich sich den Bart, schüttelte das Haupt, putzte die Brillengläser, räusperte sich ins Schnupftuch, lächelte, interpunktierte, rekapitulierte und dehnte solcherart zwei, drei Sprichworte der Politik zu einem breiten Sermon aus. Sein Tonfall: »Es kann sein so . . . es kann aber auch sein so . . . reichen wir uns die Händ'«. Im Kriege wurde er dann zum Kabbalisten vorgeschriebener General-Ansicht, zuckte und bäumte sich unter der Drosselung, daß seine Körperreflexe wie Anspielungen und Deutungen wirkten – Tacitus a non tacendo –, tat aber im großen und ganzen nicht mehr, als Communiqués und Heeresberichten die Schläfenlöckchen zu drehen. Es sei, daß er noch ein oder das andere Mal aus neuen Schlagworten die alte Sauce machte. Dann trat das große Ereignis ein: das Erdbeben der politischen Phrase. Was durch Leitartikel-Äonen niet- und nagelfest war, inklusive der Nibelungentreue, fiel auseinander, der Fußboden hundertjähriger Terminologie krachte erbarmungslos zusammen, der majestätische Plural des Leitartikels erlitt keinen geringeren Schaden als der anderer Majestäten auch. Aber seines Daches beraubt, zwischen Schutt und Staub, will er nun doch nicht auf den Thronsessel verzichten. Was tun? Er mischt sich als Philipp Schmock Egalité unter die Bürger und sitzt bald auf diesem Stuhl, bald auf jenem; einer, denkt er, wird schon passen. Er hat siebzig Ansichten zugleich und bläst jede durchs alte Unfehlbarkeitshorn. Mit Kraft und Nachdruck vertritt er den Standpunkt der Ahnungslosigkeit. Delirium tremens – nichts anderes.

Auch minder Scharfsichtige können solcherart jetzt hinter die Kulissen der journalistischen Inpersonalität sehen. Was gewahren sie? Hinter dem jahrtausendposaunenden »Wir« ein zitternd-verlegenes »Ich«. Und fragen sich mit mehr Recht noch als sonst, wer diesem »Ich« das Mandat gibt. Früher – mein Gott – da war alles fest und kompakt, die Zeit lag in sicheren Angeln, es gab nur zwischen Phrasen zu wählen. Was verschlug es schon, wenn der Leitartikel sich für die oder jene entschied? Beide führten höchstens zu einer politischen Oberflächenkorrektur. Sein Verschulden war also damals ein negatives: daß er der Änderung im Weg war, der Umwühlung den Platz wegnahm. Heute dagegen ist alles feuerflüssig; Kultur wird gekocht, nicht auf den Tisch getragen; Individuen baumeln in der Luft; Überzeugungen gehorchen einem physikalischen Wellenschlag. Dem Gehirn fehlt Fassungskraft und Übersicht, es kann, mit in den Strudel geschwemmt, nur auf die Ebbe warten. Denn jetzt geht es wirklich naturwissenschaftlich zu. Etwas wird stärker sein, und das war dann von der Schöpfung gemeint. So lange ein Ideal von der Zahl der Maschinengewehre abhängt, über die das andere verfügt, und diese Zahl von Bedingungen der Massenmeteorologie, gilt nur Geduld. Wer fände auch zum Urteil den Mut? Wer?? Der Leitartikler! Er steht mitten im Gebraus, fliegt da an eine Wand an, da an einen Baum, fällt auf einen Balken, kollert über einen Stein – und wo und wie es sei, steht er sofort wieder auf den Beinen und sagt: »So. Hier sind wir jetzt zu Haus.« Jeder Armbruch, jede Gehirnerschütterung wird ihm zum abschließenden Verdikt. Denn er hat nun einmal die Pflicht, als der ewig Zeitunbeschädigte zu erscheinen. Mehr noch: als die Stimme der Geschichte. Er muß – und stürzte die Welt zusammen – hinter das Ereignis den Punkt setzen, alles Fließende auffangen, alles Bewegliche annageln, als ob durch ihn das künftige Jahrtausend spräche. Er muß dem Augenblick auf einem samtenen Kissen seine Bedeutung nachtragen. Das ergibt für die Gegenwart ein sonderbares Schauspiel: Der Leitartikel im Negligé. Da der eine beantwortet, was der andere befragt, der eine aufhebt, was der andere urteilt, und jeder eigentlich nur sich selber fragt:

»Was soll ich nun sagen?« – so fügen sich ihrer zwanzig in der Reihenfolge erst zu einem Denkakt. Die Ratlosigkeit eines einzigen und alles wird hier, in zwanzig Gewißheiten zerlegt, aufs Papier projiziert. Was ihnen noch kein rechtes Fragezeichen ist, wird hier erst, zwanzigfach beantwortet, dazu. Ehrlicherweise müßte es aber von vornherein hier stehen, von der ersten bis zur letzten Seite, in allen Rubriken. Ein Fragezeichen als Titelkopf, Fragezeichen hinter jedem Satz und jedem Wort. Wer aber gibt dem Leitartikel das Mandat, seine Verlegenheit in Rat und Urteil zu verwandeln. Nun ja – die lieben und unlieben Leser. (Da das bedeutendste und geharnischste »Eingesendet« erfahrungsgemäß noch immer schlechteres Deutsch ist als das schlechteste Zeitungsdeutsch und dümmeres Urteil als das dümmste Zeitungsurteil.) Aber, wenn ihr Verzicht aufs eigene Wort oder ihr Unvermögen dazu oder ihre Abhängigkeit von dem seinigen – im feindlichen und freundlichen Sinne – dem Leitartikler früher ein sichtliches Recht gab, so hat er es heute dadurch verwirkt, nicht, daß er gleich wenig weiß, wie sie, sondern daß sie gleich viel wissen, wie er: einen Schmarrn. Und das von der Frage »Mehrheitssozialismus oder Spartakus« angefangen bis zur Zukunft Deutschösterreichs.

Vielleicht führt die Offenkundigkeit dieser Tatsache jetzt wieder ins 18. Jahrhundert zurück: in die Zeit des »Gelehrten Anzeigers« und »Musenalmanachs«. Das Fragezeichen ist zu sichtbar, als daß man der Presse den pluralis maiestaticus ihres politischen Urteils weiter kreditieren sollte, zu deutlich der Individual-Kohn hinter dem Massenvorhang. Ein Zeichen gibt sich heute schon kund: das Sprechen. An der Endgültigkeit des Leitartikels vorbei, über seine Würde hinweg blüht in Verbänden, Vereinen und geschlossenen Zirkeln das Disputationstum wie noch nie. Einladungen ergehen an Euer Hochwohlgeboren, sich an der soundsovielten bei Herrn X stattfindenden Aussprache über das Problem Deutschösterreichs zu beteiligen, Freunde verschleppen dich zum geselligen Kopfzerbrechen über die Spartakisten, Stammtische beschließen für einen Tag der Woche Klarheit im Dilemma: Miliz oder Volkswehr. Nur der Leitartikel bleibt fest. Denn dafür zahlen die Leser monatlich 7 K 80 h, vierteljährlich 22 K, mit täglich zweimaliger Zustellung 23 K.

Diktatur der Tertianer

Ich habe also eine deutsche Erhebung gesehen. Ich habe Alldeutschlands Erwachen mitgemacht. Ich war Augen- und Ohrenzeuge dafür, was sich der kleine Moritzl alias Trautgotterl unter Siegfrieds Ermannung vorstellt.

Und ich kann zusammengefaßt und rückschauend nichts anderes sagen als: »Hände auf die Bank!«

Aber ich habe zugleich auch ehrfürchtig begreifen gelernt, daß unter den vielen ehern-symbolhaften Selbstkonterfeiungen des Zeitgeistes eine einzige Wahrheit hat: jene, die das dumpfe, grundernste und weder durch Wort noch durch Schrift zu beirrende Machtbewußtsein des deutschen Arbeiters gestalten will. Hier ist Fron und Trug der Jahrzehnte zu einem eigenen Geist, zu einem eigenen Gesicht, zu einem eigenen Blick geworden, ebenso automatisch nach oben verfinstert, wie er früher hündisch beseeligt war.

*

Die Sache wirkte in den ersten Tagen durchaus wie lebendig gewordenes Panoptikum. Ein Totentanz des borussischen Imperiums mit seinen zwei Insignien: Stahlhelm und Monokel. (Ein Kabarettier meinte, die Monokles seien in diesen Tagen wegen der Angst-Hausse rationiert worden: pro Mann zwei Stück und nicht mehr.) Warum sollte man übrigens der einbalsamierten Herrlichkeit nicht einen Tag im Jahr zur Gespenster-Auferstehung gönnen?

Übereinkunftsweise wäre es recht elegisch und sinnvoll. Bloß die politische Aufmachung, die politische Gewaltsamkeit war das Üble!

Man sah also wieder: Pluderhintern.

Man hörte Knackschritt.

Man sah feine, zwei- und dreispännige Gigs, in denen, die Arme verschränkt, den Rücken zurückgelehnt, all die Schockschwerenöter, »Durch die Blume«-Sprecher und »Maliziöslinge« dahin fuhren, die jahrzehntelang auf die Bilder der »Fliegenden Blätter« und »Meggendorfer« titelgebend gewirkt haben.

Man sah weiße Gala-Röcke, schimmernde Epauletten, Gulaschkanonen und Panzerautos.

Aber man sah keine Wolff-Telegramme, erfuhr nicht, was Paris und London zu dem Späßchen sagte. Kapp verordnete, befahl, drohte – aber er bekam es nicht übers Herz, den wunden Punkt seiner Gymnasiasterei zu entblößen: daß er die Rechnung ohne den Ententewirt gemacht habe. Das sahen auch die anderen nicht. Sie frohlockten, rein, als ob es keinen Krieg gegeben hätte. Gewitztere, politisch die Brauen hochziehende Nationalisten aber raunten einem mit der ganzen Würde eines geheimnisvollen Schafsgesichts zu: »Da steht ja England selbst dahinter«. Und wenn jemand etwa vor einer ediktstarrenden Litfaßsäule, achtloszerstreut vor sich flüsterte: »Die Pariser Nachrichten nicht da?« – dann blickten Pogromblicke, rhabarberte das Volk und stapften jene Grünen näher, die heute schon wieder die Leibwache der Demokratie bilden dürfen ...

Endlich, am dritten Tage, ermannte sich die Regierung und veröffentlichte Wolffbureau-Depeschen.

Im Konditoreisalon des »Romanischen Café«, wo man wenigstens noch Zigaretten und die von mir »Simulanten-Speise« getauften Zittermassen aus gefärbtem Schaum zu kaufen bekam, drängten sich die Leute davor.

Was stand zu lesen?

»Prag, den 14. März. Ein Güterzug entgleiste. 4 Tote, 6 Verwundete ...«

»Hamburg, den 14. März. Der verehrte Stadtverordnete...«

»Paris, den 14. März. Die Zollkommission beschloß...«

Das war alles, was die Welt dem Kapp'schen Deutschland zu melden hatte...

Der gymnasiale Zug wurde immer sichtbarer.

Das Gefühl der Machtlosigkeit drängte die neuen Männer zu Schaustellungen ihrer Macht, zu schönen knall- und kraftfreudigen Scharmützelversuchen.

Sie traten klirrend auf und riefen ein über das andere Mal: »Nicht stehenbleiben!« – »Auseinandergehen!« – »Weg da!«, so daß bald das Witzwort kursierte: »Auseinandergehen, und wenn es auch nur einer ist!« Um sie ging der dunkle schreckgebietende Ruf »Baltikum!« Aber sie selbst stellten jede Verwandtschaft oder Identität mit der gefürchteten Rasse in Abrede. Sie seien Kapitän Erhardts Leute. (Was so ungefähr auf den Unterschied zwischen Hottentotten und Zulukaffern hinauslaufen dürfte.)

Neben ihnen trat sehr mannhaft in Erscheinung: die Einwohnerwehr. Aus der Ferne ein hartes Kriegsvolk, in der Nähe von Heinrich Zille oder Paule Simmel gezeichnete ehrwürdige Schlächtermeister samt Sohn und Enkel. (Insbesonders Enkel.) Sie betätigten sich dessen ungeachtet sehr wacker im Verhaften von Stehenbleibern, Nichtauseinandergehern und sonstigen Anhängern des demokratischen Gedankens. Was mit diesem zuverlässigen Volke jetzt geschehen wird, ist unbekannt.

Vielleicht hoffen sie nicht mit Unrecht, im Sturm der Ereignisse vergessen zu werden.

*

Am 4. oder 5. Tage kam die Peripetie.

Der Streik hatte schon früher begonnen. Elektrische, Untergrundbahn, Omnibus-Verkehr stand still, Kaffeehäuser, Gasthäuser, Theater, waren geschlossen. Die Straße bekam eine Ruhe, die man als verhundertfachte Detonation empfand. Wie wenn auf einem Perserteppich Schwadronen gegeneinander rückten oder ein Kurort im Geschützregen stände. Es gröhlte, zuckte, wetterleuchtete allenthalben, ballte sich an jeder Ecke zu Hauf. Der Hall des viereinhalbjährigen Wartens im Kriege - denn daß es nur noch ein Warten war, hatte jeder heraus, - an einem Ort und in einer Woche zusammengedrängt. Scharrendes, tuschelndes, in tausend Krakeelfetzen explodiertes Warten. Und überall die gleiche Haufenentwicklung: Daß zwei Debattierer mählich Volkshintergrund bekommen und aus Privatmeinungsinhabern plötzlich Protagonisten einer riesenhaften Versammlung werden. (Ich selbst habe mich solcher Art und um für meine Person 1000 ungeschriebene Zeitungsexemplare hereinzubringen, mehrfach volksrednerisch betätigt, wobei es mir übrigens gelang, den Satz eines deutschnationalen Artikels zu antizipieren, der pünktlich eine Woche später schwarz auf weiß stand: »Judas lacht sich ins Fäustchen ...«)

Was diese rumorende Knötchenbildung der Straße begünstigte, war nicht so sehr das Ausbleiben der Presse - denn dem Berliner ist nicht erst wirklich, was sich im Druck bestätigt, - als der Mißbrauch ihres Ausbleibens zu Flugschriften, Aufrufen und Lügen-Nachrichten.

*

Das Militär blieb - der Streik ging weiter.

Aber schon flatterten die ersten Bankerottnachrichten - auf hektographierten Blättern - in jene Kaffeehäuser, wo sich die Gäste an der Kassa selbst ihren Mokka holten.

Unter den Linden gingen Arbeiter auf Ausschau. Etwa zu sehen: »wie heute das Regime steht«. Welche Gelassenheit, welches bekümmerte Wissen, welcher umwölkte Trotz in diesen Mienen! Ganz alte Männer kommen wirklich und wahrhaftig im Feiertagsstaat ausgerückt - da es die uralte frontfordernde Losung gilt. Am Nachmittag waren durch den Mutwillen abrückender Offiziere einige von ihnen tot.

Das Gegenbild: Gymnasiasten »Deutschlands Jungborn« durch hopsenden Schritt und blau-rot-grün-gelbe Kappen markierend, verteilen Flugblätter zum Beitritt bei der »Technischen Nothilfe«, jener von Noske ins Leben gerufenen Laienorganisation zur Schwächung von Streiks. »Technische Nothilfe« – sie müssen's wissen. Haben sie doch im Entscheidensten längst damit begonnen. Und daher werden aus ihnen später jene Professoren, die teils den Professor Nicolai vom Lehramt entheben, teils den Kapp als Kreuzung von Moltke und Bismarck ansehen. Aber item: sie waren die Männer der Woche.

*

Am Sonntag marschieren die Baltikum-Leute, nochmals versichernd, daß sie es gar nicht sind, durch die Stadt ab.

Sie johlen, drehen sich um und rufen: »Wartet, wir kommen wieder und schießen alle Juden tot.«

So streckte Alldeutschland noch im Abzug der deutschen Freiheit die Zunge heraus.

Der Student von Wien

Der Couleurstudent agiert heute wieder mit aktuellerer Lautheit. In Berlin trägt er das Hakenkreuz und bekennt sich stolz als Kapp-Trabanten – in Wien demoliert er Suppentöpfe und Küchenbänke. Aber so ehrlich die Geistesart scheint, so verschieden ist die Berechtigung.

In Deutschland stellt der deutsche Knabe doch ein gutes Stück deutschen Wesens dar, der deutsche Studiosus immerhin etwas Festes, Hintergründiges, in Traditionen Verwurzeltes und kommt aus einer Klasse, deren Gegenwartsmißvergnügen aus stolzer Vergangenheitsmacht wenigstens erklärbar ist – kurz, die Burschen haben gutes Kastenblut im Leibe. Was aber, mit Verlaub bitte! – soll man von den Wiener Deutsch-Büberln sagen? »Wiener« und »deutsch« – das klingt ohnedies zusammen wie »Palatschinken« und »Kyffhäuser«. Es war die schönste Eigenschaft des Donauvolkes, daß es seiner Eigenschaft als Höflings- und Lustbarkeitsvolk bewußt, den Namen Dvořak und Novotny nie mit starkem deutschen Nationalakzent hinausposaunt hat. Anders die Junioren. Sie stammen ihrem Großteil nach aus einer strebsamen Armenleutschichte. Der Vater ist in mehr als einem Fall Hausbesorger, Schuldiener, Portier des Finanzministeriums. Sie sind Produkte jenes von Kürnberger »asiatisch« getauften magyarisch – polnisch – tschechisch – slovenisch – bajuvarischen Mischmasch, der dort unten zum Zweimillionenbrei zerflossen ist, und haben Mühe, ihre Namen »hakerlfrei« zu erhalten. Zum Nationalbewußtsein fehlt ihnen organisch zweierlei: der solide Rassenkochtopf und der Kulturstolz. Die Kultur, die sie übernommen haben, heißt bestenfalls: Conrad von Hötzendorf, gemeinhin aber Fritz Werner, Treumann Hansi Führer. Und sie selbst sind lachend-armselige Genießer dieser von kundiger Judenhand zubereiteten Kultur, sie rülpsen in die Nacht hinein das letzte Barlied der Nachtlokal-Pianisten, ihr nationaler Sang ist nicht die »Wacht am Rhein«, sondern jenes Lied, das mit den Worten beginnt: »Ich kenn' auf der Wieden ein kleines Hotel ...« Ärmliche Lattengucker des Wiener jüdisch-bajuvarischen Pantsch-Humors, fühlen sie sich durch die letzten Brosamen beglückt, die ihnen von der reichbesetzten Schieber-Tafel der heutigen Wiener Kultur zufallen ... Und das spielt Kapp und Lüttwitz!

Hut ab vor den hannoveranischen Streik-Gymnasiasten, vor den Berliner Kapp-Trabanten! Sie sind gegen die Wiener Bubenhorde – nein, gewiß keine Männer! – aber Edelinge der Kinderei!

Bayern 1921

München

muß einmal sehr schön gewesen sein. (Ich kannte es früher nicht.) Ein Bier-Wien, dessen Volk nach Eichenholz und Gastlichkeit duftete, straßenfreudig wie alles, was nach Süden blickt, und doch massiv wie ein deutscher Eisenbahnwaggon.

Ich finde nur noch das Massive. (Der Blick geht nach Norden.) Die Stadt, die ich mir als Mittelding von Nürnberg und Wien vorgestellt habe, überrascht mich als Kreuzung von Graz und Berlin.

Grazerisch: der Wille zur Kleinstadt, die aufstampfende, leimig-gevatterhafte Lust am Untersichsein. Jener gewisse Treudeutschtrott vor allem, der wie die zeremonielle Kehrseite der Vergalltheit wirkt.

Berlinerisch: Tabakläden, Geschäftsschilder, Couleurgesichter, Bierhallen, Konzertcafés, Spitznasen, Sauerlippen.

Als Landschaft beider Elemente eine teils schwibbogenschwere, teils vornehm-geweitete Stadt, deren Kunst das feine Bröckelalter und deren Kitsch die betrügerische Heiterkeit fehlt. Sie hat von beiden bloß das Üppige, Solide und diese Mischung heißt: 19. Jahrhundert. Vor jedem Bauwerk denke ich, daß es der Bädeker wahrscheinlich einer jener »Meisterhände« zuschreibt, die sich in den Siebziger- und Achtzigerjahren über ihre schönen Vollbärte strichen. (Dennoch ist auch diese Architektur schon erster Blick nach Süden.)

Auf den Straßen sehr viel Studentenband und -Mütze und die dazugehörigen Blaublicke, Schrammen, Dicknacken und von einem Maienflor künftiger Staatsanwaltlichkeit überglänzte Stupsgesichter. (Nachbarin – Eueren Finger!)

Antlitze, die diesen widerstreiten, werden vom bösen Blick gestreift.

Die Kondukteure sind schnauzbärtig-gemütlich und sehen aus wie uniformierte Hausdiener. Sie sind offenbar das letzte Gemütlichkeitsüberbleibsel. Denn der Bürger, obzwar auf wienerische Art zur Anbiederung bereit, durchschnuppert erst politisch sein Opfer.

In den offenen Zeitungs- und Buchverschleißen sind jüdische Karikaturen ausgestellt: so auf Lenin, Trotzki, Genosse Hirsch. Daneben hängt der berühmte »Miesbacher Anzeiger«, wo sich die deutsche Sprache den Rock auszieht, um auf das »elendige G 'lumpert« der Geistigen loszugehen. (Es ist eine neuverbreitete Meinung, daß jeder, der sich kein Blatt vor den Mund nimmt, aus demselben schon wohlriecht und daß den Götz nicht sein Kampf wider Kaiser und Räuber, sondern sein bekanntes Zitat gemacht hat.)

Die Zeitungen! Sie sammeln den Leimgeruch, der hier überall vorwiegt, in dick-gefrorenen, akademischen Tropfen – immer je ein »Goethe sagt« neben einem »Haut's den Juden!« Jeder Griff nach dem Retirade-Flies ist ein Fund. Man kann sich die Tatsache mit einer Fracht luftiger »Eingesendet« vollstopfen. Ein Leitartikel, die Schandtaten der Polen behandelnd, gibt dem Schmerz einer Mutter, die für das Blut ihres zu Tode gemarterten Sohnes einen Schadenersatz von 50.000 Mark verlangt, Raum, und endet seine Verwahrung mit dem Hinweis auf den »Ehrenschild des deutschen Ethos«, wo sich der kategorische Imperativ, die Beethovensche Neunte, das Nibelungenlied und weiß ich was sonst noch befindet – also, wie man sieht, eine ganze Speiskarte eherner Bildungswerte, vor denen jeder wahrhafte Hiasl (inklusive der Dr. Thoma) respektvoll den Hut zieht. Ein Feuilleton – im noblen Bürgerblatt – enthält den stolzen Satz: »Selbst ein Goethe war Feind der Preßfreiheit!« (Welches tiefe Unheilssymbol ist dieses »Selbst ein Goethe!« – Ich melde es hiemit als Buchtitel an.) Ein anderer Satz: »Der Gallier neigt zum Sadismus.« Dafür bewirbt sich in einem Inserat ein »Dr. Phil., Neusprachler« um entsprechenden Posten. Da ich die Stadt »Neusprachel« auf der Karte von Bayern nicht finde, nehme ich an, daß sich hier ein Kenner des Französischen versteckt, der die Volkswut nicht gegen sich beschwören will.

Im Theater wird ein Stück gespielt: »Die schwarze Schmach«, Schilderung von Negergreueln, Vergewaltigung usw. mit patriotischem Radau, Bumbum, Juchhei. Das Stück soll, wie man sagt, aus fraulichen Kreisen starken Zuspruch haben. (Zwei Gedankenpunkte.) Im übrigen erinnere ich mich einer sehr gescheiten, vornehmen Zuschrift einer rheinländischen Dame an Hardens »Zukunft«, woraus jene schwarze Schmach ungefähr als Schmach schwarzer Drucklettern hervorgeht.

Eine andere Bühne spielt einen ähnlichen Freck von Drecksa – pardon Dreck von Frecksa.

Man erfährt allerlei: etwa, daß es geboten ist, nichts zu reden, da München von Spitzeln wimmelt und beinahe das ganze ehemalige Offizierskorps für diesen edlen Vaterlandsdienst zur Verfügung steht. Oder: daß ein Schuldirektor einem Verleger schreibt, dieser möge ein frei geschriebenes Werk seines Verlages zurückziehen, da er sonst die Jugend mit Knüppeln über ihn zu schicken gedenke. –

Ich besuche einen sehr bekannten, feinen Schriftsteller, von grauem Haar und immergrünem Gehirn – den einzigen spirituellen Kopf unter den massenhaften Intellektuellen Deutschlands und darum auch in der Tiefe noch von Lockerheit. (An ihm reiben sich freilich mit Vorliebe jene Duodez-Schmierfinke, die seinen Defekten kaum das Wasser reichen.) Er hat sich in ein kleines Haus beinahe am Ende der Stadt zurückgezogen, und hier lebt er zwischen Büchern und Schriften, schlecht besoldet und kompromißlos seiner meist anonymen Arbeit. (Welcher Mensch seiner Art würde heute in München Publizität wagen?)

Auf seinem Schreibtisch liegt ein Schlagring. »Da ich nicht boxen kann, nehm' ich seit der Ermordung Gareis' das da auf meine Wege ...« Das ist München. Leim.

soll, obwohl eine Stunde von München entfernt, feudal sein. Aber man spürt es kaum, da nur Deutsche aus dem Norden zu Gast sind. Sie bevölkern mit einer, für das Gefühl von Österreichern, die aus dem Salzkammergut kommen, beinahe geräuschlos-unfrohen Sittsamkeit den Badestrand. Sie spritzen nicht mit Wasser, zwicken keine Waden, treiben keinen Schabernack, sondern tragen gleichsam noch über dem Trikot ein Corpsband. Aus den Wellen taucht der preußische Normalkopf, Marke »Feindinsicht«, spitzmündig, quadratisch, farblos-proportional und in neunundneunzig von hundert Fällen mit jenen glitzernden Brillengläsern behaftet, die ihm die Note einer markanten Physiognomielosigkeit verleihen. Mein Blick ist auf ihn gedrillt. Aber was macht nur diesen Ausdruck? Ich glaube: Die gänzliche Abwesenheit kindlich-menschlicher Schwäche, der Mangel zutraulicher Ohnmacht, wie sie sich im Wiener Gesicht so oft entzückend malt. Statt dessen offeriert er voll Knabenscham: Trotz und Verbissenheit. Die Augen verstehen keinen Witz und wollen keinen.

In St. Gilgen hockte ich einmal hinter einem solchen Paare auf dem Trampolin. (Ihr Nacken hatte Augen.) »N' schöner Flecken Erde«, sagte der eine. »Ja – aber mosaisch«, der zweite. Und so wußten sie denn mit dem schönen Fleck Erde nichts Besseres anzufangen, als was sie immer damit tun: nämlich politisch in ihn hineinzumachen. Die geduldige Natur speist auch diese Menschen. Sie nimmt keinen Schaden am Auge des Betrachters.

Wie müßte sonst dieser wunderbare Starnberger See ausschauen, mit seinen mildverschwimmenden Flachufern, wo Himmels- und Wassergrau ohne Grenze zusammenströmt, und seiner meeresähnlichen Belebtheit!

Ein historischer See bekanntlich: König Ludwig, Harden-Prozeß. Und heute noch historischer: In Tutzing, zwei Stationen südlicher, ruht ein Mann von der schweren Verantwortungslosigkeit aus, die ihm die Geschichte aufgeladen hat: der Graf Berchtold. –

Im Gasthaus liegt jener »Land- und Seebote« auf, der sich vor vier Jahren das unverrückbare Kriegsziel stellte, den Dichter Meyrink aus seinem Haus »zur letzten Laterne« zu vertreiben, da er sich offenbar seinem ganzen hochdeutschen Naturell nach innerhalb der vier Wände sein Teil über die Zeit denke, überdies aber die deutsche Frau in den Kot gezerrt habe. Der Kot ist geblieben, die deutsche Frau lebt noch und Meyrink auch. Er rudert, braungebrannt, im Flachboot über den See und schlüpft sofort wieder unters Dach. Der »Starnberger Bote« aber hat indessen schon ein anderes Thema: Die »Mäuseplage in der Vorderpfalz«.

Am Abend wurde ich von der Wirtin verhört: über Schlesien, den Kommunismus und den Anschluß. Ich entnehme der Untersuchung zweierlei: erstens, daß die Bayern hier im Landgebiet den Österreichern mit erfrischender Dankbarkeit begegnen – soweit diese natürlich den Girardi-Akzent haben; zweitens: daß, wie ich immer schon wußte, die Leute katholischen Anstrichs ungleich menschlicher und wärmer sind als jene mit der völkischen Beckenentartung.

Ich verlasse Starnberg nach achttägiger Girardi-Kopierung mit steifen Mundwinkeln und einem unwiderstehlichen Drang zu mauscheln.

Rosenheim

ist ein reines, gediegenes Städtchen, in dem einmal ein Regiment gelegen sein muß. Denn seine Traulichkeit ist bei allem von geometrisch-kühler Farbe.

Ich lerne am Abend im Schwimmbad drei jugendliche Arbeiter kennen, darunter einen mißvergnügten Setzer. Sie sprechen sich alles vom Herzen, was ihnen das allwachsame Spitzelgehör sonst in den Schlund zurückdrängt – insbesondere: daß sie nicht sprechen dürfen. Dann wollen sie mich irgendwohin führen, wo ich meine Wunder erleben würde.

Es war ein Wunder.

Sein Schauplatz: ein viereckiger, wie ein Bühnenprospekt vorspringender Wirtshausgarten, voll tappigschwerer Breughelscher Bewegtheit, vornübergebeugten Rümpfen, über den Tisch hangenden, rot glühenden Köpfen, die Kellnerin betrunken, die Wirtin betrunken – nichts als Dampf, Bier und Gliedmaßen.

Was ist denn los?

»Wissen S' nicht? Heute ist der 30te. Erster Tag Vollbier.«

Ein bayrischer Nationalfeiertag. (Ich hätte es aber schon in München merken sollen, an der Menge Besoffener und Raufender, denen ich begegnete.) Bayern hält also theoretisch wieder bei 1914. Die Frage ist jetzt, ob das zwölfprozentige Bier mehr den Rechts- oder Linkskurs begünstigen wird. Ich fürchte, es kam zu spät. Gerade, da es dem Bürger wieder gewonnen ward, ist schon Hopfen und Malz verloren.

Die politische Feuerwehr

Die denkenden und sehenden Menschen Wiens haben seit einigen Monaten Gelegenheit, Studien darüber anzustellen, wie eine sogenannte »Bewegung« wird. Was nämlich hinterdrein und wenn aller Einspruch der Staatsautorität gegen das Unwesen einer Schichte zu spät kommt, nach Volkswillen und Elementarausbruch aussieht, was dann als unabänderliches Gesetz der Entwicklung gedeutet wird, das war im Anfang nichts als der straflose, von einer Regierung protegierte Exzeß einiger politischer Trunkenbolde. Es war sicherlich in München so, der früher wegen ihrer Gutmütigkeit berühmten Stadt, und es soll, allen Anzeichen nach, in Wien ähnlich zugehen.

Artikelschreiber und offizielle Beschwichtigungskommentatoren erklären immer wieder, daß es sich bei den neuerdings überhand nehmenden Ausschreitungen der extremen Nationalisten (unter dem Namen »Hakenkreuzler« bekannt), bei der Aufspürung von Waffenlagern, organisierten Hundertschaften, terroristischen Plänen und methodisch von München aus betriebenen Verhetzungen nicht minder als bei Überfällen, nächtlichen Kaffeehausinvasionen, Versammlungssprengungen usw. um eine »verschwindende Minorität« handle, ein Häufchen »unreifer halbwüchsiger Söldlinge«. Das ist mathematisch genommen eine Wahrheit – politisch eine Lüge. Denn wenn auch die verschwindende Minderzahl und die physisch-soziale Minderwertigkeit der Beteiligten damit richtig eingeschätzt erscheint, so ist damit über die gegenwärtige und zukünftige Macht dieser Gruppe nichts ausgesagt. Und diese Macht, zunächst nur in Belästigungen und täglichen Lebensvergällungen sich erweisend, ist heute schon nicht geringer als eben die Macht einer wenn auch noch so geringen Schichte, die von der Polizei toleriert, von einer Partei protegiert, vom Gericht mit Samthandschuhen angefaßt wird.

Welchen weitgehenden behördlichen Schutz die österreichische Hakenkreuzlerbewegung genießt, ist hierzulande ein offenes Geheimnis. Man sieht einem mysteriösen Pendelverkehr zwischen München und Wien zu, ohne dem Aufenthalt und der Person der Fremdlinge nachzuspüren. Man duldet Versammlungen, in denen zugereiste Hetzredner den Ton angeben. Man nimmt bei Zusammenstößen und Überfällen von Perlustrierungen Abstand, läßt die Hoppgenommenen mit mildesten Strafen, richtet die Polizeiämter als diplomatische Verhandlungslokale mit den Missetätern ein, verschweigt trotz dringlichster Urgenz ihre Namen und macht aus der straffen Amtshandlung ein wohlwollendes Gepackel. Woher dies kommt? Nun, die Polizei ist gegen rechts von jeher schwer zur Strenge aufzustacheln. Daneben aber macht der derzeitige Präsident, Herr Schober, unter vier Augen gern seinem gepreßten Herzen Luft und gesteht, daß er nur tanzen kann, wie der deutschnationale Vizekanzler pfeift. Gegen diese Parteiprotektion könne auch die strengste Polizeineutralität nichts fruchten! Ob dieses Geständnis nun ehrlich ist oder nicht – den Staatsbürger gehen die politischen Kulissenschiebungen nichts an, er kann sich nur an das Sichtbare halten und das Sichtbare ist die Polizei. Ihr ist der Vorwurf nicht zu ersparen, daß sie, wiewohl es ihr seinerzeit gelang, gegen den Staatsfeind von links, den Bolschewismus, energisch aufzutreten und seiner in knapp vier Wochen Herr zu werden, dieselbe Energie und das gleiche Glück gegen rechts nicht aufbringt. Und es ist weiter zu sagen, daß Herr Schober, ein diensteifriger, konvenienter Händeschüttler in der Art des ihm auch in der Statur ähnlichen Ministers Seidler, die Türen seines Zimmers nach links und rechts öffnet, die Präsidialräume zu Verhandlungsstätten mit Gruppen werden läßt, deren Tun und Treiben im streng-allösterreichischen Sinn ein hochverräterisches, umstürzlerisches ist und daß er sozusagen zwischen Überfallenen und Wegelagerern ein Mittleramt übernimmt, indem er mit diesen fallweise in »Fühlungnahme« tritt.

An jedem Tag, wo eine hakenkreuzlerische Versammlung oder ein Ringstraßenumzug polizeiliche Massenaufgebote herbeiruft (sie kosten den Staat notabene Milliarden), werden die » armen Polizisten« bedauert, die von links wie rechts angefehdet, ununterbrochen auf Posten stehen und mitunter körperliche Verletzungen mit in Kauf nehmen müssen. Dann heißt es: sie hätten sich bei dieser oder jener Partei dafür zu bedanken. Das ist falsch. Sie können sich bei der Polizei bedanken. Würde die nicht so seelenruhig den Brandlegungen zusehen, um dann mit großartiger Gebärde zu den Löscharbeiten aufzufahren – die Polizisten hätten nicht das sauere Amt einer politischen Feuerwehr. Aber es ist sehr die Frage, ob sie diesem Amte auf die Dauer gewachsen sind, wenn die aufs höchste erbitterte Arbeiterschaft den eigenen Richter macht.

Wien am Gebirge

Als Wien noch die Reichshaupt- und Residenzstadt der österreichisch-ungarischen Monarchie war, da hieß die Stadt mit ihrem vollen volksschul-geographischen Titel: Wien an der Donau. Der unendliche Strom war das Wichtige, der, Industrien schaffend, Handel bindend, von Europas Herz fast bis zu Asiens Pforte reichte und das Reich in der Mitte durchschnitt. Dieser Strom war die Zufahrtsstraße der Stadt, ihr Vorrang in der Staatsgeographie.

Das Wien, das nichts als Hauptstadt ist, liegt nur noch an der Donau, wird von ihr flüchtig mitbeschenkt, aber es gebietet nicht mehr über sie. Es hat an dem Strom nicht mehr Recht als das frühere Königreich Serbien oder irgendeines der balkanischen Unterländer, denen er noch zum Abschied den Boden stärkt. Man sagt nicht mehr »Wien an der Donau«, und wenn man es sagt, so hat es nicht mehr den weitgebietenden, imperialen Glanz. Wien liegt einfach nicht mehr an der Donau – wo es ja strenggenommen niemals lag – sondern am Gebirge (lies für: a. G.): nicht in der weltoffenen, ausblicksreichen Ebene, sondern angepreßt an gemütsumdämmerndes Bergland. Von den zwei geistig-topographischen Komponenten: dem Blick in die Weite des Ostens und Nordens und der Umschmiegtheit durch den Westen und Süden, wodurch sich die merkwürdige Wiener Sentimentalität, diese Blickaussendung ins Ferne und -zurückrufung ins Enge ergab, ist eine weggefallen. Bald wird es auch der sentimentale Ton des Liedes zu spüren bekommen; die Wehmut, die in kleinerer Welt atmet, vermindert um die Farbe des Stolzes, wird ins Kärntnerisch-Koschatische sich neigen.

Daß Wien am Gebirge liegt – wie Sankt Leonhard, St. Anton und Brunn –, ist seit Kriegsende mit jedem Tag mehr zu sehen und spüren. Seit damals obsiegt immer deutlicher das Gesetz des »Unter sich«. Die Gesinnungen sind kernhafter, spröder, kleinhorizontiger geworden; die Weltfreude des nationalen Mischlings weicht jener Dusterknorrigkeit, für die die Nase des Tirolers ein so scharfes Abbild ist. Die Umgangsart ist gereizter wie bei kleinstädtisch zu ewigem Unter-sich-Sein Verdammten. Graz von Süden, Linz von Westen, rücken immer näher – Wiener Neustadt ist wichtig wie ein neues Wien, fünfzig Kilometer entfernt von Wiener Altstadt. Die Politik trägt Berg- und Almluft herein, holzigen Scheunenhauch. Was in Stammbeiseln krakeelt und in Extrazimmern rumort oder kniehosig und wickelgamaschig Marschtakte aufs Pflaster schlägt, was sich da schwarze Lappen ums Haupt wickelt, Baumstämme als Spazierstöcke trägt und vor jedem guten Gewand oder schönem Gefährte das Gesicht in Falten zieht – das ist der Geist von Schladming, Unterhollersbach und St. Kathrein. Die Jungmannen, mandolinenumbändert, mit Hoiho-Hüteln auf Köpfen, die die Wirklichkeit einer Unterhaltungsbeilage entlehnt hat (für die reifere Jugend) – die Selbanderwandel-Paare, die den Wald nach ihrem Erbauer fragen, statt in holder Verlegenheit den Blick voreinander zu senken – die unwienerischen Kommers-Johler, die jetzt in den Gaststätten und Freiluftschänken des Vororts sichtbarer werden – sie sind allsamt Gebirgler, Wald-Krähwinkler, die der Ausgang des Weltkriegs zu Privilegierten der Weltstadt gemacht hat. Bleibt noch: der polizeilich-behördliche Geist. Er gravitierte von jeher nach Wimpfenbrunn und markierte widerwillig Europa. Heute gravitiert Wimpfenbrunn nach ihm.

Am letzten Sonntag, als fremde Trachten und Gesichter (Besucher des Katholikentags) die Straßen der Stadt füllten, da gab man jenen Niederösterreichern recht, die Wien »Weandorf« nennen. Wien ist eine Alpenhauptstadt – wir andern mit den Industrieskiaven zusammen führen einen Defensivkampf. Das Gebirge dringt vor – bald wird sich das »a. G.« statt des »a. D.« in den Lesebüchern einbürgern.

Teut im Wahlkampf

»Der Anschluß ...«

beginnt, mächtig fett gedruckt, auf Seite 1 des großdeutschen Organs ein Wahlaufruf. So – also wieder der Anschluß, trotz Genf und Seipel? Aber, gemach – es ist bloß ein Aufsitzer. Denn nicht vom Anschluß an Deutschland ist im folgenden die Rede, sondern vom Anschluß »an unsere Wähler«, und das Wort erfüllt hier keinen Parolen-, sondern bloß einen Reklame-Zweck. Es könnte sich ebensogut um eine neue Siphon-Marke oder ein Haarfärbemittel handeln, gilt aber zufällig der Wahlkampagne.

Weit gebracht! Drei Jahre praktischer Parteipolitik und aus der Anschluß-Reklame wird ein Reklame-Anschluß. Aber die Großdeutschen sind wenigstens konsequent. Das Wort selbst – mag es auch statt auf einer Fahne, auf einer Firmenetikette prangen – geben sie nicht auf.

Marschall Rückwärts

Wer bildet, sooft es ein Zeit- und Ideengefecht gibt oder aus einem Gelände der Wirklichkeitsstaub hochwirbelt, den liedersingenden, pünktlich zu spät kommenden Nachtrab? Der Deutschvölkler.

Da war jetzt ein hitziger Wettbewerb zwischen den Sozialdemokraten und Christlichsozialen in Sachen »Mieterschutz« und »Wohnungsbau«. Die Konkurrenzwogen gingen hoch. »Wir erbauen euch 25.000 Wohnungen – die Christlichsozialen wollen euch den Zins erhöhen!« rief das sozialdemokratische Plakat. »Glaubt ihnen nicht – wir sind die Wohnungsschützer!« erwiderte das christlichsoziale Echo. Die Großdeutschen schienen der Konkurrenz fernzubleiben.

Da, am vorletzten Tag, fiel ihnen ein, daß auch sie ihren

Kren dazu geben, das heißt: auch etwas bieten müßten. Was taten sie? Sie malten Plakate, auf denen ein Haus zu sehen ist, mit lauter krummnasig und frohgemut aus den Fenstern blickenden, semitischen Gesichtern. Die Bildersprache bedeutet: Mieterschutz hin – Mieterschutz her – in den Wiener Häusern wohnen lauter Juden; darum auf, wählet Großdeutsch!

Die großdeutsche Ehre ist gerettet. Ihr versprecht den Mietern dies, ihr dies – wir aber in der Mitte rufen: Jud!

»Bist du ein Deutscher?«

– so fragt ein vom heiligen Feuer geschürter, phrasenlichtumflossener Quintaner auf den Plakaten und man möchte ihm, gerade weil er so symbolisch-missionsbewußt mit den Augen kegelt, zurufen: »Schmecks!«

Wir kennen diesen Kopf, dieses millionste Abzugbild eines deutschen Kitsch-Typus, worin sich Verklärtheit mit Plattheit eint. Das ist gemalte Wichtigtuerei, Bauchaufschwung und Bizepsrollen eines plebejischen Schwächlingtums, das in den Spiegel hinein großartige Kraftgebärden macht. Man fragt sich bei den jeweiligen Varianten dieses Gesichts, das mit seinen flammend hinaustretenden Augen unverkennbar die Zeichen der Basedowschen Krankheit zeigt: Woher die Wut? Was zwickt euch so, daß ihr mit den Blicken giftfunkelt.

Und gewahrt am Ende, getröstet, beim letzten Wahlbild zumal, daß der Jüngling, der die deutsche Gewissensfrage an uns richtet, doch ein liebwertes, landsmännisches Merkmal zeigt: die böhmische Nas'.

Sipo, Schupo, Apo und Po-grom

Zu den Berliner Unruhen

Die Phantasie des Wiener Lesers weiß mit den vorgenannten drei Worten so wenig zu beginnen wie etwa mit einem telegraphischen Chiffren-Kodex.

Der Eingeweihte aber sieht zunächst einmal einen Menschentypus vor sich, um den ringsumher vor Furcht und Schrecken die Erde dampft; einen in grünes Tuch gewickelten Riesenkerl mit drallem Hinterteil, dessen Kopf aussieht wie die versteinte Willkür. Wer ihm einmal in einem nächtlichen Berliner Geplänkel nahekam, weicht ihm auf hundert Schritte aus; er weiß, da regnet's Spucke und Prügel.

»Sipo« – so hieß der Menschenschlag zuerst. Sipo – Abkürzung für »Sicherheitspolizei«. Deutschland, dem nach außen hin über eine bestimmte Kräftezahl eine Armee verboten war, brauchte gegen den Sozialismus (und später gegen die Republik) eine innere Stoßtruppe. Da die sogenannten »Blauen« – so nannte man nach ihrer Tracht die alte Polizei – zu menschlich, zu schwach und außerdem sozialistisch gesinnt waren, kleidete man zu Tausenden ehemalige Unteroffiziere als Polizisten ein. Und da deren Uniform, zur Vermeidung jeglichen Anstoßes in Paris, grün war, nannte man sie die »Grünen«.

Frankreich sah die maskierte, reaktionäre Milizvergrößerung und verbot sie. Aber da schrie Deutschland – auch bis hierher nach Wien drangen damals die Presse-Schreie – Zeter und Mordio. Die innere Ordnung sei gefährdet, der Bolschewismus habe freies Spiel.

In Paris achtete man nicht darauf. Was tat die deutsche Regierung? Sie kleidete abermals »um«. Aus der »Sipo« wurde die »Schupo« – das heißt, die Schutzpolizei. Der »Schutz«, den sie den Bürgern angedeihen ließ, wurde aus den Berliner Montagsvorgängen drastisch sichtbar. »Schützen«, das heißt bei ihnen: verhaften und blutig schlagen. So wurden die Berliner Juden am Montag krumm und klein geschützt.

Die »Apo« in Schlesien (Abstimmungspolizei) hat es nach Abzug der Entente-Truppen ähnlich getrieben. Hitler braucht jedenfalls vor ihnen keine Furcht zu haben.

Sipo, Schupo, Apo – wie heißt es doch beim alten Fontane, der sich selbst einen »Märker und Bismärcker« nannte?

Farben, blaue, rote, gelbe,
Doch der Inhalt bleibt derselbe.

Der heilige Boden

Zu den Studentenexzessen

Der sogenannte »heilige Boden« ist wieder einmal »Schauplatz wüster Szenen« gewesen.

»Heiliger, akademischer Boden« – »Schauplatz wüster Szenen« – die zwei Texte liegen im Setzkasten jeder Zeitung vorbereitet nebeneinander, der eine des anderen Definition.

Das Wort von der »Heiligkeit« war einmal nicht sinnlos. Damals gab es noch eine revolutionäre und geistige Jugend, Jünglinge, die sich feindselig gegen das Philistertum abschlossen und die Freiheit, die ihnen der Staat nicht bot, wenigstens innerhalb der akademischen Umfriedung zu genießen versuchten.

Heute aber? ... Von Geistigkeit und Rebellentum ist keine Rede mehr. Die Studiosi sind keine Feinde des Spießers und Staatsbüttels mehr, sondern deren eigener Embryonalzustand – die Reservemannschaft der morgigen Akzessisten. Von Freiheit und dergleichen Dingen wollen sie nichts mehr wissen; ihr akademischer Boden ist ein absolutistischer Kleinstaat, die Miniaturausgabe dessen, in dem sie morgen amtieren und dienen wollen.

Was soll also da noch die Lüge vom »heiligen akademischen Boden« ? Worin liegt die Heiligkeit eines Terrains, das sich von der Außenwelt nur durch die Alleinherrschaft der Plebejer unterscheidet?

Die Parlamente sind gewiß freiere und immunere Schauplätze. Und selbst sie haben sich ab und zu eine Wache gefallen lassen müssen, das Übergreifen der Obrigkeit auf ihren Boden. Die Hochschulen aber, Brut- und Zuchtstätten des künftigen Amtsgehorsams, Kinderspielplätze jener Weltanschauung, die bei allem Goldglanz doch nur im Arretieren und Arretiertwerden gipfelt, sollten noch immer, weil ein dummer Sprachbrauch es will, von den Ordnungsbehörden unangetastet bleiben? Studenten das Recht auf Prügelei und Exzeß haben, das man Plattenpülchern verweigert? Warum und wozu? Welche Ursache hätte die Behörde, ruhig zuzuschauen?

Da der Studenten ganze Seele und Gesinnung, ihr völkischer Idealismus nichts als ein Ruf nach der Polizei ist – warum diesen Ruf überhören?

Der »heilige akademische Boden« ist tot. Die »Schauplätze wüster Szenen« aber hat der Staat mit gleichen Mitteln zu säubern, ob sie eine Universität sind oder ein Fußballplatz.

Die »blonden Mädels« und die »Tante«

Eigendenkende Menschen, die seit Kriegsbeginn den Zusammenhang zwischen deutscher Politik und Erotik unterstrichen und es wagten, die Rechts-Weltanschauung aus den Kümmerlichkeiten eines neiderfüllten Leibes herzuleiten, wurden von den unterschiedlichsten Gesinnungs-Zünftlern als »Literaten« und »Monomanen« abgetan.

Nun aber beginnt das Hindenburg-Deutschland selbst, sich darin zu demaskieren. Sollte man es für glaublich halten, daß für die nationalistische Propaganda in den Wahltagen kein fernerer und abseitigerer Name als der des armen Bettauer herhalten mußte? Daß sich plötzlich zwischen Krähwinkel-Wien und Welt-Berlin ein unterirdischer Kontakt in Bubikopf-Haß und Bettauer-Verdammung enthüllte?

Ja, wahrhaftig, »Bettauer« hieß eine der Wahlparolen. Dem deutschen Moraljüngling und seiner heroischen Gesinnung hatte es gerade der Befreier der Stenotypistinnen angetan. Ein nationalistisches Blatt brachte in Extenso-Breite eine Schmäh-Überschrift auf ihn, und darunter stand genau so groß der Aufruf: »Unsere blonden Mädels als Freiwild für geile Judenbengels« - ein Satz, der sich neben einer graziösen Fülle an Genetiv-»s« noch durch das naive Bekenntnis auszeichnet, wo eigentlich im deutschen Nationalismus des Pudels Kern steckt ...

Aber - oh Wunder der Vorsehung - während von der einen Seite der Straße beflissene Pagen der Politik diesen Ruf in die Welt brüllten, hörte man gleichzeitig von der Gegenseite monoton und mit eingeschlafener Stimme den Refrain »Die Tante ... Die Tante ... Die Tante ...« Man besann sich, daß das außer einer liebevoll-boshaften Familiengrad-Bezeichnung in Berlin auch ein Spitzname für die Homosexuellen ist, blickte in die feilgebotene Druckschrift und sah vor sich eine Aprilnummer der homosexuellen Fachzeitschrift »Der Eigene«, worin das »normal empfindende« Deutschland verspottet und zum Beitritt in die verpönte Veranlagung aufgefordert wird.

Der Absatz dieser Festschrift soll, wie die Kolporteure erzählen, in die Hunderttausende gehen. Mindestens fällt es keinem bei, die Straßenfeilbietung zu inhibieren oder den Herausgeber mit Mord zu bedrohen. Der Aufschrei der deutschen Moral und der Werberuf des deutschen Homosexuellen, sie haben im großen Berlin nebeneinander Platz. Aber - sieht das eine nicht beinahe wie eine Erklärung fürs andere aus? Hie der Appell an die »blonden Mädels«, dort der Appell der blonden Buben?

Immerzu, rief von der einen Seite der Zeitungsmann: »...geile Judenbengels...« und immerzu erwiderte ihm von der anderen das Echo: »Die Tante ... Die Tante ...« Zwischendurch aber marschierte mit Fahnen, Musik und riesengroßen schwarzen Hakenkreuzen, Kopf hoch, Hand am Knauf, Deutschlands völkische Jugend.

Was ist pensch?

Wir werden unsere Leser täglich nach einem Wort fragen, dessen Mittelstück wir hierher setzen; aus dem beifolgenden Bild soll der Gegenstand, den es bezeichnet, zu entnehmen sein. Beispiel: »Was ist pensch?« – Das Bild zeigt einen Tisch mit einer Lampe. Auflösung: Lamp*e n s c h* irm.

(Aus einem Boulevardblatt.)

Es geht seit Jahr und Tag sehr lustig zu in den liberaldemokratischen Blättern der deutschen Reichshauptstadt. Karikaturen, Ulktitel, Photomontagen sprenkeln das Letternfeld. Höflichkeitsorden werden ausgeschrieben, blaue Bänder des Anstands, Medaillen für gute Laune. Die Spalten tragen neckische Spaßhütchen, über den Text ist Konfetti der Kurzweile ausgeschüttet, aus den Rubriken fliegen Papierschlangen und wickeln den Leser übermütig ein. Wohin er guckt: Jux, Animo, Zeitvertreib. Eine einzige, unerschütterliche Abwandlung der Frage, die ihn kürzlich aus einem solchen Druckrevier ansprang: Was ist pensch?

»Das Mittelstück von Lampenschirm« war die vorschnell hinzugesetzte Antwort. Aber nein, damit können und dürfen wir uns nicht begnügen. Es gibt Fragen, die, kaum ausgesprochen, schon auch den Sinn übertrumpfen, der in sie hineingelegt war. Sie mögen noch so sinnlos klingen – im Augenblick, wo sie dem Mund entfliegen, beginnt ihr bohrendes, hirnzehrendes Eigenrecht. Und vollends »pensch« wirkt so tonmalerisch aus »Patsch« und »peng« gemischt, daß die allsichtige Schöpfung kaum mit einer so harmlos-realen Lösung gerechnet haben kann. Pensch muß mehr sein, als uns der Scherz der Rätselecke glauben machen will! Es lag schon lange etwas in der Zeit, das grüblerisch jene Frage heranführte. Gehen wir denn zu Zarathustra – stellen wir uns vor seiner Höhle auf – und rufen mit vorgewölbter Hand: »Greis, der du alles weißt – was ist pensch?«

Er tritt heraus – schüttelt das Haupt – schleicht zurück – bleibt tagelang unsichtbar; dann steht er, lächelnd, doch zerfurcht und merklich gealtert, ein zweites Mal vor uns und spricht:

»Pensch? ... Horch in das Wort hinein und es klingt wie der Sturz des Dünnflusses im Beinkleid. Horch tiefer hinein, und es klingt wie eine Verunstaltung von ›Mensch‹. Und zwischen dem ersten und zweiten Schall sieht dein Auge dazu ein Knäuel von Buchstaben – den Letternüberrest eines einstmaligen Sinnes.

Was war das für ein Sinn? Der eines ganzen Zeitalters. Er hieß: Liberalismus. Oder enger gesprochen: liberaler Journalismus. Muß ich sagen, was dieser liberale Journalismus fast ein Jahrhundert lang bedeutete? Ihr wißt alle, was ihr ihm zu danken habt und worin ihr recht hattet, ihn zu schmähen. Er hatte eine sonderbare Aufgabe und eine noch sonderbarere Autorität. Seine Aufgabe: dem Besitz den Anschein einer höheren Sittlichkeit zu verleihen, den nackten Begriff ›Geld‹ mit geist- und goldgewirkten Vorhängen, als da genannt werden: Beethoven – das absolute Ich – a priori und a posteriori – Kulturgewissen – Goethe – der kategorische Imperativ – zu verdecken. Doch da es merkwürdigerweise im Rückblick gar nicht auf die Wahrheit einer Idee, sondern auf die Selbsttäuschungskraft ihrer Kinder ankommt, ob sie die Wirklichkeit gestalten kann oder nicht, so gebar oder vielmehr sicherte der liberale Trug etwas Wahres: die Humanität. Noch seltsamer war es um die Autorität dieses Journalismus bestellt: eine ungemessene Fähigkeit, das Denken der Zeitgenossen theoretisch zu bestimmen, verband sich bei ihm mit einer gleich starken Unfähigkeit, irgend etwas, was sich gegen ihn ereignen könnte, praktisch zu verhindern; er zog eben, gleich einer Theaterbühne, seine Wirkung ausschließlich aus sich selber und verlor sie immer mit dem Augenblick, wo die Vorstellung zu Ende (d. h. der Leser wieder bei seinem Tagewerk) war.

Die Lage war unhaltbar. In die goldenen Vorhänge blies der Zeitsturm. Manchmal rissen die Kulissen auf, und man sah, daß dahinter nichts war, das absolute Nichts. Der liberale Journalismus hatte den Liberalismus überlebt wie die Vorwände das Kapital. Er lebte von Treu und Glauben der Gebildeten, die dem Parteitum entflohen. Und er wurde, je weniger eigentliches Kraftbewußtsein er hatte und je dünner seine Posaune klang, desto würdevoller - ein Leidtragender hinter dem eigenen Sarg. Aber er wurde in dieser Zeit zugleich - gestehen wir es heute rückschauend ein - heroisch. Er setzte sich selber an die Stelle einer entschwundenen Realität, schien um so überzeugter an die Macht der alten Ideen zu glauben, je weniger er an sie glaubte - und da es in der politischen Welt, bei der völligen, wechselseitigen Ungewißheit der Entscheidungskräfte oft (sei es für die eigene Zukunft, sei es zur Bändigung des anderen) auf starr festgehaltene Fiktionen fast ebenso ankommt wie auf die wirklichen Machtverhältnisse, so hatte dieser Eigensinn sein Gutes, er verhinderte viel, hielt vielleicht tatsächlich die alte Ordnung aufrecht.

Doch es ging ihm immer schlimmer. Heroismus wäre eine schöne Sache, wenn der Teufel nicht zwei Dinge dagegen gesetzt hätte: die Angst und die Eitelkeit. Hatte sich im Grund irgendein deutscher Bürger im letzten Jahrzehnt die Frage vor Augen geführt, ob nicht - bei der sonstigen Zusammenhanglosigkeit von Wirtschaft und Humanität - der Liberalismus oder das davon übriggebliebene Stück am Ende nichts als das hochherzige Privatgeschenk von ein paar zeitungsdruckenden Familien an das deutsche Volk sei. Ob deren Leben, Sterben, Wohlergehen, Harmonie oder innere Verwicklung also nicht fast als Kulturbelang anzusprechen sei? Und ob nicht in weiterer Folge davon sogar der Spaßvogel recht habe, der das Wort prägte: ›Das Ende des liberalen Journalismus in Deutschland ist der Schwiegersohn‹? (Variiere: Neffe, Enkel, Schwager, Schwiegertochter.)

Keiner dachte daran. Der liberale Journalismus hat wie das Theater nur Zuschauer, nicht Helfer, Protektoren und Freunde. Also kam es, wozu es kommen mußte: zu pensch.

Was ist, zum letztenmal, Vielgeliebte, will ich fragen – was ist pensch? . . .

Pensch, das ist die Panik als Jux.

Pensch, das ist die angeschminkte Unbefangenheit, mit der der liberale Journalismus, vom Links- und Rechtstumult bedrängt, seine Leser an die Hand nimmt, in ein Kinderzimmer sperrt und sagt: So, kommt her – alles ist ja nicht wichtig – wir spielen jetzt ›Wer ist's?‹ oder ›Vierfach versteckt‹ oder ›Guten Abend, Herr Meyer‹.

Es ist die händepatschende Heiterkeit, mit der ein Vater während des Gewitters spricht: ›Schaut nicht links, nicht rechts, wo's blitzt – lösen wir lieber zusammen ein Bilderrätselchen.‹ Mit einemmal ist allen so kicherig und verspielt zumute. Alle dürstet's nach Allotria. Ein Kabarettdirektor inseriert: ›Weg von der Politik – zwei Stunden Lachen!‹ (dies übrigens nur im Sinn des politischen Geistes, den die Conférenciers verzapfen). Der Silvesteronkel sagt: ›Na, gottlob, den Kalender gibt's wenigstens noch immer – die Knallbonbons krachen – prost Neujahr! – gründen wir die Partei der Silvesterbrüder!‹

Mit anderen Worten: pensch!

Dämmert dir's jetzt schon, was das Wort bedeutet?

Pensch, das ist ›keep smile‹ am Halsstrick.

Pensch, das ist der Todessprung aus der Gesinnung in die Geselligkeit.

Es ist der Versuch, die entlaufenen Kinder durch die Hintertür des Spaßes wieder ins Haus zu kriegen.

Es ist die phonetische Abkürzung jenes Leitspruchs, in dem sich das zwiespältige Verhältnis des Leitartikels zum

Exzedententum der Zeit ausdrückt: ›Nun, es wird nicht so heiß gegessen, wie ich die Hosen voll hab'.‹

Kurz: pensch = peng – von der Geschichte gesprochen! Dies alles ist pensch. Doch müßte es nicht sein.«

Zarathustra verhüllte sein Haupt, eh' er sich zum Gehen wandte.

»Es müßte nicht sein. Die Fiktion könnte noch immer die Kraft der Wirklichkeit haben. Das heißt: der liberale Journalismus ist noch immer stärker, als er glaubt. (Er ahnt nicht, was man ihm zutrauen könnte, wenn er sich's zutraut.) Doch früher war es eben umgekehrt: da glaubte er sich stärker, als er war. Verhängnisvoller Unterschied! ... Wenn er das Feld einmal dem Spaß räumt, hat er es erst im Ernst verloren! Pensch! – und eine Schaufel Erde fällt auf seinen Sarg. Doch schließen ihm (trotz Schwager, Neffe, Schwiegertochter) nicht die hochherzigen Spender den Deckel zu, nicht, die ihn speisten und hegten. Der Besitz hat auch in der Bedrängnis seine feine Nase – wer Geld zu verlieren hat, behält den Instinkt. Aber ich sehe im Geiste einen Mann, ein frisches Zeitungsblatt unterm Arm, blaßgesichtig, mit herabgerutschtem Gesäß, einen Korridor entlang eilen, wie er zu seinem Prinzipal stürmt, ihn zu beschwören, daß die scharfen Töne abgeblasen werden. Das ist der Totengräber. Denn nur wer einen Posten zu verlieren hat, wird auch den Instinkt verlieren. Vor dem König Philipp braucht euch nicht bange zu sein, er war nie der schlimmste. Aber wenn einmal Marquis Posa Leibweh bekommt, dann ist's mit der ganzen Herrlichkeit aus.«

Die Nacht brach herein.

IV

Der Bohemien

Einfall, der. – Das, was ein anderer gehabt hat. Erscheint er in einem literarischen Druckwerk niedergelegt, so schwillt er zur Idee.

Die Stimmen der Presse

Sechs Kritiker und eine Leistung

Vorbericht:

»Frl. Hermine Dolezal vom Stadttheater in Oderfurt wird am kommenden Dienstag in der Titelrolle von Lessings ›Minna von Barnhelm‹ debütieren.«

Nach der Aufführung:

Der Kritiker, der noch mit Grillparzer gesprochen hat

Es ist immer von neuem eine Herzenserquickung, auf den Brettern, die man nun ein halbes Säkulum lang jahraus, jahrein kritisch zu mustern die Pflicht hatte, ein junges, lebensleuchtendes Wesen sein Spiel treiben zu sehen. Als wir die unvergeßliche Amalie Haizinger unter Laubes – oder war es Dingelstedts? – Szepter zum erstenmal dort oben schauten, erging es uns kaum anders als gestern abends. Welche durchaus edle und maßvolle Gestaltung im Gewande überlegener Heiterkeit! Welcher klassische Adel der Gebärde und Sprache! Der Kritiker soll nicht urteilen und vergleichen. Ihm genüge es, im Antlitz eines Menschenkindes die Sonne wahrzunehmen, die uns allen lächelt.

Der durchaus Wohlwollende

... Man wird von der geschätzten Gastin kaum erwartet haben, daß sie bei ihren ersten Versuchen das Format einer Duse, Wolter, Sarah Bernhardt mitbringe. Aber nur Geduld! Was Fräulein D. heute schon zur Bühnenheldin prädestiniert, das ist eine wundervolle Figur, eine klar den Raum durchflutende Aussprache und eine seelendurchsättigte Wärme, die niemals zu banaler Empfindsamkeit vertropft. Wir haben allen Grund, die Künstlerin, die bei ihrem Erstauftreten die Herzen sogleich für sich gewann, mit einem spontanen »Glück auf!« zu begrüßen ...

Der streng Objektive

... Äußerlich von wohlgerundeter, vielleicht etwas zu fülliger Gestalt, ermangelt die Dame gewiß nicht ansprechender Talente. Ihre Stimme trägt, ihre Gesten sind frei von Künstlichkeit. Nur freilich, daß dabei noch keine Persönlichkeit gewonnen ist! Auch müßte es sich die Debütantin noch angelegen sein lassen, die Konsonanten schärfer anzusetzen und sich immer so gegen das Publikum zu stellen, daß auch aus den rückwärtigen Parkettreihen ihr Gesicht zu sehen ist. Ansonsten ist über die Leistung viel zu wenig gesagt, wenn man konstatiert, daß zuviel gesagt wäre, sie weniger als durchschnittlich zu nennen.

Der zu Einwänden Geneigte

Nun – als Festzugsgöttin »Austria« haben wir uns, die Wahrheit zu gestehen, Lessings »Minna« eigentlich nicht vorgestellt. So mag die Provinz ihre Heroinen lieben – ein weltstädtisches Theater hat andere Ansprüche. Dort glaubt man ja noch, das gewisse knödlige Gebieterinnen-Pathos sei zur Deklamierung zweihundert Jahre alter Rollen unerläßlich. Zu all dem strömte diese Minna, der eine gewisse Routine nicht abzusprechen ist, aber noch die Kälte eines Eiszapfens aus. Der Kritiker muß vergleichen und urteilen. Dann allerdings läßt sich auch hinsichtlich der übrigen Aufführung ...

Der Ätzende

Ein launiger Einfall der Direktion. Der Vorhang geht hoch und du siehst dich, lieber Zuschauer, in eines jener Häuser versetzt, die in den entlegenen Winkelgassen der Kleinstädte durch rotes Laternenlicht den Fremden anlocken ... Dieses edle Fräulein Minna nämlich scheint auf dem Wege von Mähr. Ostrau über Rio de Janeiro hierher gelangt. Und wenn man sich dabei nur des peinlichen Gefühls hätte erwehren können, hier durch die eigene Großtante (Fräulein Barnhelm brauchte dringend einen Tarnhelm!) zu obszönen Vorstellungen gereizt zu werden! Liebe Minna, seien Sie mir nicht böse, aber warum gerade Schauspielerin? Der Argentiniendampfer geht im Monat zweimal ab ...

Der Aushilfskritiker

22 Jahre, sonst Lyriker und Telephonist.

... Überhaupt: Lessing! ...

Wie lernt man eine Frau kennen?

Eine Antwort auf eine Umfrage

Das Bekanntschaftmachen ist, wie ich nach ungefähr 15jähriger Praxis leider feststellen muß, ein Vorrecht der Friseurgehilfen vor den Erotikern.

Wie herrlich und erlösend wäre es für unsereins (den Landesverband der Erotiker Niederösterreichs, abgekürzt: Lerodö), zwischen Askesen und Katastrophen mittendurch zu rutschen, vermittels soundsovieler auf der Straße oder in einem öffentlichen Lokal angeknüpfter Damenbekanntschaften! Wie ließen wir uns solche Abenteuer munden, die glatt und rasch ausgehende Rechnungen aus Reiz und Einsamkeit sind, durchduftet von Lüge und überquellend von Leere! Was wäre das nur für uns, das Phänomen eines schwer atmenden Sommerabends in einem leichten Erlebnis auszukosten, statt, Trübsinn oder Irrsinn im Herzen, seine Gegenwart als musische Reminiszenz zu empfinden!

Wir sind (weiblich, wie die, bei denen wir Glück haben) zum »tout ou rien« verurteilt. Wir machen die Bekanntschaft nicht – die Bekanntschaft macht uns. Die hübsche Bekanntschaft oder das »Flugerl«, wie es der Großmeister Peter Altenberg genannt hat, bleibt uns unerreichbar wie dem Genie das ersehnte Dutzenddasein. Da wir wissen, daß uns bloß entweder eine Enttäuschung blüht oder ein Erlebnis, aus dem wir uns nicht mehr retten können, und vor beidem Angst haben, so fehlt uns jene Ausstrahlungskraft, die uns die Objekte des Miteinander-Bekanntwerdens auf halbem Wege entgegenführt!

Und wieder entsinne ich mich Peter Altenbergs und seines Märchens von dem Prinzen, der mit dem Feengeschenk begnadet, nur im Falle tiefster und wahrster Liebe auch minnen zu können, eines Tages sich die Ausnahme-Erlaubnis erbat, ohne Liebe zu minnen, und nachher der triumphierenden Frage der Fee: »Nun, wie war es?« erwiderte: »Gar net schlecht, Euer Gnaden, gar net schlecht!«

Das Reise-Visavis

Wie ich ihn hasse! Wie wir ihn alle hassen!

Taufeuchte Ausgeschlafenheit glänzt auf seinen Wimpern, dieweil noch verhaltene Gähn-Reste den Mund umspannen. Er riecht nach Odol, Eau de Cologne und Rasierseife. Aber er sieht, wie er da in seinen Anzug straff eingepackt, die soliden Handschuh-Tatzen auf den Knien, vor Morgeneifer schnaubt, so gewissenhaft und unjung aus, daß man ihm, wenn er Atem faßt, trotzdem nicht zu nah' kommen möchte.

Kaum hat sich der Zug in Bewegung gesetzt, so erhebt er sich, nimmt den Hut ab, unter dem ein Fettscheitel von rechts acht und links achtzig Haaren sichtbar wird, und stülpt sich eine Reise-Kappe auf.

Er sieht eine Weile unbeschäftigt, aber plansüchtig vor sich hin.

Erhebt sich von neuem und langt nach einem ideal

rhomboedrisch geformten, grünumspannten Koffer im Gepäcksnetz.

Hebt ihn ab, legt ihn auf den Sitz.

Hierauf knöpft er fürsorglich alle Knöpfe des Überzuges auf, als gälte es, den Koffer wie einen Säugling trockenzulegen, entnimmt der Hosentasche einen klimpernden Bund, sperrt an drei Stellen auf.

Hier schon wünscht ihm die zu epischer Beobachtung verurteilte Heimtücke, die Schlüssel mögen nicht passen. Wozu hat sein Koffer auch einen Überzug?

Er nimmt drei raschelnde Papiersäcke heraus, findet dahinter ein Paket, schnürt es auf, öffnet das Oberfenster, wirft die erste Umhüllung hinaus, die zweite, die dritte, beginnt ein Schinkenbrot zu essen.

Nimmt eine Orange. Kramt neuerlich im Koffer. Findet ein Etui. Öffnet es mittels des klimpernden Bundes. Entnimmt ihm ein Taschenmesser. Schneidet die Orange auf. Wischt das Messer an einem Lappen. Legt den Lappen wieder hinein. Gibt das Messer ins Etui. Versperrt das Etui mit dem Schlüsselbund. Öffnet das Oberfenster, wirft die Schalen hinaus. Ißt die Orange.

Wir indessen bekommen eine kleine Pause, erwachen aus dem Bann, den das exakte Nacheinander dieser Handlungen, ihre absolute Zielsicherheit, Unumstößlichkeit und innere Verbundenheit auf uns übte.

Aber da ist er schon am Ende, nimmt die Schlüssel – Koffer zu, Überzug drüber, Knöpfe zu, Koffer hoch, Fenster zu. Schluß der Vorstellung?

Nein. Er hat alles bei sich. Und da er alles bei sich hat, muß er von allem Gebrauch machen. So z. B.: Von einem jetzt sorgsam aus der Manteltasche gezogenen Etui. (Ohne Schlüssel!) Dann, nachdem er ihm eine Zigarre entnommen, von einem an der Uhrkette baumelnden Abscheider; endlich von einem in der Westentasche steckenden Etui; ferner von einer darin enthaltenen Bernsteinspitze; schließlich – Du Teufel, noch einmal nach dem Koffer hinauf?

Ja. Wegen der Reisepantoffel.

Dieses elende Frachtschiff seiner selbst ist unermüdlich. Es glaubt, den Tag und das Leben zu erfüllen, wenn es die Reihenfolge der einzelnen Aktionen einhält, die zusammen das Atmen bilden. Was aber dann, welches Ziel jenseits dieser Vorgänge? Dann liest er Zeitung, wird mürrisch und schläfrig. Sein Anteil an der Kultur besteht darin, sie in Form von Schlüsselbund, Überzug, Zigarrenspitze, Baedeker, Handventilator, Magenpulver, Lektüre, Zwicker, Reisepantoffel restlos für sich zu benützen. Oh, er ist eingedeckt, geschützt, ausgestattet, vorgesehen. Aber gegen seine vorwitzige Sicherheit, glaube ich, besteht die Institution der Zugszusammenstöße.

Wie wir ihn doch hassen! Nicht ahnend, daß in 999 von 1000 Fällen wir es sind, die ihm als das gleiche haßerregende Visavis gegenübersitzen!

Die furchtbaren Witzerzähler

Warum erzählen die Leute so gerne Witze? Aus Menschenfreundschaft? Um die Traurigkeit des Daseins mit Erquickungstropfen zu würzen? Nein, gerade umgekehrt: aus Eitelkeit. Tief in der Brust nagt an jedem Menschen die Podiumsehnsucht, der Wunsch, allein das Wort zu behaupten, Zuhörer zu finden, eine Vorstellung zu geben, Beifall zu finden. Wo ließe sich dieses Verlangen leichter erfüllen, als in der Erzählung eines Witzes, die ja fast nichts als ein gutes Gedächtnis und die Ausdauer von ein paar Minuten beansprucht! Hier will ich einige Typen solcher heimtückischer und unermüdlicher Witzerzähler vorführen.

Die mit dem Notizbuch

Sie jagen mittels ihres Notizbüchels nach zweierlei: einmal nach dem Witz (und dann ist es so etwas wie eine Botanisierbüchse) und ein anderes Mal nach dem Hörer (und dann ist es ein Lasso). Kaum ins Gespräch gelangt, ziehen sie das Schreckensbuch hervor. Man ächzt vor Neugier. Sie schlagen auf, befeuchten den Finger, suchen wieder - und endlich zerfließt ihr Gesicht, sie fallen im Sessel zurück, schütteln sich, lachen ohne Ende, man muß ihren Anfall mit tödlicher Gelassenheit abwarten, um zu erfahren, welche Wiederbegegnung mit einer Pointe sie in solche Krämpfe versetzt. Da ist es aber meistens für die eigene Laune schon zu spät. Sie haben einem das Beste weggelacht. Oft auch wiederholt sich der Anfall knapp vor dem Witzende. Da heißt es, sich in Geduld zu fassen, die nächsten Dächer betrachten und die Grimasse vorbereiten, die sich als Ausdruck der Erheiterung am besten eignet.

Die mit den feinen Witzen

... wo man, passen Sie auf, nicht lachen, nur lächeln kann. Aber das ist die höhere Anmaßung! Wenn ich schon zum Anhören eines Witzes verurteilt bin, dann will ich auch lachen. Mir Lächelpointen zu servieren, dazu hat Voltaire das Recht, allenfalls Flers und Caillavet, die noble Literatur. Aber, sintemalen mein Witzerzähler ein Gourmand ist, Anekdoten aus dem siebenjährigen Krieg, Wortspiele historischer Prägung bevorzugt, so habe ich mit der Langatmigkeit nicht viel einzukaufen. Gewöhnlich baut er einen Apparat dazu, den ich kaum einem Dostojewskischen Einleitungskapitel verzeihen würde.

Die mit dem Apparat

Ja, apropos, den Apparat lieben viele. Der Apparatwitz hat mit gewissen Zirkusszenen Ähnlichkeit und stellt sich, in Anlehnung an dieses Vorbild, etwa so dar: Erst wird der Pferdemist weggekehrt, hierauf umständlich ein Teppich ausgebreitet, darnach ein Gerüst hereingeschleppt, Stallmeister, Clowns, Bedienstete sind an der Arbeit. Der Witzerzähler beginnt mit den irrsinnigsten, unmöglichsten Voraussetzungen. Was einen daran ahnungsvoll bedrückt, ist die immer deutlichere Zuspitzung dieser ganzen Wort- und Satzsituation auf eine plötzliche vom Himmel plumpsende Ordinärheit. Der Teppich, das Gerüst, die Lichteffekte sind auf einmal nur wegen eines billigen Salto mortale da. Schade, ordinär wäre ich auf kürzerem Wege gewesen ...

Die mit dem Anlaß

Zum Witzerzählen braucht man, sofern man den Hörer weder belästigen, noch in den Geruch der Überrumplung kommen will, Übergänge und Vorwände. Sonst ist es auch zu leicht verraten, daß man die Witze nicht ad hoc erzählt und nicht, weil man ein rasch kombinierender, geselliger Kopf ist, sondern weil man einen Schutthaufen sucht, auf dem man sie abladen kann. Es gibt eine Sorte, die diese Vorwände und Anknüpfungen ganz unverschämt und mit Schmeicheleien nicht sparend so wählt: »Weil Sie gerade von Kupfer sprechen ...« (ich schwöre, kein Wort dieser Art ist mir entrutscht) »... da kommt einmal ...« (folgt der Witz). »... Sie sind doch ein ausgesprochener Grübler. Also hören Sie: Ein Gelehrter kommt ... usw.« ... »Sie brauchen, wie ich Sie kenne, sicher anregende Getränke ... ein Kopf wie Sie ... also hören Sie: Ein Opiumraucher sagt ...« »Haben Sie große Erfolge bei Frauen? Das denke ich mir! ... Ein junger Mann, der großen Erfolg bei Frauen hat, begegnet ...« »Sie sind so blaß, ich wette, Sie dichten gern ... Kommt einmal ein Dichter ...« Was soll man mit diesen falschen Kreaturen beginnen? Ich dichte nicht, ich habe keinen Erfolg bei Frauen, ich rauche nicht Opium, ich bin kein Grübler - aber ich liege seit zwei Stunden am Felsen der Witzerzählung angeschmiedet und trage statt eines Gesichtes eine lächelnde Gipsmaske.

Die einzige Rettung

Im ganzen genommen, liebe ich es nicht, wenn mir gerade die Geliebte durchgebrannt ist, ein Vorschußgesuch abgelehnt wurde, ein Projekt mißlungen ist, voll düsterer Ernsthaftigkeit von einem Mann am Ärmel gezupft zu werden, der mir zuraunt: »Wissen Sie, was das Gegenteil von Umsatzsteuer ist?« Nein, ich weiß es nicht, ich will es auch nicht wissen, ich brauche es nicht zu wissen! Willst du dich vor diesen Furchtbaren retten, so gibt es ein viel erprobtes Mittel: Sag ihnen, so oft sie sich nur das Maul zu öffnen anschicken, mit abwehrendem Lächeln: » Kenn' ich - kenn' ich!«

Die zweite von rechts

Liebes, unbekanntes Fräulein, das Abend für Abend als Teil der entzückenden Nackt-Maschinerie-»Girls« im Wiener Bürgertheater die Augen erquickt, ich mache Ihnen auf diesem Wege eine Liebeserklärung.

Ich will und kann Sie damit nicht »verderben«; das Wesen der Grazie besteht ja darin, daß nicht einmal der Huldigungsblick eines Maharadscha ihr schaden kann. Wäre das nämlich möglich - ihre Wirkung wäre dahin. Aber das süß Quälende, Gewissensbeklemmende, zu Hymnen Führende einer Anmut wie der Ihren strömt aus der Gewißheit, daß es kein Ziel, keinen Preis gibt, der ihr gleichsam ihre rhythmische Freiheit abkauft, daß für sie nichts erstrebenswert und kostbar genug wäre, um, in den Rachen dieses Monstrums »Schönheit« geworfen, ihm das Siegeslächeln zu nehmen.

Sie stehen einmal im grünen Flatterkleid und dann mit dem Reisig um die enthüllten Hüften rechts als Nummer zwei, später als vierte links. Das ist alles, was ich persönlich von Ihnen weiß. Sie tun die vorgeschriebenen Bewegungen nicht als lächelndes Larifari ab wie die meisten anderen – wenn man genauer hinsieht, besteht der Gesamtrhythmus aus lauter netten Einzelposten »Faulheit« –, sondern strengen sich mysteriöserweise an; das heißt: Sie strengen sich gar nicht an; Sie spannen sich bloß an; wahrscheinlich, weil Ihr Körper, Ihr Gesicht Ihnen nur Freude macht, wenn Anspannung drin lebt. Wie Sie den Kopf baby-like zurückwerfen, das ist nicht Girl-Schablone, sondern Übermut der Anmut. Und wenn Sie am Schluß wie ein kleines Kind im Bett vor dem Souffleurkasten am Rücken kugeln, so sieht jeder, daß Symmetrie für Sie keine Arbeit, sondern eine Muskelfreude ist.

Ich weiß nicht, warum Sie so gut gelaunt sind; ich weiß nur, daß Sie es - wiewohl die »Arbeiter-Zeitung« findet, daß damit den künstlerischen Bedürfnissen des arbeitenden Volkes nicht gedient ist - bis zum dreihundertsten Male bleiben werden. Vielleicht kommt es nur daher, daß Sie, selber »arbeitendes Volk«, erst 18 oder 19 Jahre alt sind, vielleicht, weil Sie nicht mehr wollen als sich und nicht einmal die Hauptdarstellerin Rita Georg oder irgendeine Krösus-Erkorne beneiden. Wahrscheinlich aber, weil Ihnen alle, die sich an Ihrem schönen Rücken erquicken, über diesen herunterrutschen können.

Leider, wie ich weiß, auch ich Endesgefertigter. Ich habe versucht, mich Ihnen auffällig zu machen, obzwar ich, Liebe, Schlanke, Lange, mit dem Pony-Haar, das Ihnen die Stirn kränzt, mit dem offenen Puppenmund und der kecken Sprödgelenkigkeit, hier bloß anderen einen Gusto darauf mache, Sie dem netten, jungen Eintänzer oder Auslagenarrangeur abspenstig zu machen, der ohne Zweifel den Sologenuß hat, Sie allabendlich heimzubegleiten oder in einem kleinen Café zu erwarten...

Wird es gelingen?

Ein Sujet – ein Sujet!

Einem Filmdramaturgen nacherzählt

... Oh, auch ich war einst Musenkenner! Ein feiner Kopf, sagen die Freunde. Ich war Ästhet, Literat, Feinschmecker. Stundenlang konnte ich Verlainsche Verse vor mich hinsagen, mich am Klang Whitmanscher Rhythmen erlaben; ich liebte nur das Allerbeste, Diderot, Hölderlin, Stendhal, Gontscharoff; Spannungsbücher langweilten mich zu Tod; und die neue Belletristik trat überhaupt nicht in meinen Gesichtskreis. Das hat sich geändert. Ich suche Stoffe. Sie wissen, daß jeder, der seinen Beruf ernst nimmt, früher oder später Maniak wird? Nun, mich interessiert nichts als ein neuer Stoff. Knapp, originell, übersichtlich, mit einer Liebesgeschichte im Mittelpunkt. Dabei versteht sich: unanstößig und geeignet für den Provinzverleih.

Gewöhnen Sie sich nicht daran – ich beschwöre Sie – sich die Literatur von diesem Standpunkt aus anzusehen. Denn erstens verlieren Sie alle Freude an den Büchern; zweitens kommen Sie darauf, was für unbegabte Filmautoren die berühmtesten Dichter sind.

Ich suchte also. Zuerst in meinen geliebten Russen: Dostojewski – Gogol – Puschkin. Nein, das ist alles zu breit, zu kompliziert, seelisch vertüftelt oder schon verfilmt. Autoren, die schon verfilmt sind, zählen für mich nicht mehr; ich verbanne sie aus meinem Regal. Und seelisch Vertüfteltes – ja, einst, als das Leben an mich noch nicht mit der grausamen Forderung, bis Montag ein Exposé abzuliefern, herangetreten war, da ließ sich mit mir darüber reden.

Heute mag der Held den ganzen Kosmos aus seiner Brust ziehen, ich frage mich nur: Was fängt der Regisseur damit an? Was wird Groß-Lichterfelde dazu sagen? Psychische Konflikte müssen der Optik etwas abwerfen; Gedanken über die Eifersucht oder den Sinn des Christentums sind wertlos, wenn sie nicht im Bild eines vorbeisausenden Eisenbahnzugs oder eines kopfüber aus dem Dachfenster hängenden Einbrechers Gestalt annehmen.

Baudelaire ... einst vergötterte ich ihn, nicht bloß, weil sein Name sich so zart aussprechen läßt und wie eine Parfummarke des Geistes klingt. Heute tötet mich schon die erste Seite. Wie kann ein Mensch ohne den leisesten Schein von Handlung eine solche Wortfülle konsumieren? Nicht ein Einfall, nicht eine einzige Gesellschaftsszene, nichts als wohlklingende, aber beim breiten Publikum unverständliche Titel. Und Goethe – was hat er dem Provinzverleih zu sagen? Shakespeare – ich will von seinen großen Fehlern nicht reden, vom Überwuchern unsympathischer Figuren, von den gewaltsamen Motivierungen, von seiner Vorliebe für Monologe (wo das Publikum keine Visionen mehr sehen mag), von seiner Unfähigkeit, etwas in der Mitte noch einmal zu verwickeln, vom Mangel an Frauenrollen – aber, wer dreht noch Kostüm? Und sogar die Neueren und Effektvollen, ein Sardou, Zschokke, Balzac, wie haben sie sich das Metier gedacht?

Ich konnte nach kurzer Zeit die Grundfehler der Literatur feststellen, selten ist darauf Bedacht genommen, daß im Mittelpunkte eine Frau steht; eine liebende natürlich, die linker Hand leidenschaftlich geliebt wird (hoffnungslos); da hätte man schon drei Rollen, drei Charaktere, die Sache fließt von selber. Einfälle sind da, aber sie reichen nur für hundertdreißig Meter; Herrgott, die Spirale darf sich doch nicht zu drehen aufhören, wenn die Personen alle zueinander gebracht sind; sogenannte Entwicklungen taugen nicht für die Leinwand, da muß vielmehr bis zum Schluß alles neu in Verwirrung kommen. Und dann: die Schraube muß sich in sich selber zurückdrehen.

Nun lese man über die großen Romanciers! Man möchte ihnen zurufen: »Halt, wohin, Sie sind ja schon im sechsten Drehbuch drin, und das Publikum hält noch beim ersten!«

Ich mag keine Bücher mehr. Meine Phantasie ist zermürbt. Jedes reizt mich vier Wochen lang, es weiterzudenken, und bei jedem war es verlorene Müh. Ich hasse Diderot, Stendhal, Gontscharoff, Hölderlin; ich kann, wie jener Goldmacher in der Anekdote, dem zum alchymistischen Erfolg empfohlen wird, an keinen weißen Elefanten zu denken, diesen »weißen Elefanten« - Sujet genannt - nicht mehr aus meinem Kopf hinauswerfen. (Halt, das wäre ein Sujet, mit Original-Elefanten - aber zu teuer!)

Ich mag auch das Leben nicht mehr, von dem so oft behauptet wird, daß es der beste Romancier sei. Ja, Romancier. Dramatiker meinetwegen - aber Filmautor? Lesen Sie einmal die Zeitung, der Kreuz und Quere nach. Was denken sich nur diese Lebensmüden, diese Attentäter aus verschmähter Liebe, diese Verbrecher mit doppeltem Lebenswandel, wenn sie ihre Geschichte bis auf einen gewissen Punkt gebracht haben? Natürlich, da soll der Herr Dramaturg aushelfen! Weil ihnen der erforderliche Atem ausgeht, soll sich die Firma den Kopf zerbrechen.

Ein Sujet, ein Sujet, ich gebe die ganze Alexandrinische Bibliothek dafür her! ... Oder ist sie abgebrannt, weil sie aus Zelluloid war? ...

Der Bohemien

Ich bin Bohemien, sagen die Leute. Sie machen dabei gnädige Augen und tolerante Mundwinkel, protegieren mich und schauen mich aus einer Höhe von 1500 Meter über dem Meeresspiegel an. Bürger wie Literaten sind nämlich freundbrüderlich der Annahme, das Bohemientum sei eine Fasson froher Zerfahrenheit, ein selbsterwählter Zustand der Unordnung, so ein recht romantisches Drunter und Drüber.

Wer's so auslegt, war nie Bohemien. Bohemientum ist in Wirklichkeit bloß der Ausdruck eines bestimmten, unerwünschten Wirtschaftszustands. Legt mir 10.000 englische Pfund auf den Tisch! – (Ausgleichsangebote an die Schriftleitung) – und ich verpflichte mich, fortan dem Beruf eines Bohemiens zu entsagen! Für 12.000 steh' ich mit dem ersten Hahnenschrei auf. Für 15.000 ... widerruf ich diese Abhandlung.

Das sind die falschen Bohemiens, die sich ihre Lebensform nicht abkaufen lassen! Dilettanten, Dezimalspießer. Sie halten Ungenauigkeit für Kunst und huldigen dem schwanken Zeitmaß ihres Lebens als einer Blaublümelein-Idee. Der Bohemien dagegen ist durch den Umstand charakterisiert, daß er's nicht gern ist. Der Bohemien will Ordnung haben. Der Bohemien möchte nachts schlafen. Sperrt alle Laden zu. Erinnert sich jedes Zettels. Zählt seine Barschaft. Überblickt seine Chancen. Verträgt kein Stückchen Holz zwischen den Zahnritzen. Und zahlt ... (Doch wissen es die wenigsten, weil er für die Bekundung dieser Pünktlichkeit und Korrektheiten eine andere als die übliche Zeit und Art erwählt.)

Kann ein Postbeamter pünktlicher im Amt erscheinen als der John Höxter im Romanischen Café? Oder gibt es einen Schulfuchs, der Rechnungen so zuverlässig prüft, wie ich sie wegwerfe?! Der Bohemien, das ist der wahre Pedant. Beispiel: ich. Ich stehe nach der Uhr um 5 Uhr nachmittags auf; mit dem Glockenschlag 6 entzieh ich mich meinen Korrespondenzen; schreite Punkt ½7 an die Arbeitsunterlassung. Und genau um 6 Uhr früh liege ich wieder im Bett. Darlehensbeträge werden von mir auf die Sekunde entgegengenommen. Ihre Rückerstattung erfolgt prompt nach Exekution, Verabredungen unterliegen peinlichst dem Zufall. Ich kenne kein Abweichen von diesem Programm. Hier gibt es nur die unbedingte, gerade Linie des Prinzips.

Doch wem verdank ich's? Den Schurken, die mir Kredit und Beistand verweigern, indem sie lächelnd darauf hinweisen, ich als Bohemien hätte es doch nicht nötig. Nichts als dies loyale Zutrauen, das sie in die Unberechenbarkeiten meines Bohemientums setzen, hat mich zum Bohemien gemacht. – Wer kauft mir mein Bohemientum ab?

Bar-Amerika

Stände ich vor der Aufgabe, ein Kochbuchrezept dafür anzugeben, wie man Amerikaner wird, ich empfähle folgendes Verfahren: Man werde mindestens 40 Grad östlich von Greenwich geboren; doch keinesfalls westlich von Lodz und Bialystok. Man verlerne die Muttersprache, lerne aber keine neue. Man verwende die in der deutschen Sprache konsumierten Fehler als Baugerüst für die englische. Man behalte den Hut auf dem Kopf; stülpe ihn aus der Stirn, daß er über die Ohren hängt. Man betrachte jede Sitzgelegenheit als Fußstütze; gehe an keinem Tisch, Barpult oder Klavier vorbei, ohne sie als Sitze auszuprobieren. Man setze sich so tief in den Fauteuil, daß die Beine um das Doppelte der natürlichen Größe verlängert scheinen. Man begrüße seine Bekannten durch den Ruf: »Eaoou!« Man verabschiede sich mit dem Ruf: »Eaoou!« Auf die richtige Lautfolge kommt es nicht an; mehr darauf, hierbei den Kopf nicht aus seiner Lage zu bringen.

Das Ergebnis dieser Verhaltungsmaßregeln ist ein ungeahnter Kredit. Frühere Zeiten hochstapelten nach oben; zum Hereinlegen der Umwelt empfahl sich die Haltung eines Marquis, die Dreß eines Chevalier d'Orsay, die Gebärde eines Großherzogs. Das wären heute sichere Wege, als schlechtgenährter Ex-Offizier oder gutgenährter Eintänzer erkannt zu werden. Für die Gegenwart taugt das umgekehrte Verfahren; man hochstapelt ertragreicher nach unten. Je hausknechtischer deine Allüre – desto größer dein Dollarnimbus. Fehlt es dir an den nötigen Redewendungen? Hier wähle und greife zu:

»He is a hard fellow.« (Er zahlt nichts.) »The busineß is trefe?« (Ein gutes Geschäft?) »He is the best.« (Er zahlt.) »I'll make a contract.« (Das Geschäft ist gemacht.) »Ohsser has he monny!« (Er hat kein Geld.) »I can assure you – a ganeff!« (Er ist unreell.) »He is oischer at all.« (Er hat Geld.) »A koscher affaire!« (Sichere Sache!)

Mehr braucht's nicht zur transatlantischen Verständigung; Baramerika versteht dich und sich kraft eines inneren Gehörs, das Ido und Esperanto überflüssig macht: The Soul's Jewish accent ... Ich habe Morlaken und Kanadier gesehen, die in dieser Sprache Aktiengesellschaften ins Leben gerufen haben.

Der Tag des Rundfunks

5.45: Zeit, Wetter.
6.30: Gluck »Alkestis«, vorgetragen vom Bläserchor der Stettiner Feuerwehr.
6.55: Anschließend Schallplatten auf Schallplatten.
7.30: Rhythmisches Zahnputzen. Von Geheimen Obermedizinalrat Birke, Magdeburg.
9.00: Schulfunk »Was müssen wir vom Kartonpapier wissen?« Von Studienrat Frank, Barmen.
9.40: Kapelle Kalman Deszö.
11.10: Jugendfunk: Der Fischkutter bei den Normannen.
11.40: Zu Jerimas Gotthelfs Gedächtnis (vierundsiebzigster Todestag).
12.20: Leipzig sendet Händel.
12.50: Richtiges Stufensteigen. Von Geheimen Sanitätsrat Winkler, Schwerin.
1.20: Schallplatten.
1.40: Kapelle Bardos Zoltan.
2.00: Mit dem Mikrophon durch die Rieselfelder.
2.30: Kinderfunk: Die religiösen Gebräuche der Annamiter und ihre Bedeutung für einen künftigen

Krieg. Von Oberlehrer Stulpe, Weimar.
2.40: Mannheim sendet Stuttgart.
3.10: Walter Brett liest aus eigenen Hymnen.
3.40: Horst Kluge: Walter Brett und seine Zeit.
4.00: Kapelle Aranyi Bela.
4.40: »Hallo, der Gaskrieg!« Hörspielfolge von Dr. Gunther Wagram.
5.15: Chemnitz sendet »Das Versprechen hinterm Herd«.
5.55: Wovon lebt der Holzwurm? Von Forstrat Kutscher, Heilbronn.
6.20: Kapelle Kovazs Sandor.
6.50: Macbeth im Spiegel des modernen Strafrechts. Von Oberstaatsanwalt Hugo Brinkmann, Plauen.
7.10: Peter Knall über Klaus Witzmann.
7.30: Klaus Witzmann über Peter Knall.
7.50: Heinz Schach interviewt Peter Knall und Klaus Witzmann.
8.15: »Der fahrende Schüler in Paradeys«, Fastnachtsspiel von Hans Sachs, für den Rundfunk eingerichtet von John Rosenthal, Musik nach Motiven von Zelter.
9.00: Straßenbahngeräusche auf Schallplatten.
9.50: »Der Sommer ist kommen!« Schallplatten-Kabarett im Grünen.
10.25: Das Viertelstündchen für den Sanskritfreund.
11.10: Der Humor im Wandel der Zeiten. Von Strafanstaltsdirektor Otto Starkheim, Osnabrück.
11.30: »Nicht schnarchen, Kinder!« (Jugendstunde).
11.50: Gute Nacht!

Sach-Lexikon

Atelierkrach, der. – Aufdeckung gemeinsamer Lebenserinnerungen, die zwei Filmbeschäftigte als Einwand gegen sich anführen.

Einfall, der. – Das, was ein anderer gehabt hat. Erscheint er in einem literarischen Druckwerk niedergelegt, so schwillt er zur Idee. (Siehe diese.)

Etat, der. – Schwierige Logarithmenrechnung zur Ermittlung des Kaufpreises für einen Packard.

Exposé, das. – Kurze leichtfaßliche Darstellung von Begebenheiten, deren Zusammenhang noch nicht feststeht. Verblüfft durch die Plastik, mit der ihr Inhalt umgangen wird.

Generaldirektor, der. – Antisemitisches Schimpfwort. Bezeichnet eine Art von Stadtpelzen, die ihren Träger schuldig geblieben sind.

Gruppe, eine. – (Das, was der Filmunternehmer hinter sich hat, wenn er nichts hat.) Eine Ansammlung von Individuen und Instituten, die einander durch wechselseitige Darlehensaufnahmen Garantien bieten, gegen die sie sich in ihrer Gesamtheit durch Zahlungsunfähigkeit decken – und worunter in der Regel der sockenerzeugende Schwager des Produzenten tonangebend hervortritt.

Idee, die. – Beliebter Gegenstand von Plagiatprozessen.

Künstlername, der. – Mythologische Abart von Zahnputz- und Haarfärbemitteln. (Silvi Krin, Kalo Dont.)

Manuskript, das. – Was der Regisseur nicht brauchen kann. Dient in seinem Rohzustand zur Etatberechnung, im fertigen Zustand als gefürchtetes Wurfgeschoß.

Name, guter. – Ein Name, von dem man sich nicht genau erinnert, ob man ihn unter »Kunst« oder »Gerichtssaal« schon gelesen hat.

Name, schlechter. – Ein Name, von dem man sich genau erinnert, daß man ihn unter »Kunst« gelesen hat.

Niveau, das. – Ausrede für schlechte Geschäfte.

Picturemaker, der. – Polnischer Staatsbürger mit amerikanischem Reisepaß. (Siehe Producer.)

Plagiat, das. – (Siehe Idee.)

Pleite, die. – (Siehe Welterfolg.)

Producer, der. - Auswanderer auf der Rückreise nach Europa. (Siehe Picturemaker.)

Sex Appeal, der. - Eigentümlicher stupider Augenausdruck, der entweder im Zusammenhang mit einem guten Schminkstift oder als Folge der Basedowschen Krankheit auftritt.

S (s), das. - Konsonant, der vor Erfindung des Tonfilms vielfach gebraucht war.

Ungar, ein. - Filmdarsteller (-darstellerin) mit ausländischem Akzent.

Verfügung, einstweilige. - Formalität im Zahlungsverkehr; geht der letzten Rate voran.

Welterfolg, der. - Vorführungs-Effekt eines Films auf seine Hersteller.

Der Backfisch

Zur Etymologie: »Back-Fishes« heißen im Englischen Fische, die so klein sind, daß sie ins Wasser wieder zurück(back)geworfen werden.

Der Backfisch (piscis cupidus ludens) gehört einer in den Großstädten ausgestorbenen Gattung an.

Er tritt in der Regel in kichernden Sechserreihen auf, die Gesichter einwärts gerichtet; gerötet durch Angriffslust, Angst und Mitschülerscham.

Sein Körper zeigt die possierlichen Unarten des Übergangs, vorn präsentiert er mit Hochdruck seine Weiblichkeit, im Rücken brennt ihm der mütterliche Zuruf: »Halt dich grad!«

Durch diese Unausgewachsenheit den Appetit anreizend, erweist sich der Backfisch infolge seines Grätenreichtums freilich zumeist als unschmackhaft.

Wenn ihm die Hand zum Gruß gereicht wird, pinseln seine Finger zaghaft die dargebotene Rechte; oder er ergreift sie mit knackendem Ungestüm und schüttelt sie nach Bergsteiger-Manier. Auf der Flucht vor sanfter Berührung stürzt er sich in die Umklammerung, ängstlich vor der Nähe annulliert er sie durch Temperament.

Wenn ihm ein Mund begegnet, drückt er seinen Kopf heftig gegen das fremde Lippenpaar, um hier an Stelle eines Vorgangs wenigstens eine Wunde zu hinterlassen. Sein Traum ist der Kuß, bei dem man mit eingepreßten Lippen ganz stark an etwas Schönes denkt – ohne daß ihm beifiele, der Kuß selber könnte etwa das Schöne sein.

Ein Lebewesen, das von der Natur mit so tiefreichenden Sicherungen bedacht wurde, ist natürlich tollkühn und waghalsig. So mustert der Backfisch seine Beute mit blankerem Aug als jeder Haifisch, sucht Gefahren auf, liebt die Dunkelheit. Aus der Umgarnung durch das Opfer reißt ihn immer der Lachkrampf.

Unverändert durch die Zeiten blieb ihm die Vorliebe für Autogramme und Künstlerporträts. Er richtet sich sein Nest mit allerhand Visagen aus Papier und Pappe ein. Wenn freilich vor dreißig Jahren ein Chronist seufzte: »Die Backfische schneiden sich den Namen Kainz aus der Zeitung aus und streichen ihn auf die Butterstulle«, so müßte er heute einen kleinen Geschlechtswechsel des Aufstrichs feststellen: die Primadonna ist umträumter als der Held; denn die schöne Frau weht Wirklichkeiten in die Stube, der schöne Mann nur Gelegenheiten.

Das wissen sogar schon die Backfische. Sie haben die obszöne Phantasie, mit der man das Richtige errät. Sie sind ahnungslos, aber habsüchtig in ihrem Blick aufs Ganze.

Der Backfisch hat mehr Untugenden als Reize. Er ist neidisch, unzüchtig, unsachlich, ungeduldig. Er erwehrt sich der angelockten Männchen durch die Gewißheit, daß sie von ihm nur das haben wollen, woran er ausschließlich denkt; er legt sich gern Kollektionen verschmachteter Freier an, die anderen weggeschnappt wurden; weil er mit ihnen nichts anzufangen weiß, entläßt er sie nie aus dem Bann; er liebt, kurz gesagt, die Spannungen, die sich, Verwirrung stiftend, in Nichts auflösen. Ab und zu aber geschieht es, daß ein Wort, ein Blick ihn aus den Angeln hebt; dann wird aus der geschlossenen Knospe die Welt noch einmal geboren; das Mädchen von fünfzehn ist plötzlich so bedingungslos Frau wie die Ottilie aus den »Wahlverwandtschaften« oder des Novalis heiliges Mädchen.

Schlimmer und häufiger ist heute der umgekehrte Fall: daß das Erlebnis Mann zu selbstsicher und leichtfertig antizipiert wurde, um die Backfischseele je zu ändern. Seltsam: gerade frühe Freiheit hindert das Erwachen. Je näher die Couch, desto ferner die Liebe. Deshalb ist der Zustands-Backfisch (mulier intacta) zwar (seitdem das Haar der Mädchen nicht mehr im Nacken zu Knödeln aufgesteckt wird noch in kurzen Pferdepeitschen ums Ohr baumelt) eine Seltenheit. Aber er hat einen böseren Nachfolger hinterlassen: den lebenslänglichen Backfisch (virgo tacta). – Diese Art des Backfischs laicht ein paarmal im Jahr. Sie erreicht manchmal stattliche Größe. Sie geht auf Jagd, um nach der Paarung pfeilschnell wieder abzustoßen. Aber ob ihr Haar auch rote Flammen speit, ob sie wie die Garbo aussieht, ob sie Blut aus Kehlen saugt oder zehn oder zwanzig oder hundert Männer konsumiert – sie ist das Pendant zu dem Studenten, der Mann zu sein glaubt, weil er sich im Freudenhaus etwas geholt hat.

Das tägliche Zwiegespräch

Eifersucht ist eine Leidenschaft ... usw.

»Warum lachst du?«
»Ich hab' doch gar nicht gelacht ...?«
»O ja, ich hab' genau gesehen, daß du hinübergelacht hast ...«
»Da hast du falsch gesehen. Mir ist nicht zum Lachen.«
»Aber der Mann drüben lacht ja noch herüber ...«

»Soll er lachen. Ich hab' ihm keinen Grund gegeben. Wahrscheinlich lacht er über dich.«
»Über mich?? ... Warum soll er über mich lachen? Bin ich lächerlich, weil ich neben dir sitze? ...«
»Du bist lächerlich mit deinem Fragen ...«
»Aha! - woher weiß er denn, daß ich frage? He?? Weil du ihn so angesehen hast, daß er gespannt beobachten muß, was ich dazu sage ...«
»Er lacht dich aus ...«
»Gestehst du es? ... Ein fremder Mann lacht mich aus. Wie kommt ein Fremder dazu, mich auszulachen? Weil ich ihm komisch vorkomme ...«
»Das bist du auch ...«
»Natürlich bin ich es. Wenn man neben einer Frau in einem öffentlichen Lokal sitzt, die sich langweilt ...«
»Ich langweile mich nicht. Du langweilst mich ...«
»Ich langweile dich, weil du dich neben einem ... geistigen Menschen immer langweilen wirst ... Ja, wenn ich ein Langstreckenläufer wäre, ein Tennisspieler, ein Sportbuberl ...«
»Pah ...«
»Sag nicht pah, ich kenne Euch, das habt Ihr alle ...«
»Wer ist ›alle‹?«
»Eure ganze Familie ... Deine zwei Schwestern ...«
»Zieh nicht die Familie herein ...«
»... Die eine ist geschieden ..., man weiß, warum ...«
»Zieh nicht die Familie herein ...«
»Die andere geht mit einem Hallun ...«
»Beleidige meinen Schwager nicht! Zieh nicht ...«
»... einem Hochstapler ...«
»... meine Familie herein. Wenn ich über deine Familie zu reden anfange ...«
»Meine Familie, ha ...«
»Deine Brüder ...«
»Und dein Onkel Edmund? ...«
»Das war der Bankenkrach ... Er ist der anständigste Mensch ... Aber Ihr ...«

»Weil Ihr Euch langweilt! ...«
»... Als man deinen Bruder in die geschlossene Anstalt brachte ...«
»Alle Schwindler! ... Unernstes Pack! ... Analphabeten! ...«
»Krankhaft seid Ihr! ... Narren! ...«
»Nimm das zurück!«
»Nimm das zurück mit den Analphabeten ...«
»... Jetzt weinst du, siehst du. Erst hast du gelacht.«
»Hu ... ich haa ... ich haa ...«
»Das wäre nicht nötig gewesen, wenn du einen fremden Mann ... jetzt zahlt er und geht ...«
»... ich haabe gar nicht ge ...«
»Wein' nicht. Sonst muß ich weinen. Der Mann ist ja schon weg.«
»Was geht mich der Mann an? ... Geh ihm doch nach, frag ihn, warum er gelacht hat ...«
»Na, ja ... vielleicht hat er ein so dummes Gesicht ... es gibt Menschen, die immer lachen ...«
»Ich lache ja auch manchmal ohne Grund.«
»Verzeih ... ich werde niemals ...«
»Warum soll man denn nicht lachen? ...«
»Ich bin ein Schurke ...«
»Vielleicht hab' ich sogar unbewußt gelacht ...«
»O bitte: lache!«

Über das Reden

»Stegreifreden«, das heißt im Grunde: sich einbilden können, daß man unter dem Galgen steht und nur noch fünf Minuten für eine rettende Ansprache Zeit hat.

*

Erste Regel: des Redners Blutdruck ist wichtiger als seine

Beschlagenheit. Voll wie ein Faß muß dein Hirn beim ersten Satz sein. So, daß du's nur mit einem Witz anzuzapfen brauchst, damit es überläuft.

*

Nichts ist, handwerklich gesehen, billiger als Gesinnung. Ohne sie muß der Redner Anmut, Einfall, Witz und Eigenart beweisen, mit ihr braucht er nichts als eine starke Stimme. Sie ist die Siegfriedfront, in die er sich aus einer Indisponiertheit am leichtesten zurückzieht. Läßt diese Gewerbserfahrung etwa Schlüsse vom Reden aufs Leben zu? . . .

*

Franz Werfel erläuterte einmal den Unterschied zwischen »konsekutiver Logik« und »assoziativer Logik«: diese finde man seltsamerweise bei den Menschen, die mit dem Acker keinen Zusammenhang hätten, jene gehöre den Schollenverbundenen. Wenn das wahr ist, dann kann ich die Leute verstehen, die meine Frechheit bodenlos nennen.

*

Die verdienstlichste Leistung des Redners liegt darin, daß er den Zuhörern zu einem anständigen Niveau verhilft, von dem sie nachher triumphierend auf ihn herabschauen können.

*

Sich so in jeder Seitengasse des Themas verlieren, daß man die Hauptstraße abschneidet –: Grundbedingung einer guten Rede.

*

Graf Adalbert Sternberg, einer der besten Redner des alten österreichischen Reichsrats, gab Freunden einmal seine Trümpfe preis: »Der große Redner ist ein großer Lügner. Kennen Sie die Rede, worin Mirabeau sagt: ›Wenn ich aus dem Fenster hier sehe, dann erblicke ich mir gegenüber zum Greifen nah' den fluchwürdigen Palast ...‹ (Das Palais Luxembourg.) Er zündete schon mit dieser Einleitung ... Nun, ich war eigens in Paris im alten Stadthaus - kein Wort wahr, man sieht das Luxembourg-Palais gar nicht ...«

*

Kleiner Rednerrat: Wer A sagt, soll nie B sagen.

*

Demosthenes, sagt das Lehr- und Übungsbuch für Mittelschulen, war ein großer Redner, obwohl er an einem Zungenfehler litt. Obwohl? Ich sage: weil. In der Schwierigkeit, die ein Redner an sich selber findet, besteht seine beste Wirkung auf die anderen. Nur durch sie gelangt er dazu, in Gegenwart von Tausenden mit sich allein zu sein.

*

»Wie definieren Sie selber Ihre Vortragskunst?«

»Kurz und bündig: Ich habe damit ein Mittel ausfindig gemacht, wie man dem alten Intellektuellenlaster, den anderen nicht zu Wort kommen zu lassen, ungestört huldigen kann: indem man Entree dafür einhebt.«

Tagebuch aus einem Sanatorium

1. Juli. Abends angekommen. Die Herrschaften bereits auf ihren Zimmern. Ein hübsches Stubenmädchen bringt den Schlaftrunk. (Baldriantee.) Sie heißt Nelly und ist aus St. Pölten. Wenn sie breithüftig hinausstapft, zittern die Wände nach.

3. Juli. Eine interessante Bekanntschaft auf der Terrasse. Sie ist aus Neutra. Ihren Namen habe ich nicht recht verstanden, Frau Doktor Gimmel oder Kümmel. (Ich bin für Gimmel.) Schwarzhaarig, Madonnenscheitel. Ich stürzte mich in Sentenzen, entfaltete clairvoyante Fähigkeiten. Ein melancholischer Schimmer in ihrer Pupille könnte Herzklopfen machen. Sie hat etwas, was zu Chopin-Nocturnes und plüschgepolsterten dämmrigen Speisezimmern paßt. Beim Abschied bleibt einem ihre feuchtwarme Hand eine Weile in der eigenen liegen.

4. Juli. Im Bridgezimmer werde ich Fräulein Irene vorgestellt. Ein heiteres Geschöpf mit dem Aroma des Gradheraus. Man kann sich in der Luftlinie mit ihr verständigen, ohne konventionelles Gerede. Sie schwärmt, sagt sie, von Dicken. Da ich mager bin, erwächst mir in der psychischen Einholung des Vorsprungs, den die Dicken vor mir haben, eine Aufgabe; mit ihr lassen sich vielleicht ein paar Wochen füllen. – Die Frau Dr. Kümmel (unabänderlich: mit K und ü) hat mir von ihrem Mann erzählt. Ob ich denn nicht wisse? Nein, ich weiß nichts. Sie wird mir morgen alles sagen. Jetzt muß sie zur Halbpackung.

6. Juli. Übrigens ist auch die Begleiterin von Fräulein Irene nicht übel. Sie hat zwei vorstehende Schneidezähne wie eine Spitzmaus und wird jeden Augenblick ohne Grund rot. Den Grund muß ich herauskriegen! – Die Kümmel ist in Scheidung. Gegen die Symptome bekommt sie um 9 Uhr früh ein Halbbad und nachmittags die Pakkung. Sie fragte mich, ob alle Männer Sadisten seien oder nur die aus Neutra. Ferner deutete sie mir an, der Arzt habe

ihr behufs Vergessen eine Liebesbeziehung verordnet. Ich wurde verlegen und sagte ganz taktlos und dumm: So? Wer denn? – Fräulein Irene packt am Abend ihre Handtasche aus, um mir Fotos zu zeigen. Es ist immer ein und derselbe Mann, ein gutgenährter Vierziger, der mich kalt läßt. Die Fotos stellen ihn im Schwimmanzug dar, als Tennisspieler, auf einem Denkmalsockel, wie er gerade jemandem eine lange Nase macht, dann mit zwei Scotch-Terriers und endlich als Rigoletto. Von den Hunden sagt sie: »Das sind unsere ...«, über den Rigoletto geht sie zur Tagesordnung über. Ich frage nicht.

9. Juli. Himmel, habe ich heute eine bezaubernde Frau kennengelernt! Ganz lang, englisch, mit Email-Teint. Frau Brunner. Daisy. Wenn sie den Blick senkt, schließen ihr die Wimpern den ganzen Augapfel. Sie hat eine sehr interessante Geschichte: ist dem Mann in der Hochzeitsnacht davongelaufen! Infolgedessen ...? Es wird sich herausstellen. – Fräulein Irenes Begleiterin ist eine Komtesse. Ich frage sie rundheraus, warum sie erröte. Sie sagte: »Sie meinen, das ist psychisch?« Hieran schloß sie einen Bericht über ihr eingebildetes Magenleiden, von dem Wenckebach (Wien) und Friedrich v. Müller (München) angenommen hätten, es bestehe wirklich, während sich in Znaim, bei einem ganz kleinen Arzt, herausgestellt habe, usw. Man spickt sie mit Thermophoren. »Aber es ist eine Verdrängung.« – Irene zeigt mir 50 neu eingelangte Photos. Eins wollte sie sich nur schwer abringen lassen, ich war höflich genug, es ihr zu entreißen und erblickte darauf den Nämlichen – diesmal als Hans Sachs. Frau Kümmel hat den verordneten Ersatz noch nicht gefunden. Sie macht es ungeschickt. Als ich ihr das – zart genug – andeutete, rief sie beim Abschied lachend zurück: »Vielleicht bin ich frischid??!« (Mit weichem sch.)

14. Juli. Spaziergang mit Daisy. Neben langbeinigen Frauen zu gehen, gibt ein erregendes Gefühl von Kameradschaft. Ich tippte an die Geschichte mit der Hochzeitsnacht an. Sie lächelte und sagte (mit Brünner Akzent): »Immer

errottisch?« Dann zwickte sie mich in den Oberarm. Die wird es sein ...!

15. Juli. Mit der Komtesse Ping-Pong gespielt. Sie wurde bei jeder Bemerkung rot, sogar beim Substantiv: »Der Schläger.« Als ich mich – beim Platztauschen – von ungefähr ihrer Wange nähere, ruft sie aus: »Mein Magen!« und rennt links ab. – Im Lesezimmer kam ich an der Doktorin Kümmel vorüber. Sie hatte verweinte Augen und winkte mich zu sich. In der Hand hielt sie einen Brief. Ich nahm Platz, sie fragte: »Sagen Sie, Herr Doktor, können Sie auch seriös sein?« Und auf mein Bejahen: »Spielt Sinnlichkeit in der Ehe eine große Rolle?« – Irene lädt mich auf ihr Zimmer, sie will mir Schallplatten vorführen von dem photographierten Mann. Ich weiß längst, daß er Bariton ist und hatte mich blöd gestellt. Nun nützt es nichts. – Neue Photographien sind eingetroffen.

17. Juli. Das hätte sie nicht sagen sollen! (Ich halte bei Daisy.) Bei der Waldkapelle – es hatte geregnet und ich zog den Duft feuchter Lindenblüten ein, als käme er von ihr, nicht aus den Bäumen – stand sie an mich gelehnt. Ich blieb still. Da sagte sie unvermittelt: »Hab' solche Hemmungen...«

19. Juli. Irene erzählt mir, ihre Freundin habe das Magenleiden seit der Geschichte mit dem Marine-Attaché. Er hat ihr eines Tags gesagt: »Ich mag dich nicht, du bist mir zu dick ...« Sie fügt hinzu: »Komisch – und ich wieder nur dick!« – Die Kümmel reist heute ab; am Morgen ist aus Neutra angerufen worden. – Begegnete auf dem Korridor der Pflegeschwester, als sie drei Thermophore auf Zimmer 56 zur Komtesse trug. – Abends knödelt aus einem offenen Fenster die Stimme Canio's aus »Bajazzo«. Ich sehe ihn in weißer Seide mit schwarzen Knöpfen, wie er auf Denkmalstufen sitzt und mir eine lange Nase dreht.

21. Juli. Drei Wochen sind um. Als sich Nelly (das Stubenmädchen) beim Einpacken über meinen Koffer beugte, kam sie mir hübsch vor wie nie zuvor. Sie lächelte unter der Achsel zu mir. Ich nannte ein paarmal ihren Namen – mit

Tremolo. Als ich sie auf den Rücken tätschelte, meinte sie: »Vor'n Abfahren kommen die Herrschaften immer zu mir – san denn nicht andere Frauen da?« – Ich erwiderte: »Nein.«

Ich lerne Französisch

> »Um eine fremde Sprache gut zu sprechen«, sagt der Philosoph Lichtenberg, »muß man allemal ein bißchen Geck sein.«

Diese tief-richtige Bemerkung erklärt wahrscheinlich auch, warum die sogenannten Originalmenschen beim Gebrauch einer fremden Sprache um so vieles schlechter dran sind als die andern. Sie leben in ihrer Muttersprache eingegraben wie der Maulwurf in seinem Erdhügel. Wenn sie sich daraus herausbegeben sollen, kommt es ihnen wie eine Lüge an ihrer Existenz vor. Zudem widerstrebt es ihnen, ein anderer scheinen zu wollen als der, welcher sie eben sind. Kurz: es fehlt ihnen das rechte Geckentum.

Aus dem entgegengesetzten Grund eignen sich, wie die Erfahrung lehrt, drei Berufsgruppen besonders zur Erlernung einer Fremdsprache:

die Kellner,
die Kömödianten,
die Kokotten.

Fast ein dreiviertel Jahr dauert jetzt mein praktischer Lehrkurs »Paris«. Ich mache im denkbar vergrößertsten Maßstab die Methode Berlitz mit. Wenn hier der Lehrer mit einem täglich zwei Stunden ausschließlich französisch redet – was besagt das gegen die Tatsache, daß seit acht Monaten lang alle Schaffner, Stubenfrauen, Hotelportiers, Fahrkartenkontrollore, Chauffeure, Oberkellner, Zeitungshändler, Polizisten, Ladenverkäufer, Telephonfräulein von

Paris mit mir französisch sprechen? Und wenn ich ihrem Schwall schüchtern, doch korrekt erwidere »Oui«, so steht immer noch ein Freund neben mir, der mich in die Weiche stupst und mir das Ergänzungswort souffliert »Monsieur«. Gibt es dagegen einen Zeitgenossen (Herriot, den Meisterredner, und die Cecile Sorel mitinbegriffen), der das Französische mit solcher Geläufigkeit und mit so parfümiertem Zungenschlag spricht wie der Ober aus dem Restaurant »Biel« in Wien, dem Lokal, wo sich die feinsinnigen Literaten der Stadt bei Raaber Würsten und Klobassi von der täglichen Duftausstrahlung ihrer Seele erholen? Wenn sie nach genossener Mahlzeit scherzweise ausrufen »L'addition!«, dann steht ein zweiter Sascha Guitry vor ihnen, dem es gelingt, sogar den Wörtern »Häckerle« und »Bandnudeln« ein französisches Kolorit zu leihen. Nein, ich werde mit den Obern dieser Welt darin nie wetteifern können, ich werde zufrieden sein müssen, wenn ich das Französische einmal wie der Voltaire rede.

Zwischen mir und diesem Endziel stehen vorderhand noch ein paar Hemmungen. Daß man »si« (wenn) nicht mit dem Konditional konstruiert und mit »malgré« (trotzdem) keinen Nebensatz einleitet und was dergleichen grammatikalischer Schnick-schnack mehr ist, damit werde ich bald fertig werden: Die Sprachen sind nämlich in ihren Elementarregeln keineswegs so verschieden, wie man annimmt, und man darf auch im Deutschen weder in einem »Wenn«-Satz »würde« sagen, noch »trotzdem« mit »wiewohl« verwechseln. Nein, darin liegt die Schwierigkeit nicht. Wenn es auf derlei ankäme, müßten die Philologen am raschesten die fremden Sprachen erlernen, und sie erlernen sie am schwersten. Vielmehr kommen die Unbequemlichkeiten aus zwei anderen Richtungen:

Erstens: Die französische Sprache hat zuviel deutsche Fremdwörter. Ich meine damit nicht: Wörter aus dem Deutschen, sondern Wörter, die im Deutschen als Fremdwörter gebraucht werden. Zwar sind diese Wörter (wie: chik: elegant, comme il faut, par excellence etc.) natürlich alle gut französisch, aber sie bieten in ihrer Gänze wählerischen Lippen einen unbesiegbaren Widerstand: sie gehören zum typischen Mundvorrat des halbgebildeten, in der Wollbranche versierten Mitteleuropäers, der sich damit die Ausdrucksweise verbessert wie mit einem billigen Heliotrop-Parfum. »A la bonheur« zu sagen oder »mir vis-à-vis« oder »kascholieren« oder »Promenade« oder »pyramidale« gehört daher für ein Ohr aus besserem Haus fast zu den Unmöglichkeiten. Nun kommt man nach Frankreich und merkt, daß diese Wörter unentbehrlich, daß sie französisch sind. Was tun? Noch versuche ich, mich um die Klippe zu drücken, das »vis-à-vis de moi« will noch nicht aus dem Schlund. Heute übers Jahr vielleicht werde ich diese Wörter so gut meistern wie der Mann, der mir im heimatlichen Kleidergeschäft den Mantel von der Stange reicht.

Zweitens: Es hängt mit einem weitverbreiteten, vielgerügten Laster jener Menschenklasse zusammen, die auf den Namen »Intellektuelle« hört: mit dem Nicht-zu-Wort-kommen-Lassen. Während nämlich die deutsche Sprache einem Fußpfad vergleichbar ist, auf dem sich jeder, so gut er kann, durch Gestrüpp und Baumdickicht seinen Weg bahnt, ist das Französische eine Art »trottoir roulant«, eine Rollbrücke, die sich von selber weiter bewegt und auf die man bloß im richtigen Augenblick seinen Fuß zu setzen hat. Dazu gehört als Voraussetzung, daß man sich, ohne Einmischung in ihren Mechanismus (wodurch man sich bloß sprachliche Klemmungen und Verstauchungen zuzöge) dem selbstbeweglichen Lauf dieser Bahn anvertraut – das heißt: daß man sie erst einmal rollen läßt, eh' man sich draufstellt. Mit anderen Worten: um gut französisch zu reden, muß man zunächst das Ohr (oder die Seele?) mit Französisch vollgeladen haben. Da hapert's nun bei meinesgleichen. Und ich glaube von all denen, die sich bisher mit dem Problem befaßten, warum ein im Deutschen so sattelfester Causeur wie der Schreiber dieses es noch nicht zum Mirabeau gebracht habe, hat der Jüngling ins Schwarze getroffen, der mir in einer sturmbewegten Debatte bei Pariser Hausherren vorwurfsvoll zurief: »Sie lassen nicht einmal das Französische zu Wort kommen!«

In London überrascht

... daß man zum Verlassen des Eisenbahnwaggons kein Kletterkunststück (Leib an der Plattformstange, Fuß im Ungewissen) nötig hat, sondern herausspaziert wie aus einem Zimmer ins andere, da Perron und Wagengrund auf gleicher Höhe liegen;
... daß die Waggons 3. Klasse so behaglich gepolstert sind wie bei uns zu Hause die der 1.;
... daß sich nicht bloß im Hyde-Park, sondern mitten in der Stadt, an den belebtesten Plätzen, plötzlich Männer auf ein mitgebrachtes Podium stellen, um eine Rede zu halten;
... daß der Engländer das Ansichten-Sagen, Gesinnungen-Haben, Partei-Ergreifen für eine Marotte hält, der man nur durch gnädiges Aussprechen-Lassen und Zuhören beikommen kann;
... daß die schlechten und guten Stadtviertel in unmerkbarer Vermischung aneinandergrenzen, so daß man sich als Fremder zuweilen noch im noblen »Mayfair« glaubt, während man bereits mit beiden Beinen im anrüchigen »Soho« steht;
... daß die Schutzleute mit gelassenen Mienen zuschauen, wenn sich zwei Leute blutig raufen;
... daß der vielgenannte Nebel nicht wie Milch, sondern wie Kohlenruß aussieht und dem Bürger in seine Arbeitsstube, in sein Schlafzimmer, ins Restaurant, Tanzlokal und die Hotelhalle nachkriecht;
... daß ein Ire, den man für einen Engländer hält, darauf ungefähr so reagiert, als hätte man einen Lerchenfelder Fiakerkutscher gefragt: »Sind Sie nicht aus Hannover?«;
... daß hingegen die Schotten im Scherz und Ernst die

Rolle spielen wie im deutschen Sprachbereich die Bayern;

... daß auf den Trottoirs bei den Theatereingängen die Leute schon vormittags auf Hockstühlen den Einlaß erwarten und an diese Stühle eine Merknummer samt Namen heften, wenn sie Mittagessen gehen;

... daß in der Westminster-Abbey nicht nur Shakespeares Grabmal sich befindet, sondern auch seines posthumen Doppelgängers Bacon;

... daß die Leute auf der Straße dem Fremden mit einer Bereitschaft Auskunft geben, als hätten sie, jahrzehntelang an einen Prometheusfelsen geschmiedet, auf nichts anderes gewartet, als eines Tags Auskunft zu geben;

... daß Bernard Shaw nicht ernst genommen wird und es weiß;

... daß sich jedermann, ob Sensal, Makler oder Bankdiener, nur mit dem Zylinder auf dem Kopf der Majestät »Geld« nähern darf und das Bankenviertel deshalb auf den ersten Blick wirkt wie der Schauplatz eines Monstre-Leichenbegängnisses;

... daß es (die großen Hotels ausgenommen) keine Doppelfenster gibt, sondern ein Schiebefenster aus zwei Teilen, durch dessen Spalt die 3 Grad von draußen die 18 Grad von drinnen auf 7 Grad abkühlen;

... daß infolgedessen und durch das offene Kaminfeuer, an dem man im Halbrund Platz nimmt, die Bevölkerung Londons sich vom November bis März an der Vorderseite wie ein Beefsteak anfühlt (well done), hingegen am Rücken wie ein Frigidaire;

... daß es nichts Schöneres auf der Welt gibt als eine Engländerin und nichts Häßlicheres als deren tausend;

... daß der Engländer an der Langeweile ein solches Gefallen findet wie die andere Menschheit am Zeitvertreib, weshalb man sich nicht über den Ausspruch eines das Haus verlassenden Manns wundern dürfte, der seiner Frau fidel durch die Türe zurückriefe: » Hallo, ich gehe mich ein bißchen langweilen! « ;

... daß es kein einziges Café gibt, wo Zeitungen aufliegen;

... daß der in einen Klub Eingeführte nicht selber beim Kellner bestellen darf, sondern alles dem Einlader überlassen muß;
... daß im Elendbild der Stadt treue, totgelangweilte Hunde immer häufiger werden, die neben ihrem orgeldrehenden oder violinspielenden Herrn den Hut zwischen den Zähnen halten, in den die Münze fällt – sie fällt reichlicher dem Tier als dem Mann zu;
... daß das Wort »smoking« im Sinne unseres Sprachgebrauchs kein Londoner versteht, weil es in Wahrheit »Raucherabteil« bedeutet, während das gleichnamige Kleidungsstück auf den Namen hört: »evening dreß«;
... daß Shakespeare nur noch in Mödling schlechter aufgeführt werden könnte als in London;
... daß es zumeist dem Taktgefühl überlassen bleibt, die Autobus-Haltestelle ausfindig zu machen (man stellt sich dorthin, wo bereits andere warten);
... daß das Ale (Bitterbier) gar nicht so übel schmeckt, hingegen in einem Drittel der Zeit betrunken macht, welches das Pilsner Bier hiezu benötigt;
... daß (wie es vor hundert Jahren bereits Gavarni in seiner England-Mappe zeigte) der üppigste Reichtum im Frack, Abendkleid und Perlen zu Fuß neben der herzzerreißenden Armut spaziert, ohne daß diese einen scheelen Blick würfe oder jener sich unbehaglich fühlt;
... daß ein Mann, der etwa auf der Regent Street seiner mitteleuropäischen Bekannten die Hand küßte, von den Leuten rings angeblickt würde wie ein Zambesi-Neger, der einen Schwerttanz aufführt.

Kleiner Führer durchs Englische

Yes

Auf dem Papier ist das Wort einsilbig. Im Munde eines Engländers dehnt es sich zum Sonnenauf- und -untergang eines freundlichen Vokals. Es zerrinnt mitleidig-gefügig wie das Gesicht einer Negeramme, die ihre Herrschaft nicht verstanden hat, ihr aber die Schrulle läßt, etwas anbefohlen zu haben; fließt von einem Entgegenkommen über, für das die hinterdreinfolgenden Tatsachen nicht zu haften brauchen. Die Skala der Bedeutungen, die dem Wörtchen zukommen, ist infolgedessen unendlich; sie reicht von der einfachen Verneinung über das Ausredenlassen und Zeitgewinnen bis zur tatsächlichen Bejahung. Mit Yes lullt man Kinder und Erwachsene ein, die etwas zu wünschen oder zu fragen haben. Du bestellst am Morgen dein Frühstück; »Yes«, sagt eine Stimme durchs Telephon. »Mit einem Glas Wasser«, fügst du hinzu - »Yes«. Das Frühstück kommt nicht, das Glas Wasser noch weniger. Du nimmst also mit der Morgenzeitung vorlieb - »Yes«. Die Post wurde nicht heraufgeschickt – wird sie noch einmal das dritte Stockwerk erreichen? – »Yes«. Immer strahlender, himmelblauer, geduldiger wird das Yes. Mein Gott, sagst du dir, man hat Indien damit erobert, man gebietet damit den Meeren, man hat Gandhi damit gebändigt - laß ihnen den Spaß! England erzieht zum Zeithaben. Um mit dieser Zeit doch etwas zu beginnen, bin ich zum Sammler geworden. Ich lege mir jeden Tag eine Kollektion von Yes' an, die der Erlösung harren.

Prosperity

Das Lieblingswort der Engländer (von 1935). Heißt so viel wie: Konjunktur. Alles schwört auf sie, alles zielt auf sie, alles rechnet mit ihr, die Außenpolitik, wenn sie sich nicht einmischt, die Innenpolitik, wenn sie Brücken schlägt, es geht ein abergläubisches Toi-toi durchs Land, um das Pflänzchen Prosperity nicht zu stören. Ist sie nun da? Oder macht man, als ob sie da wäre, damit sie kommt? Nach der Zahl der Autos am Piccadilly zu schließen, den vollbesetzten Hotel- und Privatzimmern, den Leuten, die bei den Kinos Schlange stehen, muß sie in voller Blüte sein. London-Kenner dagegen sagen, das sei nicht die Prosperity, sondern das Jubilee. Nun, eines muß das andere nicht ausschließen. Ein Regierungsfest, das etliche Millionen Fremder, darunter dreißig lebende Maharadschas, ins Land zieht, könnte einem kleineren Staatswesen immerhin auf ein paar Jahre zu leben geben.

I am sorry

Der Engländer, der auf dem Autobus unversehens an dich streift, dir auf den Fuß steigt, dein Bier zu spät an den Tisch bringt, sagt bekanntlich nicht »Pardon!« oder, wie noch in den Schulbüchern älterer Fraktur zu lesen steht: »Beg pardon«, sondern: »I am sorry« (abgekürzt: »'sorry«). Zur Ehre seiner Höflichkeit sei bemerkt, daß er das Wort auch für den umgekehrten Fall, d. h., wenn du es bist, der anstreifte, ihm hinaufstieg, zu spät brachte, auf Lager hat – er annulliert den Tatbestand deiner Ungeschlachtheit, indem er zuvorkommend das Bedauern auf sich nimmt. Aber I am sorry (wörtlich: ich bin traurig) hat noch eine andere Bedeutung: es ist die Quittung für ein uneingelöstes Yes (siehe dieses). Meldet man nach zwei Stunden bzw. Tagen, Wochen, Monaten die Rückständigkeit einer empfangenen Zusage an, so sagt der andere: I am sorry – manchmal hinaufgesteigert zu: I am so sorry. Er ist traurig – tu' ihm was! Er ist soo traurig – dem flüchtigen Ton, in dem er diese Wortfolge los wird, ist der Gram zwar nicht anzumerken, um so mehr dem treuherzigen Auge. Alles schwimmt in einem Meer von Traurigkeit. Sie sind von früh bis abends alle so sorry – und ich, scheint es, der dahergelaufene Kontinentale mit seinen Wünschen, Bitten, Erwartungen, bin die Ursache davon. Shame on me! – ein Volk zu Tränen zu bringen, seine Seele zu zerwühlen, weil es mich nicht prompter bedienen kann! I am so sorry ...

Too late

»Zu spät«, dies harte Wort aus dem Bereich der abschlägig beschiedenen Gesuche, zuklappenden Amtsschalter, versäumten Eisenbahnzüge, bereitet der Aussprache nur im eiskalten, versteinten Zustand Vergnügen. »Too late« – gleichbedeutend – erfordert ein Antlitz von lächelnder Kulanz und Stimmbänder, die sich an ihrer Weichheit delektieren. Denn dem Wort kommt in den geselligen Berührungen ein viel weiterer Gebrauch zu. Von 3 bis 6 Uhr nachmittags haben die Hoteldiener und Stubenfrauen Ausgang – für das Anzugputzen und Zimmerräumen ist es too late; das englische Frühstück wird nur bis 10 Uhr serviert, nachher: too late; der Alkoholausschank – in den inneren Bezirken Londons bis 11, in den äußeren bis 10 Uhr abends und an Sonntagen noch früher; das Mittagsbier – bis 3 Uhr; die Geschäftsläden der Vororte sperren am Donnerstag schon früh nachmittags; in der Stadt gibt es solche, bei denen das Weekend am Samstagmorgen, andere, bei denen es am Abend beginnt – man ermesse das Geltungsbereich des too late! Das Wort wird einem aber nicht wie ein Pfeil ins Gesicht geschossen, im Gegenteil, man hat Zeit, die Wünsche, für deren Erfüllung es zu spät ist, in ausführlicher, breiter Rede vorzutragen – den andern ausreden zu lassen, bildet ja eine der vornehmlichsten Vergnügungen des Inselreichs ...

nice, funny, crazy

Als Gott die Welt erschuf nach seinem Bild ... da teilte er die Eigenschaften der Dinge und Erscheinungen innerhalb des englischen Imperiums ein in drei Sektoren: alles, was hübsch und gefällig anzusehen, angenehm zu schmecken, voll Bewunderung anzuhören ist, also: die Beine eines jungen Mädchens, die neunte Symphonie Beethovens, die Schroffküste Cornwalls oder einen gekochten Lachs mit Sauce Hollandaise, nannte er: nice; alles, was witzig, kribbelnd, fröhlich aus der Art schlagend war, also: Nietzsches sämtliche Werke, die Brillen Harald Lloyds, den grünen Hut eines Mitteleuropäers, das Zappeln einer im Gesims steckengebliebenen Taube, nannte er: funny; und alles, was querstirnig, krumm im Anblick, ungewöhnlich, den Gesellschaftssitten zuwiderlaufend war, also: eine weiße Krawatte zum Smoking, die Mondesfinsternis, den Schreiber dieser Zeilen und die Kriegsfurcht der Völker, nannte er: crazy. Dem Hang zur Normierung war damit Genüge getan – er durfte allenfalls nach oben bis zu »marvellous« (wunderbar – angewandt für die Kunst Greta Garbos) und nach unten bis »awful« (schrecklich – auf Menschen, die sich öffentlich küssen) ausschwingen. Wiederholen wir: Was ist ein kleiner Hund mit rosa Masche? Nice. Was ist derselbe Hund, wenn er nach der Hand schnappt? Crazy. Und was ist der Kosmos, in dem es sich ereignet? Funny. Nice, funny, crazy – sie haben auf der negativen Seite keinen Gegenspieler, nicht einmal das Wort: bad. Denn liebenswürdig und schonend wie nun einmal das Englische ist, mag es kein schlecht, kein schwarz, kein nein. Es läßt also den Arzt am Bett eines Sterbenden bloß sagen: »It's not so good.« Ich möchte freilich niemandem wünschen, daß er, des Englischen bis zur Reichweite dieses Ausdruckes kundig, in ein Hospitalbett zu liegen käme. Im Korda-Film »The scarlet Pimpernell« sagt der junge Aristokrat: »Not so bad – that is the worst« (Nicht so übel, das ist das Schlimmste). Er hätte sagen müssen: Not so good ...

boy

Willst du – und wer wollte nicht? – in deinem Zimmer, auch flat genannt, das Stubenmädchen zärtlich umfassen, so wird sie sich dem liebenden Zugriff in der Regel mit der Begründung entziehen, sie habe bereits einen »boy«. Denk nicht, sie wolle sich dir damit als Mutter, also unter heiligem Naturschutz stehend vorstellen; die Stubenmädchen Englands wollen große Karriere machen und beschweren sich nicht mit Familie. Ihr boy ist der Ihrige, bei uns würde man sagen: ihr Verhältnis. Aber boy klingt mütterlich, klingt warm-überlegen. Man muß dabei nicht einmal an den »blue boy« Gainsboroughs denken, um das Objekt als Knabenporträt vor sich zu sehen. Dann spaziert man eines Tages den Häuserblock seines Domizils entlang, begegnet von ungefähr dem Stubenmädchen im Sonntagsstaat. An ihrer Seite schreitet ein Herr in Morning Coat, steifem Hut, Krückstock, Koteletten, die ein ausrasiertes Kinn flankieren, und zwei Kriegsmedaillen auf der Brust – der boy.

In der Filmkantine

Der Mann mit dem violett gekalkten Gesicht, der im Kostüm eines Spaniers aus dem 16. Jahrhundert – schwarze Pluderhosen, Spitzschuhe, Zierdegen – vor einer Portion Rinderbraten mit Spaghetti sitzt, muß, denken wir, ein Komparse sein. Im Näherkommen erkennen wir, daß es der weltberühmte N. N. ist. Ein spanischer Grande kann auch Spaghetti essen – wer aber zwang diesen Spaghetti-Esser dabei, das Kostüm eines spanischen Granden auf dem Leib zu haben? ... Er wird doch nur ein Komparse sein!

*

Manchmal erscheint ein Herr in Baskenmütze, spricht laut und ist zur Kellnerin jovial. Das ist der Aufnahmeleiter, der Haremswächter über der Statisterie. Die violette Schar schaudert bei seinem Wort. Er kann aber auch der Kameramann sein, wenn nicht gar der Produktionsleiter. In jedem Fall vergickst sich das Lachen ringsum bei seinem Erscheinen. Bloß wenn es der Manuskriptautor ist, geht die Unterhaltung zwanglos weiter. Daß der das letzte Rad am Wagen ist, wissen sogar dessen Zughunde.

*

Es riecht nach Staub und schlechten Saucen. Es klingt, bang-raschelnd, nach Schulpause vor dem Examen. Es wirkt wie durchfrorenes Warten. Und was wird daraus? Die Wonne des Mittelständlers für 8 Kronen 50.

*

Frauen in der Filmschminke zeigen ihren Ehrgeiz, ihre Angst um Gage und Regisseur-Gunst, in fröstelnder Bloßgelegtheit. Das Mysteriöse ist ihnen wie weggeblasen. Der dicke, versteinte Fettbelag im Gesicht läßt sie durchsichtig, reizlos erscheinen. Erst wenn sie heimgehen und sich das Violett vom Gesicht gewaschen haben, sind sie wieder geheimnisvoll. Dann haben sie wieder ihre Maske: das Antlitz.

*

Der Vamp bestellt sein Menü. Wir bemerken bei diesem Anlaß, daß ihm die Schminke besonders blöde Augen macht und einen Mund, der an die Kehrseite des Huhns erinnert. Über seine mageren Schultern hat er einen Feh-Pelz geschlagen – Erinnerung daran, daß er außerhalb des Ateliers und der Kantine Dame ist. Aber der Pelz rutscht jetzt. Es ist ihm kalt vom Vamp.

*

Eine Frage bestürmt uns alsbald im Mittagsraum: Was tun diese Menschen in ihrem Hauptberuf? ... Sie werden doch nicht bloß ihr Gesicht hertragen und wieder heimgehen?

*

Demokratisch, das muß man gestehen, geht's in der Kantine zu. Manchmal nimmt der Oberregisseur unter den Seinen Platz. Eine schnippische Komparsin, Herzklopfen bis zum Hals, spricht mit ihm ungarisch. Er nickt väterlich, abgelenkt. Wir erinnern uns des Klassenausflugs der Tertia, wo der Vorzugsschüler mit einer Primula veris auf den Professor zugetänzelt kam: Is' das, bitte, eine Monokothyledone?

*

Blick ringsum und errechne dir die Kunst jedes einzelnen! Sie besteht aus: 60 Prozent Warten, 25 Prozent Geschminktsein, 14,8 Prozent Photographiertwerden und 0,2 Prozent Gestaltungskraft. Dieser letzte Prozentsatz steigt in manchen Fällen - Charles Laughton, Greta Garbo - bis auf 7,2. Er sinkt aber, wenn dem Star Vornamen wie: Willy, Lili, Puzzi, Hedi, Heidi, Günther, Ralf, Rolf, Wulf und Grit vorangehen, ohne daß wir's merken, bis auf Null.

*

Ein Beleuchter im Arbeitskittel geht durch den Raum. Er sieht blaßgelb aus (eine realistische Charge), frohgelaunt und unbefangen. Er ist Privatperson, also Fürst. Die Violetten, in der Habtachtstellung ihrer Gesichter, die Berühmten wie die Unberühmten, wirken gegen ihn als Proletarier; wie Fabriksarbeiter der Mimik. Ihre Prominenz weilt indessen in den Porträt-Ansichtskarten ihrer Verehrer.

*

Wer ist denn der junge Mann mit Sporthosen und ditto Kappe, der so wichtig zwischen Tischen und Sesseln durchflitzt, als ob er vor lauter Zum-Bau-Gehören keine Zeit hätte, sich niederzusetzen? Einer, der vor lauter Zeithaben zum Bau gehört; der Volontär auf Empfehlung.

*

Fremde sollten in Filmkantinen keinen Zutritt haben. Nach der Mittagspause haben sie keine Ideale mehr.

Pythagoras und das Tischtuch

Jeder Stand hat seine Marotten. Chauffeure setzen ihre Ehre drein, das unbekannte Fahrtziel, das ihnen angegeben wurde, straßauf, straßab im Weiterfahren zu erreichen, ohne daß sie bei jemandem eine Auskunft einholen; zurückzufahren geht gegen ihre Berufsehre. Schneider werden nie zugeben, daß der Anzug an der rechten Achsel eine Falte wirft, sondern seinen Träger lieber mit beiden Händen und manchmal mit angestemmtem Knie in seinen Bauch hinein an den Reversen zu sich ziehen, mit der Behauptung, der Rock gehöre eben so getragen; Masseure entlassen die frisch gewalkte Kundschaft jedesmal mit einem Klaps aufs Gesäß, gleich wie zur Abstempelung der getanen Arbeit. Aber den unergründlichsten, hartnäckigsten Tick haben die Kellner.

Gesetzt, Sie nähmen im verschwiegenen Winkel eines Restaurants an der Seite der derzeit Gemeinten Platz, vertieften sich ins Gespräch, schon entrafft sich dem Tremolo der Verlegenheiten das entscheidende Wort –; oder: Sie seien im Begriff, Ihrer Gesellschaft, über Klippen und Abgründe hinweg, wie am Drahtseil des gespannten Denkens die bedeutende Formel zu sagen, die das Tischproblem lösen soll –; oder Sie hätten mit allen Kniffen eine Anekdote zu erzählen begonnen, deren Pointe jetzt sogleich losknallen wird –; – da, in dieser Sekunde vor dem Liebeswort, vor der großen Formel, vor der krachenden Pointe langt von oben her – Großaufnahme – ein schwarz bekleideter, serviettenschwingender Arm in Ihr Gesichtsfeld, klopft das Tischtuch von den Brotkrumen, Aschenresten, Zahnstochern, Zigarettenspitzresten ab, rückt Salzfaß und Brotkorb an seine Stelle, hebt das biergenäßte Übertuch ab, breitet es wieder hin, zupft die vier Ecken des Tischtuches auseinander und gibt sich diesem Ensemble von Tätigkeiten mit so ausführlicher, lähmender Gelassenheit hin, daß die Liebe am Tisch schweigt, der Geist einschläft, die Laune stirbt. Er aber, der Unhold, hat das Schweigen nicht bemerkt. Es verdrießt ihn nicht, daß sein Ordnungssinn die Geselligkeit zermalmt. Denn er ist ein Monomane. Seine innere Beziehung gilt nicht den Gästen hier, sie richtet sich ausschließlich aufs Tischtuch. Er ist der Herr dieses Tischtuches, in langjährigen Kursen der Kellnerschule auf dessen Behandlung erzogen. Das schneeweiße Viereck des Tichtuchs ist ihm der geometrische Ort des Weltalls.

Kellner leiden an einem krankhaften Sinn für Unverkrümeltheit und Symmetrie. Die Geselligkeit ihrer Gäste allein schon ist ihrem symmetrischen Sinn zuwider. Das Veranschaulichen einer politischen Theorie mittels der Essig- und Öl-Karaffe und des Zahnstocherständers empfinden sie als Unfug. Dissertationen mittels hingelegter Zündhölzer als Aufforderungen zum Reinmachen. Es steckt eine Art Weltanschauung darin, daß sie die Tischtücher wichtiger nehmen als die Gespräche um sie herum.

Vom Gast gesehen sieht der Fall anders aus. Er kann sich den Kellner-Standpunkt schwer zu eigen machen. Welches Glück zum Beispiel, daß es in der Zeit des Pythagoras noch keine Gasthäuser gegeben hat! Der alte Philosoph kam dadurch nicht in die Lage, von seinen Ekstasen und Erleuchtungen in der Art seiner musischen Nachfahren aus neuerer Zeit, etwa eines Paul Verlaine oder Peter Altenberg, an einem Stammtisch übermannt zu werden.

Nehmen wir aber an, er hätte seinen berühmten Satz, statt ihn mit Fingerstrichen in den Sand zu zeichen, vor Freunden mittels Zündhölzchen im Gasthaus zu entdecken versucht: Das rechteckige Dreieck liegt da, er baut das Quadrat der Hypothenuse auf, Erkenntnislächeln umspielt sein Gesicht, eine Zehntelsekunde noch, die Welt wird sofort um den ungeahnten Fundamentalsatz reicher sein – da schwirrt ihm ein »Hangerl« vor dem Aug'. Phytagoras, heiß und überwältigt von seiner Theorie, duckt den Kopf, um durch den gebeugten Arm des Kellners hindurch seinem Visavis die Glieder des Lehrsatzes zuzurufen – »Verstehen Sie mich!« schreit er hinüber –, aber der versteht ihn nicht mehr, denn der Kellner hat die Zündhölzchen längst in der gewölbten Hand eingesammelt und das Tischtuch dem Chaos vor der Erfindung des pythagoräischen Lehrsatzes gleich gemacht – die Welt würde nie erfahren haben, daß das Quadrat der Hypothenuse der Summe der Quadrate der beiden Katheten gleich ist.

Kellner dulden nicht, daß von den Stammtischen an die Menschheit etwas Neues gelange. Darf ich sie für meinen Fall um das Neuhjahrsgeschenk bitten, daß sie mein Tischtuch in Hinkunft nur auf ausdrücklichen, eindeutigen Wunsch in Ordnung bringen?

V

Weltfeiertag

Der Dichter steht bekanntlich, einem alten deutschen Vorurteil gemäß, über den Parteien.

Wedekind

Zu des Dichters 50. Geburtstag

Wedekind – so scharf-grimassiert und eckig und husch-bleich klingt der Name, als hätte sich ihn der Dichter selbst für ein Exemplar seiner gedefteten Nihilisten oder lobesamen Hohnkreaturen erfunden. Er weist auf das butterweiche und friedliche, aber gemütsverbissene und uferlose Mitteldeutschland, die Gegend, wo die Leute als blondgefügige Kettenglieder auf die Welt kommen, aber mit einer Stubenzartheit, die wohl auch in Verhärtung enden mag, und wo sie wissend oder ahnungslos ihr Lebtag lang gegen ihre bürgerliche Gezähmtheit die Fäuste ballen. Schulrektor Traumulus und der Mörder von Mühlhausen sind hier beisammen; und es scheint ein ganz kleiner Zufall zu sein, ein Schienenknacks auf der freien Strecke des Lebens, was man werden kann: Lehrer und Mörder, Gemütsschäfer und Fanatiker. Es ist bezeichnend, daß der Name Wedekinds aus diesem Bezirk kommt, wo man aus Winkelgassen nach der blauen Blume seufzt und wo die weite Sehnsucht immer in den engen Räumen zurückbleibt. Hier ist die dickste Bürgerlichkeit aufgespeichert und darum ist hier das Land unserer diabolischen verquickten Original-Romantik.

Es ist nichts leichter, als Wedekind einen Sprößling dieser original-genialen Romantik zu nennen und seinen Stammbaum literarisch auf Grabbe und Büchner zurückzuleiten. Aber der Unterschied beträgt ein Jahrhundert. In diesem Jahrhundert ist aus der Romantik des Gefühles eine Romantik des Willens geworden, sie bedeutet nicht mehr Systemlosigkeit schlechthin, sondern hat selbst systematischen Grund. Sie liebt nicht das bengalische Licht des Träumens, sondern das weiße Bogenlicht des Durchschauens. Die blaue Blume wächst nicht mehr in den Gründen, sondern auf der Höhe.

Trotzdem muß man den Kopf durch eine Luke stecken, um in Wedekinds dichterischem Reich zu atmen, und das macht ihn der deutschen Splitter-Romantik ähnlich. Es ist die Luke der Lebens-Parteilichkeit, durch die er selbst blickt. Ihm ist nicht das Gestalten Endzweck, sondern das Enthüllen, und er gibt diese empfangene Welt nicht als etwas Reines, in sich Übertauchtes zurück, sondern mit allen merklichen Krusten und Schlacken seines hitzigen Anteils, als etwas Bimorphes, aus dem Naturzustand des erschauten Vorbilds und dem Idealzustand des ersehnten Kontrastbilds. (Und man kann Wedekinds Werke vielleicht darnach einteilen, wo sie sich dem Vorbild oder Kontrastbild nähern oder in der Mitte bleiben, d. h., wo es dem Dichter mehr aufs Gestalten oder Verkündigen oder wo es ihm auf den Witz ankommt.) Seine Dramen sind Schlachtopfer des Lebens, aus dem Kampf, den er mit ihm geführt, und nicht Siegtrophäen der Kunst. Er zieht jenes wie einen an den Fesseln oder der Selbstentfeßlung blutenden Sklaven hinter sich aus dem Tumult, statt es im Triumphwagen aufzuführen. Er steht mit dem Leben auf gleichem Parteiniveau. Darum sind seine Räume so eng und verschnörkelt, wenn auch grell und geladen. Ihr perspektivischer Maßstab ist kabarettistisch - mögen sich die Blinden immerhin etwas darauf zu Gute tun, sich von der äußeren Tatsächlichkeit dieses Ei haben finden zu lassen –, ihr pathetischer Maßstab mikrokosmisch; und nicht immer wird das Pathos ihre Perspektive. Daher die brütende Zündluft, das dimensionale Durcheinander und alles andere, wodurch Wedekinds Theaterstücke so oft Kunststücke sind. Es leben neben Wedekind noch einige solcher zeittypischer Romantiker (wie die um 1820), denen das Leben zu viel zum Sagen gibt, als daß sie es bemeistern können und deren gestaltende Freiheit in der Zeit befangen ist. Sie haben ein Auge, das sieht, ein Ohr, das hört, einen Mund, der spricht - aber es fehlt ihnen im Goethe'schen Sinne die Heiterkeit. Sie sind zwar über die Welt hinausgekommen, aber nicht über sich selbst.

Aber unter den schaffenden Zeitgenossen, die über die Welt hinausgekommen sind, steht Wedekind unstreitig am höchsten. Man sagt, er habe den Naturalismus geerbt. Das ist nicht wahr: Sondern der Naturalismus hat ihn, und in ihm seine Idee gefunden. Er selbst war nicht einmal ein Versuchsweg der Kunst, der nach einem dunklen Ziele tappte, sondern einfach ein Metier zur Original-Bewegung. Und nun kam Wedekind und gab ihm einen idealen Wunsch als Ursprung: Den Wunsch, das Leben ohne Eingriff in seine Natur und ohne systematischen Zuschnitt, ohne motivische Starrheit und ohne schilderndes Zerfließen seine Dramen aufdecken und die Verhängnisse selber Komödie spielen zu lassen. Wie viele haben nach dieser äußersten philosophisch-offenbarenden Reinheit des Dramas gestrebt? Wie roh ging die Raum-, Zeit- und Sinn-Technik ans Leben, durchhieb Zusammenhänge, zersägte Begriffs- und Empfindungswelten und stellte dann einen unechten, aber glatt behauenen Klotz hin, den man schon als wahrhaft echt erziehlich und bedeutend nahm, wenn man nur Stärke und Bilder des wirklichen Lebens darin sah. Aber keinem wollte es gelingen, das Ohr so ans Chaos des Weltgeschehens anzulegen, daß ihm ein fast musikalisches Gefühl Anfang und Ende des Zusammen-Bezogenen erkennen und ihn ohne Gezwungenheit die dramatische Auswahl treffen ließ. Es war immer entweder zu viel Kunst oder zu viel Leben, zu viel Stoff oder zu viel Form, aber nie bloß so viel Kunst, als das Unmaß des Lebens, und so viel Leben, als das Ausmaß der Kunst erforderte. So schwanken die Dramen aller Zeiten zwischen hochgestelzter Falschheit und wahrheitstriefender Plattheit. Klassizismus und Naturalismus heißen die beiden Pole - man könnte aber auch sagen - Tragödie und Komödie. In der Mitte liegt als der einzige Stil der Lebens- (zum Unterschied von den Bilder-Thesen-)Dramen der phantastische Realismus und als einzige Art die Tragikomödie.

Wedekind ist Tragikomiker und phantastischer Realist. Während der Naturalismus methodisch auf das Schattenseitige und Gewöhnliche losgeht und glaubt, in dem, was »auch« zur Kunst gehört, das ganze Um und Auf der

Kunst zu sehen, während er uns wahllos mit Klatsch und Quatsch belästigt, vergißt Wedekind über die kopistische Genauigkeit nicht die Bedeutsamkeit. Seine Menschen sprechen nicht bloß wie im Leben, sie sprechen aus geladener Brust und mit ihrem stärksten Atem. Er nimmt nur Höhepunkte. So ist der Dialog kein getreulich abgelauschtes Geschwätz, sondern Handlung, jedes Stichwort ein Stich, jedes Schlagwort ein Schlag, und die Aktion bewegt sich in Sentenzen vorwärts. In Sentenzen, die fürs Spezielle und Typische zugleich gelten und von denen man daher nicht, wie es die Genie-Duzenden alles Versteher und alles Verzeiher der Kritik tun, sagen kann, daß sie über den Kopf des Dramas hinweg ins Publikum gesprochen sind. Nein, die Dichter sind nicht solche Spaßvögel, wie man ihnen seit Oskar Wildes Zeiten einredet, um vor ihrer Überlegenheit zu bestehen. Es fällt ihnen nicht ein, »sich und das Publikum zu frozzeln« usw. Das glaubt das Publikum bloß, wenn es sie nicht versteht und die Worte nicht zum dramatischen Geschehen beziehen kann, weil sich seine eigenen Dramen in viel zu landläufigen Phrasen abspielen. So spricht man bei Wedekind von Wortgefechten und dialektischem Kreuzfeuer und überspeichelt sich in Impressionsworten, die das Urteil ersparen. Aber die Wedekindsche Dialektik ist kein Leerlauf am Rand der Handlung; sie ist die Handlung selbst. Und im selben Sinne, wie man seine Gespräche undramatisch findet, konnte Grillparzer, der allerdings tragischen Grund hatte, sich gerade am technischen Handwerkszeug der Kunst festzuklammern, von den wundervollen aktionsbewegenden Seelen der Iphigenie sagen, es seien schöne Sätze, die den dramatischen Fluß stören.

Ein englischer Plauderer von jener feineren Sorte, der das Plaudern eine weltkindliche Neckerei alles Gewohnheitsstarren und Wohlgeordneten bedeutet, hat vor kurzem über die menschliche Unechtheit des Dramas gesprochen, das im Gegensatz zum Leben seine ideale Linie durch nichts Unvorhergesehenes und Zufälliges stören lasse. Ist denn die Figur eines Hamlet und ist sein Schicksal echt, wenn man bestimmt weiß, daß kein plötzliches Nasenbluten seine Selbstmordgedanken unterbrechen kann? Wenn man weiß, daß der Held keinem Impuls nachgeben darf, der nicht zum Bedarf des Ganzen gehört? Hat ein Drama Wahrheit, wenn seine Menschen an die innere Szene gebunden sind, ohne sich mit einem Einfall, einem Wunsch, einem Stimmungswechsel oder durch ein vorübergleitendes Bild ihres Kreises verlockt vom Fleck rühren zu dürfen? Das ist mehr als ein Bubenspaß. Denn Nasenbluten ist mehr als ein detailszenischer Zwischenfall. Es ist auf der Seite des Umstandsmäßigen und Ewig-Ungefähren ein ebenso starkes Motiv wie auf der Seite des Ideellen Haß, Furcht, Trauer, Ekel und Liebe, und als solches ein Symbol der gewöhnlichen Augenblicksabgründe, an denen vorbei die Ewigkeit ihren Weg nimmt. Man darf die Beiläufigkeit nicht unterschätzen. Sie stellt das Erdenbehagen dar, das sich um Gesetze und Gefühle nicht kümmert, und ist eine eigene Welt, in der die Notwendigkeit, den Moment zu überleben, von selber alle Konflikte ertränkt und im Menschengesicht den Ausdruck tragikomischen Phlegmas malt. Etwas davon liegt in Kleists »Prinzen von Homburg«, der mitten in aller wehmütiger Todesangst einschläft. (Und daher hat man den Dichter unnatürlich genannt.) Und im Hamlet selbst ist ja dieser lebenswahre Wechsel von Pathetischem und Beiläufigem. (Und daher hat man ihn mit Kennermiene auf das Konto von Hamlets Narretei gesetzt. Aber wo ist Shakespeare nicht Tragikomiker?) Bei Wedekind ist dieser Wechsel unaufhörlich. Man ist nie gewiß, ob sich nicht der Held, der eben gemordet hat, im nächsten Moment auf ein Fliegenpapier setzt, oder ob der Hausknecht, der einen Brief überreicht, nicht auf einmal liebewinselnd auf den Knien rutscht. Im »Kammersänger« ist diese Tonart des Lebens sogar zum Thema erhoben: Um 5 Uhr 30 Minuten geht der Zug und die Geliebte hat einen erotischen Wahnsinnsanfall. »Willst du jetzt ruhig sein?« sagt begütigend der Held. Und sie sagt: »Ja«, und schießt sich eine Kugel durch den Kopf.

Aber da um 5 Uhr 30 Minuten der Zug geht, läßt sie der Kammersänger im Blut liegen ... Oder im »Erdgeist«: Da ist hinter jedem Vorhang ein Liebhaber versteckt. Lulu sitzt am Tisch mit dem Sohn ihres Mannes und ist im Begriffe, ihn zu verführen. Unterm Tisch liegt ein verliebter Gymnasiast. Auf der Treppe aber steht der Mann und beobachtet bebend und zähneklappernd das Bild. Dann geht er harmlos zum Sohn hin, begleitet ihn hinaus, und diesen Moment benützt einer der Liebhaber, um aus seinem Versteck zu kommen. Aber der Vater kommt zurück, und der Liebhaber weiß nicht aus noch ein. Er will rasch unter den Tisch, da tönt die Stimme des Gymnasiasten: »Kein Platz!«

Ist das zum Lachen? Ist das boshafte Selbstverhöhnung? Es ist die Groteske des Lebens selber. Fliegenpapier oder Mord – ganz einerlei! – solange man zum einen so unversehens und unschuldig kommt wie zum andern. Man muß seine Rolle »Mensch« zwischen Großes und Kleines hindurch spielen, von diesem an die Komik des ersteren, von jenem an die Tragik des zweiten erinnert. Der Moment will reine Hosen, die Zeit will reine Gemüter. Der Moment macht die Zeit lächerlich, die Zeit den Moment furchtbar. Diese Stellung zwischen Minute und Ewigkeit macht den Menschen zur tragikomischen Figur. Er will aufwärts und wird abwärts gezogen. Er rauft um Himmelsgenuß und kommt auf die Sandbank des Lebens – zerschlagen, erschossen oder resigniert. Ein Zunder von Lust macht ihn zum Gott der Erde und seine Göttlichkeit verpraßt er in kleinsten Lebensbrocken.

Der Wedekindsche Mensch ist eine solche Mischung aus einem Heroen und einem Beamten, aus einem Zeitregenten und einem Minuten-Untertan. Freilich ist er auch bald das eine oder das andere, je nachdem, ob er das Leben erleben oder ob er es tragen will. Aber den Durchschnitt gegen seine Abenteurer, die, das Weltall vor sich, im Rücken von der bürgerlichen Resignation gedeckt sind. Dazu gehören: Der Marquis von Keith, der Kammersänger und vielleicht auch der Dr. Schön. Zu den Gedefteten: Der

Melchior im »Frühlingserwachen«, der Komponist Dühring im »Kammersänger« (wie weh tut der Aufschrei aus dem Sarg seines Lebens) und alle die arbeitsgeschäftigen Schemen, die durch seine Stücke laufen. Dann endlich zu den Heroen, die bis aufs Messer den Kampf mit dem Leben führen und lieber als Phantasten sterben, ehe sie als Realisten leben: Der Mädchenhändler Casti Piani, der zum Idealrevolver greifen muß (diesem Wedekindschen Kabarett-Revolver, der das Tat-Prinzip vertritt, dem Leben und Dichter zugleich aus der Verlegenheit hilft, im übrigen aber der wahrhaftige Deus ex machina ist); der Zwergriese Karl Hetmann, dieser Narr, der nicht will, daß der Gedanke als Aphorismus verendet, ihn im Fiebertaumel menschlicher Selbstentrücktheit über die Welt hin organisiert, bis er ihn schließlich an einem Türpfosten erhängt, um nicht der Resignation zu verfallen; oder Ernst Scholz, dieser grenzenlos Unglückliche mit dem Kainszeichen des Pechvogeltums auf der Stirne, der die Ironie hat, freiwillig in ein Irrenhaus zu gehen, weil ihm der Aufenthalt daselbst der ehrlichste Ausdruck des verzichtenden Lebens erscheint; oder die Gräfin Geschwitz, dieses triebzermarterte Weib, das sich mit Krankengiften infiziert, um dem geliebten Wesen im Spital nahe zu sein und ihm zu helfen. Promethische Selbstzerfleischer, die sich allerdings ebenso oft um ihres Lebens als um des dichterischen Exempels willen selbst zerfleischen! Und neben allen diesen erscheint der Homo communis unserer Zeit als hochgescheite, -gebildete und -erfahrene Profit-Bestie, die sich vom riskanten Gebiet des Kämpfens auf den beschränkten aber sicheren Ort des Kaufens zurückzieht. Es ist der Normalmensch 1914 mit der Devise: »Wie hat doch der olle Darwin jesagt?«

Drei Dramensorten entsprechen diesen drei Menschensorten. Bald läßt Wedekind das menschliche Kunterbunt austoben, weil darin sein Zweck und Sinn liegt, und phantasiert im Realistischen. Bald bildet er es schlechthin ab und zeigt es, bald statuiert er Exempel. Im letzten Fall ist er ein Platoniker der Bühne, und das Geistige dieser Dramen wird sich erhalten – (wie im »Totentanz«, wo die erotische Erkenntnis endgültig wird, das Begriffswort verliert und nur noch melodramatisch markieren kann und wo die weihevolle Kanzleisprache des Dichters ein Freudenhaus zur Kapelle wandelt) –, mag auch ihr natürlicher Bestand dem engsten Tageskreise angehören. (Wie in »Hidallah«, wo zwar an den stärksten und verfeinertsten Kreaturen das Leben durchleuchtet ist, aber im Ausnahmszustand und der Ausnahmsszenerie des unmittelbarsten Datums.) Es sind groteske Beispiele, und sie gehören auf eine Experimentierbühne, die mit dem Leben nach einer strengen Formel anatomische Versuche anstellt und ideale Umbildungen vorführt. Ihrer wartet das Theater der Zehn, das mich wahrhaftig mindestens ebenso wichtig dünkt wie das der Zehntausend. In den Gegenstücken (übertreibend wie diese, aber das Leben zum höchsten Mut seiner Spieler übertreibend und nicht den Gedanken zum höchsten Mut des Lebens) wird Wedekind, wenn auch noch mit etwas mitleidender Schlächter-Freude, die den Atem beklemmt, ganz eigentlich zum Dichter: Er wird zum romantischen Dionysier, der nicht mehr rechts und links die Opfer und Sieger, eine Moral verteilt und tragische Lehren gibt, sondern über die Grenze des Erkämpfenswerten hinausgelangt, sich ins Chaos wirft, weil nun einmal das Dasein aus offenen Posten besteht, die auch die Erkenntnis nicht begleichen kann, und weil das gräßlich Schöne und Interessante der Natur der zwischen Erkennen und Müssen klaffende Zwiespalt ist. Es gibt kein Endgesetz, das Endgesetz ist das Leben selbst. Es gibt keine Ruhe, es gibt keinen Ausgleich, Mann und Weib leben aneinander vorbei, fassen sich, packen sich und können sich nicht finden. Aus Sehnsucht ist die Welt erstanden, aus weiter Öffnung, aus der Unersättlichkeit Gottes: Darum bleibt ja die Unersättlichkeit und Unausfüllbarkeit für alle Zeit als Fluch und Inhalt. Hier ist die Grenze, wo man das Schicksal selber walten läßt. Und hier beginnen die Griechen, auf die sich

Wedekind deshalb in seinem Vorwort zur »Büchse der Pandora« nicht mit Unrecht beruft. Er wird in diesem Stück zum Enthusiasten der Erdenqual. Von Blut, Verworfenheit, Grauen klebt und starrt die Szene - in der nur die Sonne des Weltgefühls fehlt –, aber ihre Menschen spüren den Lebensnerv.

In Wedekinds Werken scheint diese Sonne mit fahlem Glanz, sie ist von den Menschen verfinstert, diese von sich selbst. Aber kann die Sonne scheinen, wo die kalte Kontrolle- und Bilanzwahrheit des Lebens waltet und nicht die wechselnde warme Empfindungswahrheit? Seine Bilanz allerdings ist eine gerechte, seine Kontrolle haarscharf.

Es gibt keinen Moment des modernen Daseins, aus dessen Urgrund sich nicht spielend ein Wedekind-Zitat holen ließe, und keinen Höhepunkt, der nicht selbst ein solches Zitat wäre. Denn er hat diesem Dasein die letzten Hüllen genommen und es nicht wie jener nordische Heros in einen Knäuel von Phrasen und Gesetzen verwirrt und über einen theoretischen Leisten gespannt. Die heißeste Glut des Forderns setzt sich bei ihm zur Eiskälte des Erkennens. Und seine Menschen sind Forderer, die alles oder nichts wollen, sich um keinen Sou betrügen lassen und nach dem Genuß der Schönheit schreien. Überall ist dieser Fanatismus, der die Sinnlichkeit des Denkens und Liebens zur Neige kosten will und an die starke Phalanx des Lebens anrennt oder schon vorher in seiner Lust sich ernüchtert. Die Leidenschaft kristallisiert zu philosophischen Grundworten der Zeit ... Soll man den Dichter um dieser Worte willen einen Moralisten nennen? Oder deshalb, weil bei ihm das Leben recht behält? Der Schiedsspruch ist ein sehr sauer-süßer. Das Leben hat recht, weil es recht haben muß. Sein Selbstzweck-Motiv macht es zum angenehmen Sanatorium für freiwillige Patienten, die nicht mehr verzweifeln wollen, einem Irrenhaus wie jenem, in das sich sein Ernst Scholz begibt.

Es ist müßig, den fünfzigjährigen Wedekind mit der ästhetischen Elle zu messen; denn er gehört zu jenen, die sich selbst geschaffen haben und deren Wert durch die Person des Schöpfers und nicht von Gnaden der Literatur lebt. Es ist müßig, seinem Talent das Kinn zu streicheln und ihn ermunternd nach dem schönen blumigen Gefilde der Formkunst zu verweisen. Denn er ist kein Reviertändler, er ist ein Künder. Darum ist alles an ihm echt und wahrhaft, und darum kann man glauben, daß er sich den letzten Tropfen abpreßt, um echt und wahr zu sein. Er hat es leicht gehabt und sich's schwer gemacht; denn es kam ihm, wie dem wirklichen Original, auf die Sache an und nicht auf sich. Und man kann ihm zum fünfzigsten Geburtstag nur wünschen, in seiner ehrlichen deutschen Art weiter mit sich zu raufen, statt mit den Lorbeerkränzen des fünfzigsten Geburtstages sein altes Konterfei zu umrahmen und es lieb lächelnd in den Schaukasten des deutschen Volkes zu stellen.

Weltfeiertag

Heute vor dreihundert Jahren wurde es auf Erden plötzlich dunkel. Ein Genius hatte das Licht, um das er mehr erschaute als die trübäugige Menschheit um ihn, davongetragen und sie in der aschentrockenen Deutlichkeit ihrer Notdurft zurückgelassen. Die Welt, die von Gnaden seines Frohsinns zu Reichtum wuchs, alles, was rings durch seine mitfreudige Gegenwart rauschte, tönte und leuchtete, hatte ihn verloren und trauerte von der Stunde an um den unwiederbringlichen Wecker. Ein Mensch war gestorben – ein Halbgott geboren. Und so lebhaft wurde die Mitwelt der Verfinsterung inne, so biblisch-augenblicklich begriff sie diese Angrenzung von Lebenszeit und Ewigkeit, daß sein übermütigster Widersacher im frischen Jahrtausendschmerz den Zeitgenossen von gestern zurückrief: Du singst nicht mehr, süßer Schwan von Avon!

Seit diesem Tage gibt es zwei Welten: die, in der Shakespeare lebte, und die, aus welcher er hinwegstarb. Grau und nebelhaft ist diese, und sie wartet durch die Jahrzehnte immer wieder des Menschenkindes, das sie froher und voller zurückwirft; jene aber ist allen geblieben, deren Weg der Dichter begleitet. Sie ist ein Spiegel, ihre Schönheit grenzt an ein Shakespeare-Zitat und sie sucht, je weiter von ihm entfernt, desto mehr nach seiner geselligen Leiblichkeit. Umsonst - er ist Natur geworden, und wer ihn fassen will, muß ihre Sprache sprechen. Dann freilich wird das Wunder Shakespeare greifbar und gewöhnlich, wie der Wilddieb, Schmierendirektor und Raufbold es war. Ein unglücklicher Nachtreter seiner Pfade, Grillparzer, schrieb die Worte hin: »Der Riese Shakespeare setzt sich selbst an die Stelle der Natur, deren herrliches Organ er ist, und wer sich ihm ergibt, dem wird jede Frage, an sie gestellt, nur er beantworten.« Gerade dies aber vermochten die im Heroenkult und Kleinheitsgefühl aufgewachsenen Geschlechter nicht zu begreifen: daß jemand Gott und Mensch zugleich sein könnte, Schöpfer und Schöpfung, Titan und schlichter Geselle. Darum lag dieser Begriff Shakespeare wie ein wilder Felsberg im geistigen Leben, ein Granitblock, den man nicht im leichten Flug überschweben konnte wie die übrige Landschaft der Erde, weil ihn das Staunen nicht umfaßte; und deshalb greifen alle, die zu ihm oder über ihn zu sich wollen, so gerne zu jenem geologischen Sprachbild, daß mit ihrer Ehrfurcht zugleich das Bekenntnis enthüllt, daß sie sich an ihm die Zähne stumpf gebissen haben. Von Herder zu Goethe und von Goethe bis auf unseren Tag - immer dasselbe. Könige des Geistes werden verlegen, wenn sie von ihm sprechen. Der bedeutendste Entwicklungsmensch der Neuzeit zuckt die Achseln und sagt: Man kann über ihn nicht reden, es ist alles unzulänglich! Und der einzig würdige Erbe seiner freien Hoheit, Lord Byron, flieht vor ihm und will ihn nicht sehen ... Natur, Gott, Wunder – hier endigt bei allen das Latein. Und erst ein Mann des neunzehnten Jahrhunderts, Emerson, findet auch noch zu feingezirkeltem ekstatischen Umweg das Wort: »Ein ganzer Mensch«.

Bei diesem Wort wird man auch beginnen müssen, um dem Weltgeist Shakespeare gerecht zu werden. Synthetisch und analytisch, kunstrichterlich und lebenserfahren, kleinpsychologisch und augenverdrehend, haben sie sich alle dem Rätsel genaht: Was unterscheidet die Menschen so sehr von ihm, was entfernt ihn so von ihnen? Was ist das Sonderbare, Dämonische – Shakespeare'sche an ihm? ... »Die Natur«, sagt darauf der Sturm und Drang; »die Imagination«, sagt Taine; »der Geist« Carlyle; »die Wirklichkeit«, unser guter, dramaturgisch-bewegter Otto Ludwig – und jeder dasselbe, ohne ihm näher zu kommen. Keinem gelingt es, was sie doch jedem anderen gegenüber leicht zusammenbringen, sich in ihn zu verwandeln, um aus ihm heraus und ihm ins Papier zu sehen. So bleibt er der Koloß fürs Volk sowohl, dem er verworrene Effekte gibt, wie für die Gebildeten, denen er ja stets noch zu dunkel und grobschlächtig scheint. Der Fehler liegt an ihnen und ihrer Verdorbenheit, an ihrer Mäßigung und Bändigung, an ihrer quellfernen Kultur. Er aber lebte an der Quelle, zog den Weltatem in seine Lungen, wuchs mit Bergen, Tieren, Menschen auf und verirrte sich nicht in Ordnung, Sinn und Behagen. In seinem Herzen war das Brausen, das in jedem ist, bevor er sich in einen Lebenszweck zurückzieht; mit dieser nie verstummenden Musik der Freiheit vernahm er alle Musik des Lebens, die unschuldig-wilden Rhythmen seines Fühlens flossen zum Kreislauf der Natur, er kam mit Pathos zur Welt und verlor es an kein abseitiges Streben. Die Sprache selbst wirkte ihm dieses Wunder. In dieser hallenden, wuchtigen, lebenserhabenen Sprache empfing er von der Bühnengewohnheit das Element, worin seine angeborene Freiheit nun nicht mehr verdorren konnte und zu einem Bewußtsein gedieh, aus dem er die ganze Welt zugleich faßbar nahe und tief unter den Füßen hatte. Ja, Shakespeare war ein Komödiant – aber nur ein Komödiant konnte so hochherrlich thronen wie er, der Staatsmann,

Denker, Feldherr, Witzbold, Hofnarr, Bettler und König zugleich war und in nichts davon weniger vollkommen und würdig als im anderen. In dieser Komödiantenart, die Welt als Theater zu empfinden, war er der Naturmensch schlechthin. Wen hätte es nicht einmal im Leben gelüstet, sich so toll im Wirbel der Welt gehen zu lassen, die Arme auszubreiten, den nächsten Baum zu umarmen, die Kleider abzuwerfen und gleich darauf im fürstlichen Ornat zu schreiten, auf die Heide zu gehen und mit dem Leben so zu schalten, als ob die Zeit nur Raum, nicht Grenze wäre? Shakespeare gelang es. Die anderen aber kennen diesen schönen Größenwahn des Bewußtseins nicht, sie haben das Gefühl verloren, daß die Welt eine Bühne ist und sie deren Spieler.

Und heute? ... Immer mühsamer finden wir zu Shakespeares Menschentum. Die Kultur macht's uns immer schwerer. Das achtzehnte Jahrhundert suchte ihn, eingepfercht in die Enge bürgerlicher Sammlung, mit schwärmendem Gemüt, das neunzehnte litt am sozialen Wachstum und wollte ihn mit zwangsheroischem Verstand erfassen, das zwanzigste sieht ihn als Kraftbewußtsein jenseits aller staatlichen Dämmerkämpfe. So schaut ihn auch das Volk dieser furchtbaren Zeit. Ihm ist Shakespeare vor allem ein Spiegel der eigenen Gewaltsamkeit des uralten Verhängnisses der denkenden Natur. Darüber hinaus aber zieht es ihn zur ideellen Kriegsdienstleistung heran und spannt sein zeitspottendes Pathos ins Geschirr dieser trotz Blut und Eisen so engen Wirklichkeit. Ob nachher, wenn der Staat seine letzte Schicksalsprobe erbracht hat, wieder Platz für Shakespeares komödiantische Weltfreude ist? Oder ob etwa dann erst der Kampf um ihn beginnt und gegen die Formen, die den Puls des Lebens unterbinden und Goethes Wort: »Wie zahm und schwach ist in den lumpigen paar hundert Jahren seit Shakespeare das Leben selbst geworden!« immer wahrer machen ... Gleichviel: Hoffen wir nur, daß die Welt diesen Blutrausch der Nüchternheit gebraucht hat, um, aus der trägen

Sicherheit geworfen und des Erdenreichtums klarer bewußt, im Leben wieder ein Shakespeare-Drama zu sehen: als Schauplatz der Freiheit!

Girardi

An dieses Sterben hätte keiner gedacht, der ihn kannte. Das tiefste, demütig-verdutzte, auf Gott horchende Unglücksgesicht, das seiner Kunst zu Gebote stand, hatte noch einen Schimmer von physischer Heiterkeit, daß sogar die Spitzbubenfalten um seinen Mund nicht wichen und die Augen scheinheilig zur Galerie hinaufkegelten. Sein Leid konnte, wenn auch mit zerrissener Stimme, noch singen, sein Alter Arbeit tun. Symbolisch dafür: der Valentin, der den Hobel unterm Arm trägt, der silberhaarige Weigl, der am Schusterpflock sitzt, und der heisere Aschenmann, der seine Butte umherträgt. Wenn je einer, so hätte er auf der Bühne verscheiden müssen. Statt dessen wurde er über Nacht zum Krüppel. Mit dem Bein, das ihm die Ärzte vom Leibe trennten, sägten sie ihm Kunst und Gegenwart ab. Wäre er sich dessen bewußt geworden, sein Gesicht hätte nicht mehr unglücksfromm und zu Hiob-Couplets gestimmt, sondern starr und bitter dreingeblickt – denn für wen wäre es nun dagewesen? So aber benahm sich die Stadt, die sonst roh genug sein kann, ihrem Liebling gegenüber liebreich, sie verschwieg, was sie wußte, und sah mit so verstellter Heiterkeit auf sein Krankenbett, daß er nun doch wie auf der Bühne wegstarb.

Doppelt rührend wird dies Ende eines Künstlerkindes, da es ein jäher Absturz war; ein Absturz von der jüngst erreichten Höhe eines zweiten Lebens, des k. u. k. Hofburgtheaterlebens. Zwar war die berühmte Bühne mehr bei ihm zu Gast als er bei ihr; sie wohnte den Glanzfesten seiner Kunst mit toter Würde an. Aber doch empfand er die Zugehörigkeit zu ihr in seiner kindlichen Art als Ehre. In der

Rückschau erscheinen diese zwei Monate Burgtheater, dieses rasch durchflogene Endglück wie ein Schicksalspendant zu dem, was die Wissenschaft »Euphorie« nennt – das kurze Aufflackern vor dem Niedergang. Er durfte solemnen, traumhaft-glücklichen Abschied nehmen. Daß er an einem neuen Anfang stand, möchte ich bezweifeln. Aber die ewige Wiederholung seines alten geliebten Ichs wäre immer Offenbarung geblieben.

Dieses Ich und nichts sonst war seine Kunst, sein Zauber. Er brauchte es, wie man weiß, nie besonders anzuschminken, zu drapieren und abzutönen, konnte es auch gar nicht, und der kleinste Komödiant war ihm in dieser Farbkunst über. Er gehörte nicht zu jenen Schauspielern, die ein starkes, einbildungskräftiges Temperament befähigt, ihre Unpersönlichkeit in tausend Gestalten verwandeln zu lassen (selbst die größten und herrlichsten waren von dieser Art), sondern zu den ganz wenigen, drei-, viermal in einem Jahrhundert geborenen, deren Persönlichkeit alle Gestalten ausfüllt. Sein Vorgänger und Blutsbruder Raimund war ein solcher Künstler. Von den Lebenden weiß ich keinen.

Worin aber lag die Anziehungskraft dieser Persönlichkeit, worin ihr Wesen und ihre Wirkung? Das ist bei den Einmaligen nur auf tausend Seiten zu sagen und umso schwerer, je allgemeiner der Typus ist, den sie auf ihre intensive und originale Art verkörpern. Sein Typus war: der alte, das heißt ausgestorbene Wiener vom Schlag des Valentin, Rappelkopf, des Simplizius Zitternadel, des Herrn v. Lipps und des Weinberl. Zu seiner Kennzeichnung hat man nach wie vor bloß die Worte »Gemüt« und »Hamur«. Aber sie hatten früher einen Sinn. Sie bedeuteten: ein Geschöpf, das, auf zwei festen, redlichen Bürgerbeinen stehend, dem Leben weniger als dem Himmel traute und darum zu Verträglichkeit und Spott gestimmt war, aus sich und den anderen gern einen Narren machte und doch tiefernst seinen Gott in sich trug. Girardis besondere Abwandlung dieses Geschöpfes stellte es dar, daß sein Komödiantentum Spott und Demut, Ironie und Güte durcheinanderwarf und ihr Wechselspiel ewig unentschieden ließ. Er hat das Geheimnis, ob er ein hinreißender falscher Kerl oder ein entzückender guter Kerl war, ins Grab mitgenommen.

Hier hat man seinen Typus, den ethnologischen Grundriß seines Wesens. Dessen Geheimnis und Wirkung aber war: Selbstbesessenheit. Das Wort scheint bei der humorvoll-bürgerlichen Art Girardis nicht am Platze. Und doch trifft es zu. Er glaubte an den Komödianten in sich mit doppelter, zehnfacher Macht als jeder andere, liebte und hätschelte ihn, fühlte sich als Mittelpunkt - und war es. Er hatte die Girardi-Manie. Derart übrigens, daß er wie wenige seines Schlages im Leben die Bühnenrolle fortzusetzen schien und man nie wußte, ob er im Theater Privatperson oder im Privatleben Komödiant war. Er war vom komödiantischen Eroberungsinstinkt durchkribbelt und bis zum Explodieren angefüllt, daß seine Gesichtsfarbe wohl davon allein schon so hochrot und mangelhaft abgeschminkt aussah, Mund und Augen in zuckendem, unbändigwildem Spiele sich bewegten (ein Anblick, der unaufhörlich fesselte) und seine rauhe Sprache so saftgetränkt und unterstrichen aus seinen Lippen hervorkam, daß die Worte kubisch wurden und Silben oft wie Hobelscharten ritschratsch herumsplitterten. In seinem Munde kollerte Sprache. Sie wurde ihm beinahe zu viel. Daß er sie deshalb gern durch Fehlbetonung und affektiertes Sprechzeremoniell, durch das Kauen und Lippenwerfen lächerlich machte - wozu seine hochachtungsvoll-parodistische Beziehung zum Hochdeutsch, das ihm als eine Entgleisung ins Moralische galt, das Ihrige beitrug –, hatte er mit anderen gemeinsam. Aber bei keinem offenbarte diese Unbarmherzigkeit so viel Liebe. Freilich wäre all dies, die ganze Summe seines gesteigerten und überhitzten Komödiantentums, am Ende ohne Belang geblieben, wäre er dazu nicht ein Mensch, ein Vollmensch gewesen. Das ist die natürliche Erklärung des Wunders Girardi: daß ausnahmsweise ein Mensch Komödiant war, ein Dreidimensionaler auf der Stätte der Zweidimensionalität agierte.

*

Der Mensch Girardi stammte aus einer anderen Zeit. Aus einer, die noch den Begriff »Bürger« – als ein tiefer in der Sittlichkeit wurzelndes Wesen – kannte und wo der Komödiant nichts anderes war als ein Bürger von schlamperter Lebensführung, aus der Kleinwelt gerissen, aber mit einem unheilbaren Drang zur bürgerlichen Moralität. Girardi spielte erst unlängst in einem neuen, ebenso belanglosen wie durch ihn unvergeßlichen Spiel eine solche Figur: den Wiener Stegreifdichter Ferdinand Sauter. Wie er diesen melancholischen Saufbold verkörperte, stand ein anderer Ferdinand da: Raimund. Welche geniale Nachfühlung dessen Wesens, wenn er wie zwischen Bürgerlichkeit und romantischem Vagabundentum zerrissen, zu schwer und voll für die Welt der Geselligkeit, zu unordentlich, tummelfroh für die des Gevattertums und dabei weniger von Melancholie als von dem aus einem hoch-deutschen Büchel gelesenen oder von der Bühne gehörten Wort »Melancholie« vergiftet schien! Dieses Schuldbewußtsein, daß er für die Bühne geboren sei und doch nicht ganz hingehöre, dieser bürgerliche Überrest seines vom Komödienspiel nicht völlig gesättigten Wesens, ergab Raimunds wie Girardis Überlegenheit, sie war beider moralisches Plus, aus dem heraus sie ihre Mitspieler überragten und der eine von ihnen selbst zum Dichter wurde. Vielleicht wäre es unter Umständen auch der andere geworden. Jedenfalls war das Extempore, das ihm aus dem Bühnentonfall so oft und leicht in den Mund flog und sein Erbe von Raimund und Nestroy her war, dichterischer als das meiste von dem, was er seinen Rollen nachsprach und durch seine Kunst des Einlebens wieder in Improvisation verwandelte! Als eines der letzten erzählt man sich die Bemerkung, sein Engagement ans Burgtheater sei »halt eine noble Aufbahrung«.

Eine solche ist es, anders und tragischer als er dachte, geworden.

*

Raimundisch war auch sein Gesicht. Nicht so sehr in den Einzelzügen, als in seiner angeborenen Tragikomik darin, daß sich hinter seiner Spitzbüberei der Schmerz, hinter dem Schmerz die Spitzbüberei duckte, daß er in derselben Falte Spaß und Unglück stecken hatte. Wenn man es ruhig und unbewegt, mit den vorwurfsvoll-großen, ängstlich in die Welt erwachten Augen, der wie zu frühem Wissen ungnädig hineingepatzten Knollennase und den domestikenhaft-mokanten Lippenfalten vor sich sah, konnte man nicht glauben, daß seine verborgene Tragik ausgeschöpft sei. Sie hatte aber wohl in diesem Ausdruck gerade ihre Grenze. Eine Nuance mehr - und er wäre parodistisch zerflossen.

In jener weihevollen, andachtsdurchglühten Ruhe aber half er ihm zu seiner großen Kunst: dem Coupletgesang. Erinnern wir uns rasch, ehe die Erinnerung versteinert, dieses Phänomens:

Belanglose Worte, Geplauder, immer langsamer, überlegter werdend - ein betonter Schlußsatz, den das Orchester aufnimmt. Girardi fährt mit der Hand nach dem Hals, rückt den Kopf im Kragen zurecht, äugelt zur Decke – ein atmosphärischer Wechsel tritt ein, von Fröhlichkeit zu banger Windstille. Er wird feierlich, ein dialektisches, g'stanzelschlichtes Sprachrohr Gottes. Die Worte vibrieren von ausgeklärtem Schmerz, sie klingen wie das Bekenntnis eines Einfältigen, der seine schlichte Sache an die Öffentlichkeit trägt und mit ihr so selbstsicher-intim wird, als hätte er ihr Großes zu sagen. Jede Silbe ein Bild, jede Zeile eine Welt. Der Kleinmensch spricht. Und die große Kunst hält den Atem an . . . Das war ein Couplet Girardis.

*

Ein Couplet allein! Seine ganze Art. Er steht noch immer vor demselben Souffleurkasten, auf derselben Bühne und singt sein Hobellied. Aber wie man ihm näherkommt und ihn zu greifen sucht, sieht man, daß seine Leiblichkeit geworden ist, als was sie uns von jeher bedünkte: ihr eigenes Denkmal.

Goetze und Ketzer

Nachwort zu Hauptmanns Geburtstag

Ein Hamburger Theaterblatt hat – ach Gott wie spaßig! – bei der jungen Generation eine fingierte Rundfrage veranstaltet in betreff: Gerhart Hauptmann. Antworten: »Oller Hauptmann!« – »Ach ja, ganz nett« – »von mir hätt' er det lernen müssen« – »nischt zu machen, alte Schule!« – »braver Mann« usw. – man kennt das Gesicht solcher Ironien und weiß, wie sich darin, vorweggenommen, das Beifallsgegluckse des Spießers, das Verständniszwinkern seiner Augen abmalt.

Ihr Inhalt: Die Kleinen steigen den Großen auf den Buckel. Die Formel ist nicht neu. Sie wird jederzeit abwehrend gebraucht, wenn es gilt, einen Hinaufgekommenen oben zu halten, einen neuen Götzen vor intimer Betappung zu schützen. Denn die Würde dieser Germanisten- und Literatenseelen kennt nur zweierlei: donnerndes »Ha-ha!« gegenüber dem Anfänger, maliziöses »Ei-ei!« gegenüber den Opponenten, die es wagen, ihn zu tadeln, wenn er einmal zum »Dichter seines Volkes« arriviert ist. Zwischen »Ha-ha« und »Ei-ei« gibt es für sie kein Mittelding.

Auch Hauptmann war für sie einmal ein »Ha-ha«-Fall. Das war anno »Fuhrmann Henschel« und »Pippa«. Er hat inzwischen über etliche »Griechische Frühlinge« und Hexameteridyllen hinweg Karriere gemacht. Heute wird er, obwohl klein an Körpergestalt, im Visions-Mattfarbendruck des »Simplizissimus« bereits als weißhäuptiger Wolkenriese dargestellt, der dem deutschen Michel am Bett erscheint. Scherls Klappkamera sucht ihn in Huldmomenten. Er hat beim Volk der Vergötterer, das nur achtet, was ihm fern ist, glücklich Götter- und Goethe-Format. Darauf kam es an. Kleingewachsene, Streitbare, Zeitbeteiligte, Warmdurchblutete kann die Nation nicht schätzen. Sie braucht die Vorstellung von Riesenwuchs und Tertiärschädel - siehe Hindenburg! - sie will, und das war es, was der olympische Fuchs Goethe heraus hatte: Distanz, Unnahbarkeit, majestätische Form. Der Mensch unter Menschen imponiert ihr nicht. Erst der hunderttausendfach abgestempelte, durch immer mächtigere Trichter geblasene, nobelgesalbte Name. Meint ihr, die Eigenschaft sei heroisch und aristokratisch? Nein, sie ist sklavisch und plebejisch. Nur dem Plebejer ist Nimbus und Herablassung, Größe und Entferntheit dasselbe. Der geborene Aristokrat spürt den Großen auch, wenn er mit ihm per Du ist. Hier ist die Ursache, warum Goethe – Generalzeuge für dieses Gebiet –, der mit den Franzosen und im Französischen so durchaus umgänglich, etikettelos, ja vertraulich-heiter sein konnte (ich denke an die entzückenden Randnotizen zum »Rameau«), den Deutschen, getreu Friedrichs des Großen Beispiel, ein so verdrießlich-kaltes, pädagogisch-souveränes Gesicht zeigte. Er wußte, was sie wollten und wann sie verehren.

Hauptmann ist also glücklich dahin gelangt. Das lyrisch bewegte Dorfschulmeisterlein - ein anderer, nördlich-strengerer Rosegger, der in Berliner Judencafés Ibsen und das Theater kennen lernte und nun die beiden Hälften, die angeboren menschliche und zugelernt literarische, in sich verschmolz – steht heute auf dem Goethe-Piedestal. Ja, er hat, da sein Gesicht ohnedies darauf gestimmt ist, auch schon den Goethe-Gestus. Wenige wissen und wußten um das Geheimnis dieses Gestus - vielleicht als einziger: Schopenhauer. Die meisten nämlich halten ihn für die Ruhe des Weisheitssatten, für den Ausdruck wolkenthronenden Erkennens. In Wirklichkeit bedeutet er eine Beachtung, die sich sphinxische Züge borgt - die Verachtung von der Genie-Höhe auf die Gemeinen herab - die Verachtung des Gehirn-Aristokraten gegenüber den Gesinnungsplebejern. Nur so und nicht anders erklärt sich Goethes merkwürdige Staats- und Volksanschauung, sein Ausreden schaffender, Professoren labender Reaktionarismus. (Was ich in einem demnächst erscheinenden Buch darüber schrieb, ist einseitig-befangen - d. h. richtig von einer Seite.) Weiß nun Hauptmann auch um dieses Geheimnis? Wer seinen Ursprung und den Umfang dieser geistigen Welt kennt, darf es bezweifeln. Er kennt nur die Positur, er kennt nur die Haltung vor dem deutschen Unsterblichkeits-Amateurphotographen. Der ruft ihm zu: »Bitte ein strenges Gesicht!« – »Mehr noli me tangere bitte!« – »Sich nicht in die Zeit mischen!« Hauptmann, durch die Stadien von Naturalismus, Symbolismus und Neo-Klassizismus emporgekommen, macht das entsprechende Gesicht, nolit das tangere und bleibt reserviert. Er weiß: dem Zeitenführer ist es verboten, mit den Passagieren zu sprechen. Also schwieg er. Schwieg zum Kommunismus wie zum Nationalismus, zu Liebknecht und zu Erzberger, nach links und nach rechts. Der Dichter steht bekanntlich, einem alten deutschen Vorurteil gemäß, über den Parteien. Er läßt sich nicht herbei, den Schmerz der Zeit in ihrem eigenen Schoß mitzufühlen - Goethe sein heißt ja: sich in Weimar verstecken.

Das ist des Verehrungs-Pudels Kern. Den Wedekind nehmen sie leicht, weil er »Partei« war; d. h.: weil er mitblutete, statt gefrorene Tränen zu weinen. Hauptmann sind seine »Weber« verziehen und vergessen. Denn er schrieb später als Antwort auf die große Zeitfrage: die Idylle »Anna«. Er bewies das Talent, zur Götzenwürde zu avancieren, indem er sein hart und straff begonnenes Werk in die Nebelglänze unpräziser Menschlichkeiten hinüberleitete. Er verließ das Leben und stieg in den Jambus. Das ist sein Werk in den Augen der Palladins. Und wenn sie auch heute tun, als ob ihnen der deutsche »Florian Geyer« so wohlgefiele - es gefällt ihnen doch nur, daß er die »Weber«

bloß einmal schrieb und nicht öfter! Daß er dem mißlichen »Ja, ja – nein, nein« auswich in klassische Zonen. Wenn dies geschieht, dann ist im Deutschtum immer der Fall gegeben, daß sich das »Ha-ha!« in das »Ei-ei!« verwandelt.

Aber halt! – da lese ich etwas und widerrufe. Die Berliner Deutschnationalen, heißt es, seien der Feier für Hauptmann ferngeblieben. Der der Zeit so ängstlich fernblieb, erlebt also aus Zeitgründen, daß man sich vor ihm zurückzieht. Dies eine Schicksal hat Goethe mit ihm geteilt. Er blieb für sie der Dichter des »Epimenides« wie Hauptmann für sie der »Weber«-Hauptmann bleibt. Bei Gott! – es ist schwer ein deutscher Dichter sein! Denn so weit nach rechts kann er sich nicht stellen, daß nicht noch immer Platz bleibt, sich noch weiter rechts von ihm zurückzuziehen.

Zwei Parodien

A la Liliencron:

Hurra! der Frühling

Zum Holsteiner Strand kam Frühlings-
 wehen
Und jedes Herz ist weich geworden.
Es gab Prinz Lenz im Vorübergehen
Der Natur den Roten Adler-Orden.
Schrumm! Schrumm! Krach! Krumm!
 Krach!
Die Sonne ist der General.
Heraus, es riesle schnell der Bach!
Die Blumen vor! Die Bäume vor!
Die Mädels schnell hernach!
Das 6te Kavallerieregiment,
Das machte der Schönheit schnell ein
 End'.
Bracht' alles drunter und dröwer
Durch ein sexuelles Manöver.

A la Christian Morgenstern:

Die Untergrundbahn

Die Untergrundbahn, so genannt,
Weil keinen andern Grund sie fand,
Weshalb sie, wenn sie keinen fand,
Auf dem es ihr geläng' zu rollen,
Sich hätte anders nennen sollen –
Die Untergrundbahn unterm Grund,
Den sie nicht also, wie ich wette,
Zu heißen hätt', wenn sie ihn hätte,
Sie tut es ratternd jedem kund:
Na – und der Grund? Der Grund?
 Der Grund?

Hans Nebbich im Glück

Eine Chaplin-Studie

Von Wedderkop, Kapitän des Dampfers »Querschnitt« (Ullstein), von seiner Kommandobrücke aus scharfäugig nach übereuropäischen, intellektsfreien, selbstsachlichen Werten auslugend, sagte mir nach der »Goldrausch«-Premiere über Chaplin: »Wundervoll ... aber an der Grenze, fast schon bewußt ethisch.«

Er wollte damit sagen, daß ihn der niedergehende Feuilleton- und Essay-Regen mißtrauisch gestimmt habe; er gab unwillkürlich, wie's einem passieren kann, dem großen Chaplin für seine kleinen Anbeter schuld.

Er rechnete nicht damit, daß ein Amerikaner gottlob von europäischen Aufsätzen keine Notiz nimmt.

Ja, wäre es nicht so, wäre Charlie Chaplin, vergleichs- und nunancengierig, auf die »Neue Rundschau« und das »Berliner Tageblatt« und die »Literarische Welt« abonniert – man dürfte in Angst um ihn sein. Wie könnte seine lustige Kindlichkeit auf die Dauer der Flut von Adjektiven und Perspektiven widerstehen? Wie sollte sich seine Kunst die problematische Infizierung vom Leibe halten?

Oh, die Spulwürmer essayistischer Betrachtung würden ihn alsdann hoffnungslos eingewickelt haben! Alles, was die tiefbohrend-deutsche Ekstase, die sich mit dem Tatbestand der gottgefälligen Heiterkeit nicht zufriedengeben kann und Horizonterweiterungen ins Problematische, Symbolische, Sozial-Ethische dazu braucht, in Chaplin hineingedichtet hat – seine Ernennung zum großen Mitleidsträger und -spieler, seine Versetzung in den Lenin-Rang –, es käme bei ihm voll schaudererregender sentimentaler Bewußtheit wieder heraus – wir hätten an Stelle des märchenmunteren Charlie einen solchen mit Moissischen Christus-Gebärden. Genau so hat sie ja beinah' den guten Pallenberg ruiniert, der gestern noch ein Shakespearescher Briefträger, heute dank sensitiver Freundeshilfe oft ein Nuancenpietzler ist.

Chaplin, in Deutschland tätig und dorthin zuständig, wäre längst eine Inkarnation der über ihn geschriebenen Aufsätze. In seinem Schlappgang stäke vielleicht schon der ganze Tolstoi.

Doch Gott sei Dank – Amerika, sonst nicht gerade das idealste Land, fordert »Ware« (im Jüdischen sagt man »Tachles«), es läßt sich symbolistische Hineinlegung und sozialethischen Schnickschnack nicht gefallen. Chaplin muß bleiben, was er immer war: der geniale Clown. Wieviel Rührendes, Großes, Zeitgemäßes aus diesem Clowntum strömt – das ist unsere, nicht seine Sache.

Der geniale Clown ist stets auch Kind, Märtyrer, Märchenheld. Die begnadete Unbeweglichkeit seines Gesichtes, die fassungslosen, unentwaffenbaren Hungeraugen, die Ruhe seiner Bewegung im ärgsten Tollhauswirbel, sein Taumelschritt durch Zeit und Raum, die Muskelfaulheit seines übergelenken Leibes, die Verträumtheit seiner Glieder, kurz: die holde Mondsüchtigkeit seiner Existenz – sie stempeln ihn zugleich zum Menschenstiefkind und Götterliebling, verwandeln die Realität um ihn in eine Zauberlandschaft. Nichts überrascht ihn, alles kommt ihm gelegen. Er zieht immer den Kürzeren und bleibt doch immer seinem Wesen, seiner Einfalt gerettet. Der Gerettete, ja das ist dieser Ungeschickte im Vergleich zu den anderen, den geschickten Rettungslosen, und darin liegt der Grund der Liebe, die ihm zufliegt. Die ewig Geretteten stehen höher in der Volksgunst als die ewigen Triumphatoren, Hans im Glück ist ihr heiliger als Napoleon.

»Hans im Glück« ist allerdings eine soziale Legende. Es ist die Geschichte von dem Mann, der geht – wie ja auch Chaplin geht, unermüdlich seines Wegs schlapft, über Stock und Stein, durch dick und dünn, ja mitten durch die Leinwand. Er kennt kein Zuhause, bloß das passionshafte Zugastsein und Wandern. Er geht, vielleicht damit er sich finde, gewiß, um nicht zu sitzen. Er geht wie die Völker gehen und wie die Armen, jede bürgerliche Heimstätte wäre sein Tod (und wenn er sie gefunden hat, ist auch der

Film zu Ende). Der Sinn dieses Wandelns ist das Wandeln. (Siehe Christian Morgenstern: »Der Weg nach dem Sinn ist der Sinn des Weges.«) Es dient möglicherweise dazu, an ihm zu erweisen, daß, wer das Bessere immer gegen das Schlechtere getauscht hat, im Schlechteren sich wohler fühlt.

Ahasver heißt sein mystischer, düsterer Vorgänger. Und dessen oft reisemüden, bei Rastpunkten Zufriedenheit buchenden Züge werden auch in Chaplins Antlitz sichtbar, wenn er einem Mädchen den lang ersehnten Verlobungskuß auf den Mund drückt oder endlich wieder vor einem gedeckten Tisch sitzt. Dann breitet sich eine Zehntelsekunde lang ein Schleier über Chaplins unbewegliche Augen, ein trockenes »So!« huscht über sie, sie tragen einen Profit ins Hauptbuch. Das sind die kurzen Augenblicke, in denen dieser Auserwählte nicht mehr drüber täuschen kann, daß er ein Sohn des auserwählten Volkes ist. Und dann findet man auch sogleich den Titel zu der Legende, die sich in ungezählten Chaplin-Filmen vor uns abrollt: »Hans Nebbich im Glück.«

Die Verhaftung Adolf Loos'

Adolf Loos, der Vater der »Wiener Werkstätte« – im gevatterlichen, auch die Bedeutendsten nach ihrem Meldezettel und Gewerbeschein benennenden Wien hieß er der »Architekt Loos« –, ist unter der Beschuldigung, sich an zwei Kindern sittlich vergangen zu haben, verhaftet worden. In Wien – wie man heute fast aufatmend und ein wenig beruhigt hinzufügen darf. Denn es hat sich leider nachgerade herumgesprochen, daß in der einst so toleranten und menschenfreundlichen Stadt, deren nobelste Eigenschaft von jeher ein Unterscheidungswille für das Gehaben ihrer künstlerischen Mitbürger war, unter dem neuen Polizeiregime ein sehr böser Kanton-Wind bläst, der die Geistigen, einen nach dem andern, hinaustreibt.

Auch Loos gehörte zu den Vertriebenen. Ihm, der hier vor Zeiten manchen Strauß mit der Krähwinkelei und dem Halbspießertum der akademischen Schlapphutträger ausfocht und sich diesenthalben den Ehrennamen eines »Stänkers« erwarb, war nach dem Umsturz die Luft zu eng geworden. Er ging, fünfzigjährig, nach Paris, lebte dort unter traurigen Verhältnissen, aber immer mit der Weltmannsallüre, die ihm von dem feingeschnittenen, müdäugigen Gesicht bis zu der musterhaften Kleidung (ich nenne sie musterhaft, weil er wie sein inniggeliebter Freund Peter Altenberg in den kleinsten Lebensäußerungen immer zugleich hingerissener Propagandist blieb) eingeprägt war. Ja, er sammelte, wie ein seltsamer Prophet der Bagatelle, alsbald einen gewählten Kreis von Jüngern um sich, die sich mit dem fast tauben und das Französische nur radebrechenden Sonderling aus Wien zwar schwer verständigten, aber mit liebevollem Instinkt seinen Wegen nachgingen.

Jahr für Jahr hat ihn, den Mann, der den Zweckmäßigkeitsstil und die Schönheit unverzierter Möbel erfand, Heimweh gepackt – das unzweckmäßigste aller Gefühle. Allerdings nicht sentimentales, sondern geistiges Heimweh, die Sehnsucht des Rebellen nach der gewohnten Angriffsfront. Aber vielleicht hat sein Abstecher nach Wien diesmal nüchternere Gründe. Er sollte auf Einladung eines Fabrikanten in einer böhmischen Kleinstadt Arbeiterhäuser bauen – möglicherweise war Wien da nur die letzte Geschäftsstation. Doch ob so oder so – für Exilanten bleibt die Rückkehr immer ein waghalsiges Abenteuer, und Adolf Loos sitzt jetzt in der Fuchsfalle.

Als er das vorletzte Mal in Wien weilte, stellte er sich auf das Vortragspodium als ein kulinarischer beziehungsweise antikulinarischer Abraham a Santa Clara. Er schwang sich zum kühnsten Angriff auf, den je einer in Wien gewagt hat – zu einem Kernstoß gegen den Lokalgenius – eine Kriegsansage gegen die Wiener Mehlspeise. Die

Köchinnen beiderlei Geschlechts schäumten, ins Herz der »Tradition« und »Kultur« getroffen, auf. Man zischte Loos im Saal nieder. »Ohos« und »Pfuis« durchlärmten die Reihen. Er hätte Schönbrunn und den Prater lästern, er hätte den Vater Radetzky und die Deutschmeister verunglimpfen müssen, ja vielleicht wäre ihm sogar eine Blasphemie auf Grinzing und den Heurigen verziehen worden – aber eine Attacke gegen die Wiener Mehlspeise, nein, das war Landesverrat. Schon einmal und in einer ernsteren Frage hatte er ja seiner Provokationsfreude ein Feuer angezündet und das ganze Wien der Spießer in Harnisch gebracht. Das war, als er, vom Stadtbauamt beauftragt, auf den schönen, ehrwürdigen Michaelerplatz, die Stätte des alten Burgtheaters, ein Geschäftshaus hinzubauen, seinem Haß gegen die sinnlos gewordenen Architekturen der Epigonenzeit frönte und absichtlich, wie ein Stein gewordenes Pamphlet, einen zierlosen, nackten Kasten (eine Art Strafanstalt auf Marmorsäulen) mitten ins lieblichste Barock hineinstellte. Das war ein Gesinnungsexzeß – und er blieb, heute fast selber wieder ehrwürdig, gegen alles Gejohle der Schlapphutakademiker und Protestversammlungen aller derer, welche Kunst und Mehlspeis' auf eine gemeinsame Formel bringen möchten, stehen.

In Wien bekommen sonst die chronisch Unsympathischen mit der Zeit eine Popularität. Es ist die Stadt der beliebten Oppositionsmache, der umwedelten Frondeure. Hat bei Adolf Loos die Regel ihre Ausnahme gefunden, schienen solche Dolchstöße gegen den Geist der Mehlspeise unverzeihlich? Wenn man die Wiener Berichte über seine Verhaftung liest, könnte man's fast glauben. Die übereilige Verhaftung, wo gegenüber dem fast sechzigjährigen, tauben Mann bereits andere Maßnahmen den Gesetzesgang gesichert hätten, die Unbestimmtheit des inkriminierten Vorgangs (er soll Kinder, die bei ihm Modell standen, »betastet« haben), die geradezu auftrumpfende Promptheit eines Polizeicommuniqués zwei Stunden nach der ersten Einvernahme – all dies stimmt den Kenner der neuen Wiener Polizeimethoden (zumal, wenn man sich als Basis der Amtshandlung die Aussagen eines acht- respektive zehnjährigen Kindes vorstellt!) mißtrauisch. Adolf Loos ist kein Normalbürger, seine Art war, wienerisch gesprochen, immer ein bißchen »närrisch«. Aber gerade für das »Närrische« hat die Stadt ja von altersher ein liebevolles Faible gehabt, die Originale, Sonderlinge, Barfußgänger des Geistes standen bei ihr, auch wenn die Fasson ihrer Verzückungen dann und wann, etwa wie bei Adolf Loos' Duzbruder, dem Edelnarren und enthusiastischen Kinderfreund Peter Altenberg, die Moralisten herausforderte, in hoher Achtung. Das alte Wien war eben ein Naturschutzpark für Originale. Die hatten hier sozusagen ein traditionelles, höfisch verbürgtes Asylrecht. Das neue Wien - verhaftet sie. Und schlägt dann sofort auf die Pauke: wieder einen!

Man verlangt für den Künstler und Eigenbrötler gewiß kein gesetzliches Ausnahmerecht. Aber gerade in Wien, der Stadt des Taktes, huschten früher Verfahren, welche die paar Ausnahmemenschen betrafen, vor endgültigen Schuldnachweisen auf leisen Sohlen. Und es bleibt immerhin eigentümlich, daß dem Vielgereisten, viel Umhergetriebenen das tragische Malheur ausgerechnet in Wien passierte ... der Stadt, die er so oft und ausgiebig gereizt hat.

Der Traum von der vierten Galerie

Zu Max Reinhardts 25jährigem Direktionsjubiläum

Wer sind die großen Männer?

Die, welche ihrer Zeit den Traum ihrer frühen Jugend als Wirklichkeit aufzwingen.

*

Vor bald vierzig Jahren kam aus Preßburg, dem kleinen, deutsch-ungarischen Donaustädtchen, wohin die uralte Theaterkultur Wiens von jeher ihre Reflexe warf – die Provinz lebt immer mit schwärmerischer Gier die Kunstereignisse der Großstadt nach – ein kleiner Lehrknabe: er hatte nichts als zwei ruhige, fast etwas lauernde Ehrfurchtsaugen. Trat in ein Geschäft ein, wo es zunächst seine Obliegenheit war, mit der Gießkanne die sogenannten »8«er aufzuspritzen. In der freien Zeit aber stand er auf der 4. Galerie des Burgtheaters und lauschte mit verhaltenem Atem seinen Göttern.

*

Die »Burg« hatte damals noch ihre große Zeit; sie war eine Ruine – aber von welchem Marmoradel! Ein Konvent erlauchter Greise führte das Szepter: Sonnenthal, der Kavalier und Heldenvater, Baumeister, der knorrige Eichstamm des Hauses, Lewinsky, der geistreiche Schurkendarsteller, Hartmann, der tänzelnde Charmeur. Und die Wolter spielte noch! Und Mitterwurzer, das unenträtselte Genie, das um 5 Uhr früh bei den Franziskanern im Beichtstuhl saß und sich am Abend zum schwarzen Bösewicht schminkte! ... Es waren Shakespeare-Abende der Kunst, auch wenn zufällig ein Schwank Gustav Mosers oder ein Komtessenlustspiel Scribes auf dem Zettel stand.

Aber ... man spürte den Niedergang. Nicht dieses Hauses allein, sondern seiner großlinigen, deklamatorischen »Richtung«. Und man sah, je inbrünstiger die Künstler hier dem Wort und der Gebärde hingegeben waren, um so mehr das Morsche, das Baufällige – ja sagen wir es ruhig: das Schäbige des Bühnenrahmens.

Oben auf der 4. Galerie stand ein 15jähriger Junge, der mochte es, ungeachtet, ja vielleicht infolge seiner Begeisterung stärker sehen als die anderen; denn er hatte sich, was er hier erblickte, in seinem Heimatstädtchen noch weit goldener und prunkender ausgemalt – in der Abgeschlossenheit und Enge träumt man ganz anders vom Glanz der großen Welt, als Aug' in Aug' mit ihr.

*

Der kleine Enthusiast bekam einen Platz auf dem Konservatorium. Kaum 18jährig durfte er Theater spielen: draußen in Meidling bei Sulkowsky, dem Burgtheater der »enteren Gründ'«.

Merkwürdig: der Blutjunge spielte nicht Helden und Jambenritter. (Dazu hätte vermutlich Gesicht und Statur auch nicht gepaßt.) Er wählte sich die starken Episodenfiguren, die Charaktertypen älteren Jahrgangs, schminkte sich in das altkluge Knabenantlitz Runzeln und Furchen.

Er war älter als seine Altersgenossen.

*

Ein paar Jahre später sitzt er in einem Berliner Kaffeehaus Unter den Linden und bespricht mit Kameraden ein Projekt: eine Art Jux-Bühne zu schaffen, wo alles, was im allzu pathetischen, allzu deklamatorischen Sinn »Theater« ist, parodiert werden soll. Eine Idee, geboren nicht nur aus Übermut, sondern aus seinem Gegenteil: dem Überschwang. Denn, wenn die Gründung auch zunächst eine Art ins Szenische übertragene »Matura-Zeitung« darstellte, wo absolvierte Schauspielschüler ihre Rebellion gegen die »alte Schule« austobten – hier war eine Stätte, wo man endlich hemmungslos spielen konnte, sich ausgeben, seine Phantasie ausleben, und – herrschen! Reinhardt hatte sogleich die Zügel in der Hand. Der Grundstein zu seinem späteren Direktionstum ist gelegt. Die Juxbühne bekommt den Namen »Schall und Rauch«.

*

Es ist die alte Blütezeit des Naturalismus. Ibsen und Hauptmann beherrschen den Spielplan. Dazwischen blitzen Eintags-Kühnheiten wie Halbes »Jugend«.

Noch führt der kluge Dr. Brahm seinen Zuchtstab über die Schauspieler, verwandelt die Probenbühne in einen Kasernenhof für angewandte Psychologie. Ein abgesprengter Teil seines Ensembles geht mit den neuen Sensationsstücken auf Reisen, zunächst nach Prag: der Führer ist 25 Jahre alt und heißt: Max Reinhardt.

Jetzt ist sein Stern im Aufstieg. Er kehrt zurück, macht selber Regie, leitet alsbald sein eigenes Theater. Die naturalistische Jacke ist ihm zu eng geworden – er muß sich Luft machen. Geht Brahms Theatereinrichtung – so mächtig und geistig sie ist – nicht einen Irrweg, nämlich direkt dem Seminar entgegen? Hält die gesunde Natur des Komödienspiels auf die Dauer Gehirndressuren aus? Ist Theater nicht das Gegenteil: weiter, freier Atem – Schönheit – barocker Reichtum – Spiel, Spiel und wieder Spiel?

Es war, möchte man sagen, Reinhardts Burgtheatergewissen, was ihn, den Schüler Brahms, zu dessen Antipoden machte. Der Wiener und Österreicher mußte dem Berliner und Norddeutschen widersprechen. Weg von der deklamatorischen Hohlheit – gut; aber darum gleich weg von der großen Illusion? ... Reinhardt knüpft an den Galerie-Enthusiasmus seiner Jugend an. Aber er geht noch weiter zurück: bis zu den Tagen seiner Preßburger Träume vom großen Glanz der Welt – die Bühne darf nicht mehr so kahl und power und farblos-staubig aussehen, wie er sie von der 4. Galerie aus gesehen hatte ...

Reinhardt, der »Ausstattungsregisseur«, tritt auf den Plan. Und es scheint zunächst, als hätte sich Nietzsches Prophetie erfüllt, die er in seinen Kampfschriften wider Richard Wagner ausspricht: Der nächste nach ihm (Wagner) werde der alleinherrschende Regisseur sein.

*

Das Wunder des »Sommernachtstraums« zieht vorüber. Hermann Bahr, in der Jugendglut seiner stets wachen, stets hilfsreichen Begeisterung schreibt seinen berühmten Bericht in Ausrufungszeichen, der wahrhaft glauben macht, ein neues Zeitalter sei angebrochen. Andere Meisterentwürfe folgen. Und wiederum charakteristisch: der Burgtheatersproß und Wiener Konservatoriumszögling hält es nur mit den ganz großen, den tagentrückten Schöpfern: Shakespeare und wieder Shakespeare und dazwischen Schiller. Ja, es ist, als ob dieser radikal-konservative Reinhardt, der sich von der Literatur des Tages unabhängig gemacht hat, immer aufs neue den Gegenstand seines Enthusiasmus variieren müsse – er inszeniert etliche fünfmal »Kabale und Liebe«, ebenso oft die »Räuber«, und nicht seltener Shakespeares Lustspiele. Es gab in den 25 Jahren dieser ewig-wiederholten Arbeit Menschen, die die Wiederholung für ein Zeichen der Erstarrtheit und Einfallslosigkeit hielten. Sie wissen und wußten eben vom Wesen der »genialen Manie« nichts: daß der wirklich Schöpferische nämlich nur ein einziges Werk auf dem Herzen hat, das er aber Zeit seines Lebens immer neu der Vollkommenheit und seinen Träumen entgegen abwandeln möchte.

Natürlich war Reinhardts schöpferische Manie – die Inszenierung auf Glanz, Farbe, Üppigkeit hin – ein Extrem, wie Brahms psychologische Rekrutenexerzierung eines war; in der äußeren Fülle erschien der Darsteller manchmal um so viel leerer. Und es ist wahr, daß von hier eigentlich erst die verhängnisvolle Vorherrschaft des Regisseurs über den Schauspieler ausging. Aber – der Knabe aus der engen Gasse mußte zunächst sein Recht haben. Es war nicht alles klassisches Bildungsgold, kam nicht immer aus der tieferen Imagination von der Dichtkunst, sondern eher aus der Zone des Weitläufig-Malerischen, ja manchmal geradezu: eines vernobelten Schmierenzaubers, was da auf den Zuschauer eindrang - aber es war die Erneuerung eines Traumes, der uns allen verlorenzugehen schien: des Traumes vom optisch Schönen - vom hinreißend Dekorativen.

*

Nur ein Mann, der aus der Kleinstadtenge stammte - und doch nur wenige Kilometer von der freudigen Residenz entfernt - konnte den Drang und Schwung zu dieser Erneuerung fühlen. Die Abkunft ist immer entscheidend. Ein paar soziale Sphärengrade höher - nehmen wir an, auf dem Niveau des Großbürgertums oder etwa schon leise angesnobten Patriziats - und Reinhardts Abende wären nicht minder ins Tiefe als ins Breite gegangen, sie hätten dann vermutlich nie die Luft der Überladenheit und Treibhausschwüle geatmet, die sie zuweilen ausstrahlten. (Als Kennzeichen eines Sich-nicht-genug-tun-Könnens.) Aber - es hätte alsdann überhaupt keinen Reinhardt gegeben; wir hätten auf die leuchtende Phantasiekraft, auf das Traumgenie dieses Mannes ganz verzichten müssen, wovon erst im vorigen Jahr die in bezaubernden Renoir-Farben schwelgende Neuinszenierung der »Fledermaus« ein so beredtes Beispiel gab. »Was wünscht du dir?« fragt in der Anekdote ein Schnorrer den andern. »Ich wünsche mir«, entgegnet der, »reicher zu sein als Rothschild.« - »Reicher? Warum so unbescheiden?« - »Nun«, meint der andere, »wenn ich mir schon wünschen darf!« Reinhardt ist ein Genie im Wünschen ...

*

Die im Wünschen maßlos sind, geben der Kunst immer den Maßstab. Ihre Unersättlichkeit duldet nicht, daß sie verblassen und sich verringern.

Wie wichtig sind diese Träume! ... Wie wichtig sind diese Träumer! ... Die Welt wird mit jedem Tag mehr von Puritanern gegeißelt, Politiker, Phrasenmacher, Gesinnungsfexen bläuen ihr die Lehre vom unfrohen Dasein ein, setzen ihrer Freudefähigkeit Blutegel an, machen aus der Schönheit eine Todsünde. Da kommt einer, schenkt dem Aug' und Ohr der kindgebliebenen Menschheit neue Wunder, wacht über der unverminderten Freude wie andere über die Sitte – trägt seinen Traum von der 4. Galerie über die Welt.

*

Der Traum von der 4. Galerie ... Das Burgtheater blieb, bewußt und unbewußt, Reinhardts lebendige Schöpfungsquelle. Er kehrte, nachdem der große Farbentraum einmal verwirklicht war, selber wieder an den Ursprung zurück: setzte den Schauspieler neu in sein verlorenes Recht ein, machte ihn wieder zum Herrn der Szene, und nannte sein neueröffnetes Wiener Theater fast programmatisch und wie in Auflehnung gegen den – von ihm mitverschuldeten! – Typ des Regie- und Richtungs-Theaters »Die Schauspieler in der Josefstadt – unter Führung von Max Reinhardt«. So kam er im großen Bogen an den Ausgangspunkt seines Theateridealismus zurück: eben zum Burgtheater.

Doch warum nur symbolisch? Weshalb durfte der 4.-Galerie-Enthusiast nie selber als Herr dort einziehen? Warum rundet sich der Bogen dieses Künstlerdaseins äußerlich nicht so wie innerlich?

Ihr müßtet die sogenannten Instanzen fragen. Die gleichen Amtsorgane, die Bruno Walter den Zugang zur Staatsoper versperrten. Vielleicht flüstern sie Euch dann ganz verschämt und zaghaft ins Ohr ... daß Reinhardt früher einmal Goldmann hieß.

Lexikon berühmter Sachsen

[. . .]

Bötticher, Hans. Abart des Ringelnatz. (Siehe diesen.) Nistet sich, von sächsischem Abenteurertrieb ergriffen, mit Vorliebe als blinder Passagier auf Schiffen ein. Möchte überhaupt für sein Leben gern auf das Titelbild des Knabenbuchs kommen, das er als Knabe in tausend Stücke zerriß.

Körner, Theodor. »Das Kinderlallen der jungen Freiheit, die in der Wiege starb«, sagt Börne von ihm. Daß er den Weg vom Abiturium zum Heldentod mit Euphorions Schnelligkeit durchmaß, hat das Sachsentum um einen poetischen Belang bereichert.

Leibniz. In weiteren Volkskreisen als schmackhaftes Keks bekannt. Erfand, soweit Philosoph, um in den Kosmos Ordnung zu bringen, das sogenannte Monadensystem, eine Kreis- und Bezirkseinteilung der Unendlichkeit. Erwarb sich durch die Entdeckung der »prästabilierten Harmonie« (die Gemütlichkeit der Sphären) das Verdienst, die bedeutendste satirische Schöpfung der Weltliteratur anzuregen: den »Candide« Voltaires.

Lessing, Gotthold Ephraim. Rückhalt aller Oberlehrer, die vermeinen, sich eine Brille aufsetzen, heiße ein Ding betrachten. War streitbar, doch nicht rechthaberisch; saß über Kunstwerke zu Gericht, ohne sich für deren Richter zu halten. Zwei Eigenschaften von so unsächsischer Prägung, daß sie fast den ersten Satz seiner Schulbiographie auslöschen: ». . . geboren zu Kamenz in der Ober-Lausitz.«

May, Karl. Juveniler Traum der Sachsenseele. Gipfelung der Romantik, die sächsische Lehrerinnen auf Gipfel führt. Verpflanzte den christlichen Palmzweig in die Urwälder Brasiliens; übertrug dafür den Bambus ins deutsch-christliche Heim, wo die zur Erziehung der Karl-May-begeisterten Jugend so tauglichen Stäbe daraus geschnitzt werden. Erhob das Aufschneiden in den dichterischen Rang des Camoens. Gab Nietzsches Übermenschen die

Lesart »Old Shatterhand« und den U-Boot-Helden ein Vorbild.

Nietzsche, Friedrich. Wurde zur Züchtigung seines Übermuts in Sachsen geboren. Verdankte sein Lebenswerk dafür der Zwangsvorstellung, daß alle Deutschen Sachsen seien. Wandte an die Bekämpfung des Philisteriums eine furiose Ernsthaftigkeit, die ab und zu mit dem bekämpften Gegenstand fast Familienähnlichkeit aufweist, allerdings nicht mehr als Er mit

Förster-Nietzsche, Elisabeth; Schwester des Vorgenannten. Suchte als dessen Erbwalterin tunlichst die Schande zu reparieren, daß aus dem Schoß einer hochachtbaren Familie ein Genie entsprungen war. Bemühte sich zu diesem Behuf um den Nachweis, daß der Antichrist allzeit ein guter Sachse war.

Paul, Jean. Variété-Humorist. Mit dem gleichnamigen Dichter aus Wunsiedel weder verwandt noch identisch. Erfinder des Umhängebauchs. Schöpfer des klassischen Satzes: »Ich hab' einen Bruder ... in Schbiiriduus ...« Im übrigen: Inkarnation des guten Sachsentums. Erbrachte nämlich durch die Komik, die aus der Seriosität stammt, den Nachweis, daß alle Knockabouts aus Sachsen stammen.

Reimann, Hans. Sachse mit negativem Vorzeichen; also positiv Sachse. Klassenprimus, der den bösen Jungen mimt. Der einzige unter den lebenden Dichtern, der die »Bürgschaft« auswendig kennt. Täuscht durch parodistische Fehlbetonung über diese Kunst hinweg. Ein rühriger Spaßvogel, nimmt er die Welt voll Umsicht und Gewissenhaftigkeit von der heiteren Seite.

Ringelnatz, Joachim. (Siehe Bötticher.) Abart der Kellerassel. Kommt aus den untersten Stockwerken des sächsischen Ingeniums. Kriecht gerne in Fässer und führt dann lustige Sprünge auf. Zu sich gekommen, bewegt er sich wie ein normales Erdgeschöpf und wird sodann bei Ernst Rowohlt verlegt.

[...]

Sternheim, Carl. Bekannteste Sternheim-Figur der Gegenwart, geb. in Leipzig, verdankte diesem Zufall der Geburt das Grundgefühl seines Daseins: trotzdem kein Deutscher zu sein. Übertrug infolgedessen seine Werke vor deren Abfassung ins Französische des Molière, um sie von da als Übungsbeispiel einer Konversations-Grammatik ins Deutsche zurückzuübersetzen. Der Verleihung der Würde eines Marquis, die er für sich in Aussicht genommen hatte, stellten sich im letzten Augenblick familiäre Bedenken entgegen; es war für eine solche Rangerhöhung unmöglich, Sternheims zu Verwandten zu haben.

Treitschke, Heinrich von. Rief der Geschichte zu: »Hab' Sonne im Herzen!« Erfand zum Hohlkopf den Goldhelm; kleidete Bediente in den Herrscherpurpur. Schuf so den Heroismus der Barbiere.

Ödön Horváth: »Der ewige Spießer«

Dieser Ödön Horváth, dessen Name so eigenartig nach Mord-Chronik, Steckbrief, k. k. Armee-Überbleibsel klingt, ist ein Ausnahmefall unter den Exzedenten seines Geschlechts. Ein amorphes Stück Natur; vulgär wie ein Noch-nicht-Literat, souverän wie ein Nicht-mehr-Literat; aus Elementarem und Dilettantischem gemengt. So könnte die Rohschrift eines großen satirischen Erzählers aussehen; aber auch die Reinschrift eines genialen Abenteurers, der sich für einen Schriftsteller ausgibt. Doch wie immer die Zukunft diese Unbestimmtheit kläre; wie unaffektiert ist die Derbheit dieses Zuchtlosen, wie unrenommistisch seine Kühnheit, wie phrasenlos seine Überzeugtheit im Vergleich zu allen den andern, vom Bronnen bis zum Lampel! Und wie hell und selbstvergnügt sein Humor ...! »Der ewige Spießer« sollte übrigens heißen »Der neue Spießer«; denn der mit Mikosch-Witz erfaßte Mikosch-Typ, um den es sich hier, ungeachtet der bayrischen Couleur, dreht, ist nicht mehr Moral-, sondern Immoral-Spießer; ein strotzender, ordinärer, nicht einmal ganz ungütiger Klachel, der sich aus Zeitungsphrasen einen Machiavellismus des kleinen Mannes gebraut hat; ein Windhund mit Fettnacken sozusagen. Angeklagter Horváth - wie Sie den schildern, das ist geschriebener Daumier. Hoffentlich sehe ich Sie als Schriftsteller wieder.

Hofmannsthal

ist seit einem Jahre tot. Aber könnte es nicht ein Jahrzehnt her sein, ein Jahrhundert? Von heute gesehen scheint es, daß er ein Letzter war, der Vollender einer Kultur, die mit ihm das Zeitliche segnete. Wir haben diese Kultur - ich schreibe fast mit Befangenheit hin, daß es die österreichische war - zuweilen bloß für eine parvenühafte Schönrednerei gehalten, die sich und uns über die Wirklichkeit hinwegschwindeln wollte, für ein erlauchtes Etepetete, das die Bibliothek mit der Realität verwechselte. Deshalb gehörte es für uns beinah zum bon ton, ihren Dichter, der als der schwarzgelbe Goethe in seinem Rodaun (bei Wien) thronte, nicht ganz ernst zu nehmen, ihm sein aristokratisches Näseln spöttisch nachzuäffen. Heute aber, wo Kultur - nicht im deutschen Sinne des Wortes und nach der bekannten Formel »Kant + Wasserspülung«, sondern als Inbegriff höheren und hintergründigen Menschentums - eine Rarität ist, und die neunmalkluge Schlagfertigkeit des Tags alles Nobel-Unbegreifliche bloß als einen Salonteppich ansieht, auf dem man seinen Witz hinmachen kann, wirkt auch Hofmannsthals Werk anders auf uns ein. Sich (sei's auch in der Luft eines großen, ehrwürdigen Bibliothekzimmers) als eine Art Hüttenwächter auf den Gipfeln der Menschheit zu fühlen, sich den Zusammenhang von Tradition, Kunst, Glaube und Landschaft in jedem Augenblick sprachlich bewußt zu machen, das war gestern altmodisch und ist heute ausnahmsmäßig. Die *»Berührung der Sphären«*, ein hinterlassenes Sammelwerk von Aufsätzen, ist ein wunderschönes Protokoll dieser Gewissenhaftigkeit, sprachlich bis ins Feinste ausgeklärt, geschriebene Landschaft sozusagen. Und eine angeborene Welkheit dieser Empfindungswelt, aus der die Kühle eines Herbariums oder Sanctuariums strömt, mindert die Feststellung nicht: daß es eines der edelsten Prosabücher in deutscher Sprache ist. Ihr flinken Schreiblinge, Schnellquassler des Tags, lest es und lernt!

Angelina
oder:
Der Blick durchs Schlüsselloch

Als Stendhal, damals Konsul in Civita Vecchia, am Vorabend seines fünfzigsten Geburtstags auf dem Kapitolinischen Hügel zu Rom wandelte und, von einem plötzlichen Bedürfnis nach Bilanz ergriffen, mit dem Spazierstock die Namen seiner Geliebten in den Sand schrieb, da passierte ihm - er hat es nachher in seinem »Leben des Henri Brulard« erzählt - etwas Sonderbares: einen dieser Namen hatte er versehentlich zweimal hingeschrieben. Er stutzte, vermerkte die Seltsamkeit und überließ es im übrigen nachgeborenen Psychoanalytikern, sich darüber den Kopf zu zerbrechen.

Stendhals »Tagebücher«, die jetzt in der von Paul Arbelet besorgten Gesamtausgabe zum erstenmal aus Grenobler Stadtarchiven ans Licht kommen (sie füllen zwei ansehnliche Bände), befassen sich zum großen Teil mit dieser Frau. Angelina war ihr Name. Zweimal, wie ihn der Dichter in den Sand schrieb, war er ihr begegnet: zuerst im Jahre 1801, als er blutjung und im Range eines Dragoner-Fähnrichs mit Napoleons Truppen nach Mailand kam; und dann genau zehn Jahre später, auf einer Urlaubsreise, die der nunmehr achtundzwanzigjährige Auditor im Staatsrat und Inspektor der »Kronmobilien« durch Oberitalien unternahm. Zehn Jahre lang hatte er von der schönen, unnahbaren Frau, Gattin des Signor Pietragrua, geträumt. In seinem Herzen, diesem Mausoleum der Verliebtheiten, hatte sie den Rang der Unerreichbarkeit. Er war zu schüchtern gewesen, sie zu bestürmen. Heute, zum Wissenschaftler der erotischen Strategie gereift, Kenner der Belagerungsgesetze, wird er eisenstirnig sein! ...

Er besucht sie, wird von ihr nicht wiedererkannt. Plötzlich zuckt ein Lachen um ihren Mund, sie stößt einen Schrei aus: »Das ist ja der Chinese!« Stendhal ist entzückt, den alten Spitznamen wieder zu hören, den sie ihm vor einem Jahrzehnt verliehen hat. Er notiert unter dem 8. September die erste Stufe der steigenden Handlung.

Sonst ein Gourmet der Werbung, der sein Glück darin findet, sich Zeit zu lassen und sogar die Hoffnungslosigkeit wie einen Zaubertrank in sich zu schlürfen, befolgt er diesmal die Regel der Attacke. Am 21. September, kaum zwei Wochen später, wird er den Sturz der Festung notieren dürfen. Was liegt dazwischen? ... Bei der ersten Begegnung bereits hatte er ihr die Liebe von damals gestanden. »Warum haben Sie es mir denn nicht gesagt?« ist ihre Antwort. Dieses Gradheraus entzückt Stendhal. Es macht ihn um so mutiger, als sie hinzufügt: »Ich habe seither viele Dummheiten angestellt.«

Zweite Stufe: Er beschließt, einen Spazierstock zu kaufen. (Man erinnere sich des Fünfzigjährigen auf dem Kapitolinischen Hügel ...!) Ein solcher Stock ist für damalige Begriffe eine Neuheit, höchstes Gigerltum, verleiht dem Träger ein Air von Leichtsinn und Feschheit. Stendhal, Don Juan und Don Quixote in einem, will also vor ihr fesch aussehen. »Ich glaubte«, schrieb er ins Tagebuch, »daß mich ein Spazierstock um vier Jahre jünger machen würde.« Und stellt beim ersten Blick in den Spiegel fest, daß ihm der neue Stock zugleich das Aussehen eines »Mannes der großen Welt« und eines »Homme à femmes«

verleihe. »Der Einfluß solcher kleiner Dinge«, schreibt er, »ist in meinem Fall nicht zu unterschätzen.«

Der Stock war nur Beginn und Merkmal. Wie es Menschen gibt, die sich zuerst eine neue Krawatte anschaffen und hernach zu ihr und um sie herum: Hut, Hemd, Schuhwerk und Anzug, so wird dem neuen Stock ein Wirkungsmilieu beigestellt, das die Hauptsache ausmacht: er geht dem Stock zuliebe in die Mailänder Museen, trägt ihn am Abend in die Oper, nimmt sich zu ihm einen hübschen, offenen Wagen. In ihrer Summe verfehlen diese Auffälligkeiten ihre Wirkung nicht. Aber ihn selber machen sie zunächst melancholisch: »Ich verfiel einem schrecklichen Trübsinn. Diese Betrübtheit kam zum großen Teil davon, daß manchmal tausend Gedächtnisquellen meines Glücks – plötzlich versiegten. Die Scala konnte mir nicht den Genuß geben, den mir die Erinnerung an zarte und melancholische Gefühle einflößte, welche ich einst hatte kosten dürfen ...« Er ist verliebt! vorsätzlich wie immer (und jedermann?).

Bereits am 12. September ist die Peripetie: »Als ich sie küssen wollte, sagte sie: ›Bekommen – niemals nehmen!‹ Ich kam also um das Vergnügen gegebener ... doch nicht um das empfangener Küsse ... Sie weinte, wir umarmten und duzten uns. Mehreremale wiederholte sie: › Fahr weg ... ich weiß, daß du abreisen mußt, damit ich meine Ruhe wieder habe. Morgen vielleicht werde ich nicht mehr den Mut haben, dir das zu sagen ...‹«

Am 19. – noch vor dem Sieg! – trägt Stendhal den Satz ins Tagebuch ein: »Sie liebt mich – das ist langweilig.«

Er entschließt sich, ihren Wunsch zu erfüllen und abzureisen. Am Morgen des 21. kommt er zum Abschiedsbesuch, um zu sagen, daß es aus ist. Am Abend dieses Tages schreibt er folgenden Satz auf seine Hosenträger: »Am 21. September, at onze heures, trug ich diesen so lang ersehnten Sieg davon ...« Zehn Jahre Traum – und ein Hosenträger-Nekrolog?

Nein, der Zynismus war nur gespielt, die Strenge eines

unnachsichtigen Selbstbeobachters gegen die eigenen Illusionen. In Wirklichkeit genoß Stendhal das »après« immer genau so innig, wie das »avant« . . . er bleibt standhaft in der Rolle des unglücklich Verliebten; ja, es war, als legte er sich auch noch auf den Weg der Desillusion Steine, um sich diesen Genuß nicht zu schmälern. Das Nachspiel dieser Abschiedsstunde, die er im Geiste eines Brantôme protokollierte, dauerte – ein ganzes Leben. Er fuhr weg, kam wieder, reiste ab. War er bei ihr, so schien ihm ihre Nähe unerträglich, war er fern, erwachte die Leidenschaft. Er liebte – wie jedesmal – ein Idol, die Erreichbarkeit war ihm zu schmerzlos. Das Spiel ging vier Jahre. Es endete wie in einem Mozart-Libretto: eine Kammerzofe, die sich über seine Treue lustig machte, ließ ihn eines Tages durchs Schlüsselloch ins Zimmer der Herrin sehen . . . Was er da, in Angelinas Zimmer, sah, hat er keusch verschwiegen. Doch die Geschichte einer Leidenschaft, die mit einem Blick durchs Schlüsselloch endet, hat er dann in seinem wunderbaren Roman »Lucien Leuwen« aufgeschrieben . . . viele Jahre später. Er blieb der Treulosen treu, einem Fragment seines Lebens, das er nie fortsetzte und doch immer noch zu vollenden hoffte – so wie er keinen seiner Romane bis zum Schlußpunkt komponieren wollte, weder die gelebten, noch die geschriebenen . . .

VI

Der hereingelegte Olymp

»Ich bedone, was ich bedont habe und immer bedonen werde. Schlagen wir einander in unsere dargebotene Rechte!«

Friedensangebote

Das folgende Interview Antoine Delavaches mit dem Reichskanzler ist versehentlich nicht im Paris-Midi erschienen.

– »Das deutsche Volk will mit Frankreich in Frieden leben. Eine lange bestimmte Guldur-Gemeinschaft läßt uns nichts freudiger wünschen als Harmonie und Freundschaft mit einem Nachbar, den wir lieben und achten. Ich habe oft bedont und bedone es immer wieder, daß wir bereit sind, dem Volk der Wällschen unsere ehrenvolle Rechte zu reichen.«

»In welchen praktischen Belangen haben Sie dieser Friedensbereitschaft schon Ausdruck gegeben?«

– »Ich habe es oft und oft bedont.«

– »Darf ich Sie dann fragen, warum Sie in Ihrem Buch ›Mein Kampf‹ die Niederwerfung des ›Erbfeinds‹ Frankreichs als letzte und oberste Pflicht einer nationalsozialistischen Herrschaft hinstellen?«

– »Ich habe mich gewandelt. Als ich ›Meinen Kampf‹ schrieb, war ich noch (Handbewegung zum Boden) so klein ... Wir haben keinen Grund, Frankreich gram zu sein. Wir haben ritterlich die Klingen gekreuzt und es am Felde besiegt.«

»Warum haben Sie bis zu ca. Pagina 378 Ihrer Selbstbiographie alle politischen Ankündigungen verwirklicht und wollen gerade im Punkte Frankreich Ihrem Programm untreu werden?«

– »Ich bedone, daß ich Frankreich liebe. O welches herrliche Land!«

»In ihrem Buch empfehlen Sie zwei abwechselnde Methoden zur Erreichung Ihrer Ziele, und Sie haben sie beide angewandt: in Zeiten der Schwäche Friedensbereitschaft versichern und in Zeiten der Stärke losschlagen. Nach dieser Taktik ist Ihrer Partei die Herrschaft über Deutschland in den Schoß gefallen: Sie haben Hindenburg, der damals noch stärker war, beteuert, die Deutschnationalen nicht anzutasten, und haben sie dann ausgerottet. Sie haben die Friedensliebe Ihrer Partei beschworen, wenn sie verboten war, und gegen die anderen gewütet, wenn sie gestattet war.«

– »Frankreich ist der Garten der Welt.«

»Ist der Schluß nicht naheliegend, daß Sie auch Frankreich nur die Hand reichen, weil es im Augenblick durch sein Rußland-Bündnis wehrkräftiger geworden ist? Und warum ist Ihr Buch ›Mein Kampf‹ noch immer als Schullektüre vorgeschrieben? Warum dient es als hauptsächliche Kasernen-Lektüre? Warum sind darin die Stellen, wo den verjudeten und vernigggerten Franzosen die Vernichtung angekündigt wird, nicht gestrichen?«

– »Bloß gewisse Emigranten-Zirkel haben ein Interesse daran, das Feuer der Zwietracht zu schüren.«

»Würde eine der nächsten Folgen einer deutsch-französischen Annäherung nicht sein, daß Sie sich auf das wehrlose Österreich stürzen und Ihre Macht gegen uns verdoppeln? Und verlangen Sie vielleicht, daß wir die Tschechoslowakei im Stich lassen, damit Sie eines Tags hereinspazieren können?«

– »Die Idee einer ewigen Feindschaft zwischen Deutschland und Frankreich ist absurd.«

»Wie stellen Sie sich also die Auswirkungen einer deutsch-französischen Annäherung auf unsere Bündnisverträge vor?«

– »Hoch Frankreich!«

»In Euren Lehr-Büchern wird das Elsaß als reichsdeutsches, geraubtes Land bezeichnet – was ist damit?«

– »Ich bedone, daß ich bedont habe, daß das nicht der Fall sein darf.«

»Welche Garantien geben Sie uns, daß vom heutigen Tag an nicht mehr gegen uns Massen von Flugzeugen gebaut, Mittelschüler zu Piloten erzogen, in den Konservenfabriken Kanonen hergestellt und in den Schokoladefabriken Giftgas gebraut werden, und daß in den Schulen nicht mehr vom Rachekrieg die Rede ist?«

– »Ich werde das Gegenteil bedonen. Ich kann keinen Tag ohne Frankreich leben ... (Taschentuch vor dem Auge) ... warum glaubt man uns nicht?«

»Könnten Sie Ihr Angebot in konkrete Vorschläge kleiden?«

– »Frankreich ist das schönste Land der Erde.«

»Was darf ich meinen Lesern als praktisches Ergebnis meines Besuchs übermitteln?«

– »Ich bedone, was ich bedont habe und immer bedonen werde. Schlagen wir einander in unsere dargebotene Rechte!«

*

1934: Hitler-Deutschland tritt aus dem Völkerbund aus. (Begleit-Note an die europäischen Staaten: »Wir sind bereit, in einem System friedlicher Bündnisse mitzuarbeiten.«)

1935: Die Saar kommt an Hitler-Deutschland zurück. Wiedereinführung der Allgemeinen Wehrpflicht. (Reichs-Communiqué: »Das letzte Hindernis einer deutsch-französischen Versöhnung ist hinweggeräumt. Wir wollen keinen Fußbreit Boden mehr.«)

1936: Hitler-Deutschland rückt in die entmilitarisierte Rhein-Zone ein. (Begleit-Note an die europäischen Kabinette: »Wir bieten einen fünfundzwanzigjährigen Nichtangriffs-Pakt im Westen an; außerdem einen Luftpakt; einen Nichtangriffspakt im Osten; die Garantie, Litauen nicht anzutasten; und sind bereit, wieder in den Völkerbund einzutreten.«)

193?: Hitler-Deutschland marschiert in Memel ein: befindet sich in Litauen. (Begleit-Note: »Wir verlängern den Nichtangriffspakt auf hundert Jahre: bieten den Luftschutz Englands, Frankreichs und Italiens an.«)

193?: Hitler-Deutschland verleibt sich Österreich ein; tritt aus dem Völkerbund aus. (Angebot: »Nun ist das letzte makrokosmische Hindernis zum ewigen Frieden hinweggeräumt. Wir sind bereit, in einen Friedensbund einzutreten, der die allgemeine gänzliche Abrüstung vorsieht; wir verzichten auf die Kolonien; wir werden Ungarn, Griechenland und die Feuerland-Inseln nicht angreifen; wir erzeugen kein Giftgas mehr.«)

193?: Hitler-Deutschland rückt in Elsaß-Lothringen ein. (Begleit-Note: »Wir schlagen die Gründung eines Weltbundes zur Unschädlichmachung jedes Angreifers im Weltall vor. Wir bieten einen Nichtangriffspakt im Norden, Süden, Südosten, Südwesten, Nordnordosten, Südsüdwesten, Westsüdosten und Nordwestsüden an. Außerdem einen tausendjährigen Unterstützungspakt gegen den Saturn und Mars. Treten bei dieser Gelegenheit in den Völkerbund wieder ein.«)

Nachschrift: England findet in den Angeboten eine den Frieden Europas garantierende Verhandlungsbasis.

Schachtelsätze

Der Schüler der dritten Gymnasialklasse Alois Czeczowicza, Sohn des gleichnamigen Zollbeamten und selber bereits in den Windeln der Beamtenlaufbahn vorbestimmt, kam von der Zeugnisverteilung zum Mittagessen nach Haus.

»Vater«, sagte der Knabe, »darf ich in dieser vorgerückten Stunde dem Gefühle Ausdruck geben, zu speisen zu wünschen ...?«

»Essen willst?« meinte der Vater.

»Der Gedanke, dem Du Ausdruck verleihst, weckt in meinem Herzen ein frohes Echo«, entgegnete der Sohn.

»Also hast kan Hunger?«

»Im Gegensatz zu der von Dir in diesem schicksalsschweren Augenblick ergangenen Äußerung möchte ich auf den Umstand hinweisen dürfen, daß ich seit dem Frühstück mich nicht in der Lage finden konnte, Genuß- und

Lebensmittel sei es welcher Art immer mir zuführen zu können ...«

»Wennst kan Hunger hast, kann i Di net zwingen ...«

»Abweichend von dem aus Deiner Entgegnung an Tag tretenden Standpunkt, doch im Herzen eines Sinnes in der Bereitschaft, die Vorbereitungen zu dem uns vereinenden Mahl als solche anzusehen, die jeden einzelnen und insbesondere mich selber in meiner Eigenschaft als Sohn des Hauses betreffen, gebe ich der Zuversicht Ausdruck, es mögen die Schranken des Mißverständnisses, die bisher in unserem Gedankenaustausch obwalteten, fallen und einer Einmütigkeit des Denkens und Handelns Platz machen, durch die es mir in Hinkunft vergönnt sei, die Suppe zu mir nehmen zu können ...«

»An Zwang gibt's bei uns net ...«

Der Suppentopf ging an Jung Aloisens Aug' vorüber. Der Schüler biß sich in die Lippen, aber er redete nichts, er konnte der künftigen Amtswürde kein Opfer abringen. Außerdem nagte an ihm ein peinliches Gefühl: in dem Semestral-Zeugnis, das er gefaltet in der Tasche trug, war die Deutsch-Note: nichtgenügend. Von der lastenden Erwartung bekam er Leibschmerzen.

»Vater«, sagte er, »ich möchte dem mich zutiefst erfüllenden Wunsche Ausdruck verleihen, hinaus zu dürfen ...«

»Ausdrucken willst Di?«

»Getragen von der Erwägung.«

»Du mir scheint: drucken willst Di! ... Zeig's Zeugnis!«

»Welchem Wunsche gibst Du Ausdruck?«

»Den Abdruck von meiner Hand wirst gleich im G'sicht haben ...«

»Unbeirrt durch die gerade auch jetzt wieder wie so oft schon zu wiederholten Malen vergeblich sich aufdrängenden ...«

Da hatte er sie sitzen. Eine ganze Weile lang hörte man später nur die Worte durchs Haus heulen: »Ausdruck ... im vollen Umfang ... Tragweite ...« – sie wurden übertönt durch das Niederklatschen eines Rohrstabs auf unedle Körperteile . . .

*

Der Schüler Czeczowicza machte trotz solchem Mißgeschick seinen Weg. Schritt für Schritt im dornenvollen Dasein verlieh er sich Ausdruck. Er war frühzeitig auf das Geheimnis der politischen und bureaukratischen Karriere gekommen: Man darf, um anderen das Gefühl seiner Hohheit einzuprägen und es hernach im Volksganzen wiederzufinden, weder die Dinge gradheraus benennen noch mit sich selber zu intim werden; sogar in Bedürfnisse wie nach dem Essen, Trinken, Schlafen, Austreten dürfe sich das Subjekt nicht direkt einschalten, vielmehr habe es diesfalls zunächst einen Umweg über grammatikalische Instanzen zu machen. So gebiete es die deutsche Ehre.

Die Vorsehung hatte mit dem kleinen Österreicher weit ausholende Pläne. Sie bediente sich seiner, der in der Folge sein Vaterland verließ, für den welthistorischen Zweck, die wild wurzelnden, nach ihrer Zunge redenden deutschen Stämme der daheim üblichen Amtssprache zu unterwerfen. Versuchte ihn jemand, in diesem Werke wankend zu machen, so sagte er den unvergeßlichen Führersatz vor sich hin: »Das Geschwür der inneren so wie auch der äußeren Brunnenvergiftung muß bis aufs rohe Fleisch ausgebrannt werden.«

Wer beschreibt sein Erstaunen, als er am 7. August 1936 einen mit »Frick« gezeichneten Erlaß auf seinem Schreibtisch findet, worin den Ämtern eingeschärft wird, rücksichtslos statt des bisherigen mangelhaften fortan ein besseres Deutsch im Gebrauch zu führen, und dann den Schlußsatz: » Die Schachtelsätze müssen verschwinden! «

Der Rohrstab des Vaters taucht vor seinem Aug auf, die durchlaufene Zeit, das Schicksal der deutschen Nation – er flüstert: » Rebellion gegen den Führer?«, kann's nicht fassen, daß die durch den infolge der herrschenden Umstände und insbesondere der in den abgelaufenen vierzehn Jahren zu Tag getretenen Mißstände notwendig gewordenen Wechsel bedingte Herbeiführung neuer Verhältnisse im sprachlichen Raum sich nunmehr selber ins Gehege steigen wolle ... und erstickt im Alter von 48 Jahren an vorstehendem Schachtelsatz.

Malheur mit 98

Unter den Regeln, die hier kürzlich (in Anknüpfung an den Nürnberger Parteitag) für das rhetorische Lügen aufgestellt wurden, fehlte eine wesentliche. Sie lautet: Sei statistisch!

Wenn in früherer Zeit ein Redner Falsches über die Zahl seiner Gegner oder Anhänger, über Morde oder Erfolge, über die Zunahme günstiger und die Abnahme ungünstiger Symptome behaupten wollte, so log er mittels Pronomen und Adverb. Er sagte: Viele meiner Feinde sind Bösewichte! – Die meisten Deutschen sind national gesinnt! – Im abgelaufenen Regime gab es manche Cholerafälle! – Der Sozialist ist in der Regel geisteskrank!

Der neue Redner, in der verachtenden Durchschauung seines Volks geübt, hielte seine Kundschaft mit solchen Angaben für schlecht bedient. Er kennt des Deutschen Freude an Statistik: weiß, daß er, ob kommerzielle Großschnauze oder beamteter Kleinschreiber, an der krummen, auf Nullkommadrei präzisierten Ziffer durch die Bank sein Labsal findet. Der Dezimalpunkt, das ist diesem erwachsenen Schulknaben der Beglaubigungsstempel! Ungefähre Maße wie: größtenteils, hauptsächlich, durchschnittlich, weitverbreitet, jedesmal glaubt er nicht, damit kann ihm keiner imponieren. Aber Abschätzungen wie: »34,02 Prozent sind geisteskrank« oder »Wir verweisen auf die erschreckende Zahl von 17.094 Sterbefällen pro Tag« frißt er seinem Redner aus der Hand.

Weit gefehlt, wenn man nun annähme, daß sich solche Ziffern einfach aus dem Schlaf erfinden lassen. Der große Statistiker, den das Geschick den Deutschen als Retter beschert hat, erklärte in Nürnberg: »98 Prozent der Sowjetbeamten sind Juden!«

98 – warum 98? Aufs Geradewohl? O nein, das hieße das historische Verantwortungsbewußtsein des Redners verkennen. Die Schwierigkeit solcher Ziffernermittlung liegt darin, beim Maximum der Glaubhaftigkeit haltzumachen, ohne dabei das Mindeste an Erfindungsmöglichkeit zu verschenken. »Bei welcher äußersten Ziffer«, fragt sich der Redner, »läßt sich die Unrichtigkeit gerade noch vom statistischen Klang ablösen? Bei 99? ... wär schon eine gute Zahl, liegt aber zu dicht an 100. Man muß generös sein, dem Gegner eine Chance lassen. Mehr als ein Prozent sei ihm gegönnt. Also: 97? ... Nein, da wär ich ja schon im Verlust. 98 ist grade das Richtige!« So arbeitet die Arithmetik des Unbewußten.

Und hat sich dennoch verrechnet! Zum Erfinden gehört ein gutes Gedächtnis. Das hat den Statistiker diesmal aber im Stich gelassen. Er vergaß völlig, daß er schon einmal zu 98 gelangt war; zur antipodischen 98 sozusagen. Das war bei der letzten Volksabstimmung für »Freiheit und Frieden«. 98 Prozent stimmten für den Führer, 2 gegen ihn. Mit 98 hat er also offensichtlich etwas, es ist seine biblische Zahl. Und wozu, mag er denken, soll ich auch meinen und meiner Leute Kopf mit zwei Ziffern verwirren, wenns mit einer geht? 98 sind hier gute Deutsche, 98 dort böse Juden; 2 beträgt drüben die geknechtete Ausnahme, ebensoviel hüben die irregeleitete Minderheit. Die Rechnung geht so vortrefflich auf, daß man Deutschland und Rußland in den gleichen territorialen Topf werfen könnte, ohne daß das Mischungsverhältnis sich änderte.

»Musik«, sagt Leibniz, »ist die Arithmetik der Seele, die zählt, ohne es zu wissen.« In Nürnberg drehte sich der Satz um. Da war Arithmetik die Musik des Verstandes, der aus dem Schlaf sang, ohne es zu merken.

Reichstagsbrand Marokko

Ede
Lude zwei Apachen
Ein ehrsamer Passant
Zeit: Mitternacht

Lude: Und wie stellst du's an?

Ede: Die Hauptsache, kann dir sahrn, is die Wut. Wenn ick klaue, schrei ick wie am Spieß. Ick platze richtig vor Wut und Jift. Ick brülle, daß de Nachbarschaft zesammenlooft. De Adern tretn mir ausn Kopp. Det is det beste Verfaahrn. Keen Aas rührt sich mehr – und ick habe, wat ick brauche ... Paß man uff, hier kommt son Kunde ...

(Der ehrsame Passant geht über die Szene.)

Ede (an ihn heran, zieht ihm ungeniert die Uhr mit der Kette).

Der Passant: Sind Sie verrückt? ... Meine Uhr! ... Geben Sie mir meine Uhr zurück!

Ede: Wat Uhr? ... Wieso Uhr? ... Wer Uhr? ... Wat meen Se mit Uhr? ... Sie bolschewistischer Agent, Sie! ... Sie russischer Jude! ... Niedaträchtje Valeumdung! ... Frechheit! ... (Leute sammeln sich neugierig im Dunkeln) ... Jut, daß wir hier nich alleene sind! ... Sie Strolch ... Strauchdieb! ... Einbrecher! ... Wat is loos? ... Wat sahrn Se von Uhr? ... Jejen diese Brunnenvajiftung muß ick mir energisch vawaahn! ... Hysterische Erfindung! ... Det in Mark und Knochen verfaulte demokratische Passantentum will woll wiedermal die politische Luft trübn, wat!? ... Ick schrei hier laut uff, daß det ne Jemeinheit is! ... Niedatracht, Schande! ... Sie wollten mir vakloppn, jestehn Se's ... Sie keesijer Erbfeind, Sie lauern mir ja seit Jahrn uff! ... Hilfe! ... Brunnenvajifta sind da! ...

Der Passant (will etwas sagen)

Ede: Lüge! ... Valeumdung! ... Hysterisches Jeschwätz! ... Bitte meine Herrn, ick kann Ihn' ruhich erzähln wat loos war. Jeh hier jelassen meines Wejes, da kommt det Aas, rührt ma an! ... und fragt: wo is meine Uhr? ... Aber ick weess, wo diss hinaus soll! ... Det sind nur Vadunkelungsmanöver! ... Sie bolschewistischer Schuft haben sich nach breitem Umfassungsplan meiner Brieftasche bemächtjen wolln ... Ick hab es deutlich jespürt, wie Se mir hinjelangt sindt! ... Um von der Umzingelung meiner Brieftasche abzulenken, wollen Se jetzt den Abgang Ihrer Uhr feststellen, Sie Apache! ... Hilfe! ... Lassen Se de Brieftasche in Ruh, Sie Schweinehund! ... Ick schrei es hier in alle Welt, daß sie mir die Brieftasche klauen wollen! ... Ick wees von keener Uhr, und wenn ick davon wüßte, wär es ein Verjeltungsakt für Ihren Versuch, mir die Brieftasche zu nehm, Sie französcher Jude! ...

(Der Passant und die Zuhörer haben sich ängstlich verzogen.)

Ede: (die Uhr in der Hand). Siehste, jetzt jehört se rechtens mir! ...

Fünf historische Stunden

Auf einem fürstlichen Landsitz mit vegetarischer Küche. Zeit: ein nebliger Novembertag des Jahres 1937. Personen: der Schloßherr und Gastgeber; ein Lord; ein Dolmetscher. Wenn die Unterhaltung beginnt, ist es zehn Uhr vormittags.

Der Herr im Haus: Um sogleich zusammenzufassen: es hat mehrfach keine Gelegenheit gegeben, wo von uns nicht die Versicherung abgegeben wurde, daß wir bereit sind, dem Frieden zu dienen, und, wenn uns die Welt dazu zwingt, nicht davor zurückschrecken würden, dieser unserer Bereitschaft zur Friedensbewahrung notfalls mit bewaffneter Hand Ausdruck zu verleihen. Nichts kann ein wehrbewußtes Volk davon abhalten, daß es im Geiste plangemäßer Zusammenarbeit mit jenen Mächten, die stets darauf bedacht sind, die Zwietracht in der Welt wachzuhalten, und selbst gegen ihren Willen, die dargebotene Gelegenheit ergreift, mit dem Einsatz aller Mittel bis zur völligen Ausrottung der Andersmeinenden den Frieden Europas zu schirmen. Davon ausgehend, komme ich darauf zurück, was ich oft schon Gelegenheit hatte, wie auch unlängst erst beim Besuch Ihres erlauchten Stammesangehörigen, auszudrücken: Wir kennen die Kräfte, die wie überall, so gewiß auch an letzter Stelle, nicht bei Ihnen daheim am Werke sind, die Bestrebungen ... usw.

(Die Zimmeruhr schlägt 11.)

Der Lord (zum Dolmetscher): What does he say?

Der Dolmetscher: As I could understand, he is ready to keep peace in spite of war, with us and against us.

Der Lord: Fine. Tell him ...

Der Herr im Haus: Um an Tell anzuknüpfen: wir haben keine Zwingherrschaft aufgerichtet wie auch keine Hausvogtei, wir lassen jedem sein Anrecht, das Leben von uns zu fordern, das uns gebührt, wir verlangen nichts, als was uns geschichtlich zukommt: ein freies ungeteiltes Volksganzes, innerhalb und außerhalb. In Ihrem schönen England ist die Meinung verbreitet, wir wollen uns die Welt einverleiben. Ist Ihnen aber bekannt, Herr Lord, daß es jetzt noch, zu dieser Stunde, in diesem Augenblicke, südlich von Wien, wie auch in dessen Gemarkungen selber, Elemente gibt – die Art der Elemente dürfte auch britischen Kreisen nicht unbekannt sein –, die Koritschoner heißen? Und daß das von Ihnen genährte Gift ... usw.

Der Lord (zum Dolmetscher): What does he understand by »Gorridgoner«?

Der Dolmetscher: It's a Jewish name.

Der Lord: And what else?

Der Dolmetscher: 'tis all.

Der Lord: Very fine. I agree ...

(Die Dorfglocke schlägt 12; Spinat wird aufgetragen.)

Der Herr im Haus (zum Spinat): Nicht zu geschweigen

von anderen Gebieten, die ich in meiner Jugend mit Pinsel und Leiter fußgerecht zu durchwandern Gelegenheit hatte und deren Durchsetztheit mit artfremden Elementen bereits dem Jünglinge ein Dorn war. Auch in den Gefilden von Olmütz und Leipa lebt ein Schlag, der sich, ohne Rücksicht auf das Gebot der Stunde, heute wie vormals Bobber und Punzel nennt . . .

Der Lord: What does he understand by Bobber and Poonzel?

Der Dolmetscher: He means Popper and (zum Herrn des Hauses) . . . ui uar die andere?

Der Herr im Haus: Banzel, Sir. Ask thä Lordschipp nau, wott hi is intending äbat thä Dschuuhs?

Der Dolmetscher (übersetzt es.)

Der Lord (lächelnd): Tell him, he may take all Banzels and Bobbers and Corridgoners he ever wants to get.

(Der Spinat ab. Es schlägt 1.)

Der Herr im Haus: Damit kommen wir zur Haupt- und Grundfrage, die der Herr Vertreter Großbritanniens ungelöst hier nicht verlassen kann, ohne sich und seine Nation dem Verdachte auszusetzen, daß zwischen England einerseits und dem hordendurchwühlten Osten andererseits Fäden spielen, die sich die Vernichtung alles Menschen- und Zivilsationsgutes zum Ziel gesetzt haben. Ich spreche vom schleichenden Gift, das ich wiederholt beleuchtete. Wenn das Reich, dem anzugehören sein sehr geehrter Herr Vertreter, den ich als Gast zu begrüßen hier mich glücklich schätze, die Ehre hat, sich nicht unverdient dem Argwohn aussetzen will, daß es mit dem Teufel des Abendlands in Beziehungen steht, dann mag es durch den befugten Mund seines Mittelsmannes hier ehrlich und offen entschleiern, welche Absichten ihm hinsichtlich dessen innewohnen. Der Brandherd im Osten . . . Das Gift des Bolschewismus . . .

(2 Uhr.)

Der Lord: What did he say?

Der Dolmetscher: Bolshevism is a poison.

Der Lord: Fine. I quite agree with him. And what does he understand by »Brandherd«?

Der Dolmetscher: Probably it is a Jewish name too.

Der Herr im Haus: Die unverrüttelbare Basis der Verständigung hätte sonach zur Voraussetzung die Anerkennung unserer theoretischen Rechte, deren praktische Geltendmachung wir uns erst nach Erfüllung unserer aktuellen Wünsche vorbehalten. Bis zu dieser Zeit garantieren wir Frieden und Einvernehmen mit allen denjenigen, die uns kein Hindernis zur Erreichung unserer gerechten Forderungen in den Weg legen, und zwar sowohl derjenigen, die unserer augenblicklichen Existenz unerläßlich sind, als auch derjenigen, die wir im Dienste einer künftigen Verständigung zurückzustellen uns bereit finden. Wir greifen wie gesagt nicht nach den Sternen, wir wollen ...

Der Lord (verständnisvoll nickend): Bunzel and Gorridgo ... if I well remember?

Der Herr im Haus: ... wobei wir jeden Gewaltakt ablehnen.

(Es schlägt 3.)

Der Lord (im Aufstehen zum Dolmetscher): To sum up: He wishes to become Emperor of the Jews? Not bad ...

Escape from the Mousetrap

I

At the head of this report I set my fear of ghosts. It will be seen how significantly it hangs together with the history of dying Austria.

For years ghosts have walked in friendly, gay, radiant Austria, and no one has seen them, no one wanted to see them. And just as my poor little country failed to see them groping about in the bright daylight, and for that failure was ruined, so the whole world looks away from ghosts and believes only in realities. If this story of—I will not conceal it—my chronic fear, which at the same time is the story of a state without fear, instructs the politicians about »intercourse with ghosts«, it will have achieved its purpose. The conclusion to be drawn is that the best weapon against the enemy is to believe that he is capable of anything.

Lightning on an August Night

The last days both of Austria and of my Austrian existence were preceded by an unforgettable night, as a storm is preceded by lightning. On that August night the sky was black and heavy with rain, which was not surprising as I was in Salzburg at the time of the festival. I sat with a friend, a lady from Czechoslovakia, under the protecting arcade of a huge beer garden. Instead of pleasant Austrian melodies, a peasant orchestra had been playing Prussian regimental marches the whole evening, to the enthusiastic applause of the guests. I knew therefore in what sort of place I was.

We were the last in the deserted garden; the waitresses were already taking off the table-cloths. Strange stillness after the tumult—one heard only shuffling footsteps on the gravel. We walked across a courtyard to the exit on the bank of the Salzach. But the door of the inn was locked. Someone had shown impolite haste in bolting the door before our very noses. Strange! We would have to go out the rear door, we were told, into the narrow alley which led directly to Bavaria and the Reich.

Outside, I looked up and down and wondered. In the alley, where the red lamp of the wine restaurant opposite glowed like a last traffic light, three men stood waiting, at some distance from one another. One was quite close to us; the two others were on the sidewalk opposite. They stood there with such artless nonchalance that I asked myself involuntarily, why are they so extremely unconcerned? At that moment my eye fell upon an automobile license plate which was illumined by the lamp opposite. It bore a big D. From Germany, was it? The powerful car stood in the shadow. I glanced quickly at the restaurant's sign. Yes, it was the Bristol Bar. Wasn't that the place to which I had been invited a few days ago by the friendly fellow whom the chief of police had warned me against? Quick, back into the dark hallway of the cafe. Explanations later. We run back, knock on the wine steward's door; he grumbles something in a sleepy voice (though he had shut the door only two minutes before). »If you don't unbar the front gate at once,« I cry out, »I will report you.« He asks no questions, calls me no names, is not curious about why I will report him. He steps out and silently opens the gate for us.

Without doubt my abduction was planned. I am surer of it today, after Austria's »last day«. At that time Viennese warnings buzzed in my ears: I shouldn't trust myself too near the Salzburg border; in intercepted documents there was mention of me and of an intended coup. Quite credible now. The *Völkischer Beobachter* had often made friendly inquiries among its readers about how long I should be kept under observation.

I turn back to the bank of the Salzach, to which the wine steward's broad keyring has released me. The night is not yet over. I should not have described the first half of it in such detail if it had not led up to the real adventure, to a historic event I might say.

We feel we are not yet safe. In the pouring rain we hurry over the bridge to the cozy Cafe Bazar, which is always reassuringly crowded with prominent people.

In the downpour the cafe is deserted. But outside, in a little garden running down to the river, a belated group of people are sitting in an arbor. A man's voice calls to me, »Are you here again?« I step nearer and recognize Count Franz Esterházy, a well-known music lover – the composer Haydn lived and worked at the house of his great-great-grandfather. »Yes, I'm here, but only by a hair's breadth. I might have been over there«—and I point to the west, toward Germany. Then I tell my story, without looking at the other people at the table. A young man, unrecognizable in the darkness of the ivy foliage, interrupts laughingly, »Aren't you seeing ghosts?« Voice and accent are those of an Austrian aristocrat. I look more closely at the speaker.

»You precisely, Highness, should not say that. If your friend and leader, Dollfuss, had seen ghosts, he would be alive today.«

The young man, with whom I there first became acquainted, was Prince Rüdiger Starhemberg, the former vice-chancellor and commander of the Heimwehr, forced into retirement by Hitler's and Mussolini's wish, but still the »first sport leader«. In February, 1934, he had had the Viennese workmen shot down. He was then Schuschnigg's rival.

A memorable conversation follows. I say: »In these times a person who struggles against Nazism, or who simply shows no sympathy for it, must feel like a hare with a hunter on his scent. I have the instinct of the hunted hare. For I know the face of the hunter. Hunters have always the same type of face—incurably hard, malicious, ill-favored by nature—as we say nowadays, alas, a German face. In your place, Highness, I should have formed a special ›physiognomic‹ police corps for rooting all such faces out of Austria.«

Starhemberg, who knows that I lean to the left, is surprised: Am I then in favor of a dictator?

Instead of giving a direct answer I refer to an article which I had written for a French magazine at the time of Starhemberg's retirement. »I took your part there, against the Chancellor. I wrote: ›A person who wars against gangsters should have no feelings, not even democratic feelings, certainly not national feelings. He must realize that it is war to the death; he must—‹«

Starhemberg completed my sentence, smiling: »He must be a gangster himself.«

»No, but he must have the gangster psychology. Schuschnigg is too much of a humanist. From his college days he has been sentimental about everything German. That may get him into trouble. He will do penance not for having been too much a dictator but too little. A dictatorship must spread fear and terror. If it doesn't, if it goes only half way, it will be gobbled up by a more thoroughgoing dictatorship. That is why I am now – for you.«

Starhemberg looked quizzically from one to the other of us as if he wanted to say, »Is that a compliment or an insult?« Then his gaze roved over the ivy hedge to the bank of the Salzach, where strange forms were wandering around in the night. A mountaineer with a broadbrimmed hat and flowing beard who for a quarter of an hour had been unconcernedly collecting cigarette butts with his Alpenstock caught my eye. I pointed to him. »Look!«

Starhemberg looked and smiled again. »Don't worry, that is my bodyguard.«

I answer: »I would be on guard against the bodyguard. One day the policeman dresses like a bandit, another day the bandit dresses like a policeman.«

It was spoken in fun. But Starhemberg suddenly looked extremely serious and reflective. Undoubtedly he saw before him the day when his friend Dollfuss was murdered by criminals some of whom were dressed like policemen, some of whom really were the police. Before my eyes appeared another day, not in the past but in the future, the day when all Austria, like myself that night, would be running around a broad but suddenly too constricted courtyard—only then not simply the front but also the back gate would be locked. Laugh if you will, Highness; even your laughter will die away.

To go on with the story of the ghosts that haunted me—that is, with the story of dying Austria.

February and March of this year, the critical five weeks between the beginning and the end of the drama, I passed almost like a Pullman conductor, going back and forth between Vienna and Prague. My passport is stamped: February 2, departure from Vienna; February 11, arrival; February 15, departure; February 16, arrival; February 20, departure; February 24, arrival; February 25, departure; February 26, arrival; February 28, departure; March 9, arrival; March 11 (the end of Austria), departure.

Almost every one of these days is a historic date. On the fourth of February the Reichswehr revolt broke out; on the eleventh the conversation between Hitler and Schuschnigg was held at Berchtesgaden; on the fifteenth the Austrian half-Nazi government took office; on the twentieth Hitler made his great speech; on the twentyfourth Schuschnigg made his; on the ninth of March he announced the plebiscite; on the eleventh German troops crossed the border.

The reader must not imagine that each of these events made me jump and then run at top speed to the railroad station. Often the new happening came after my arrival. The correspondence of the dates indicates rather a continuous and logical presentiment on my part—I was reporting for a Prague financial newspaper, and I deduced one event from the other in my characteristic way.

A person on the outside or one who believes the German accounts sees the true course of events expressed in this sequence of dates. Thus he says to himself: First the generals revolted; that made Hitler ready for a reconciliation with his neighbor; he invited Schuschnigg to Berchtesgaden; Schuschnigg, however, refused to obey; and so matters came to a head. In reality events succeeded each other as if by a kind of Ibsen technique, their presentation and their significance appeared in inverted order, just as each successive scene of an Ibsen drama first reveals what happened long before. The eleventh of March was implicit in the fourth of February. But to realize that, knowledge of another date is needed: two days before February 4 the plans of a conspiracy against the government had been found in Vienna, and they bore the signatures of Hitler's deputy, Hess, and of one of the highest German troop commanders.

At that time I was in Prague. Foreign correspondents had told me previously in Vienna that their embassies had exacted from them the promise that for the time being they would make no use of the Vienna revelations; Schuschnigg had asked it in the interest of peace. Mussolini had made it clear to him the day before, from Rome, that he should not exaggerate the matter.

The gist of these disclosures was soon known in foreign countries. Together with general directions for bringing about riots in order to provide the German military with a pretext for a »peaceful invasion«, the plan—fabricated out of the spirit of the Dollfuss murder—provided that Austrian National Socialists, dressed as adherents of Kaiser Otto and members of the Fatherland Front, should force an entrance into the German embassy in Vienna and kill Herr von Papen: two birds with one stone—an excuse for punitive action and riddance of a man who shared too many embarrassing secrets. Since June, 1934, Papen had feared for his life and tried the more assiduously to curry favor with the Nazi regime. (The Nazis have denied they planned his murder. But the mysterious disappearance of Papen's secretary and counselor of the legation, Baron Ketteler, immediately after Hitler's entrance into Vienna and the discovery of his mutilated body furnish shocking confirmation. In Hitler's Reich this is the fate of one who knows too much.)

In politics monomanias sometimes serve for logical thinking. Because of the strength of my illusion that everything around me and around Austria was whirling, I knew at once things that only later turned out to be true. The high Reichswehr officers had resigned from the Führer's service on March 4 not at all on vague grounds of caste and *Weltanschauung,* as the world press supposed; the ostensible »basic differences« were rather the veil over a secret. The secret was Austria. General von Fritsch and his staff had got wind of the Vienna disclosures from the foreign ambassadors (that was apparently their high treason) and wanted to have no part in the affair. I ran from newspaper office to newspaper office and launched this new idea to many surprised headshakings.

My feelings can be imagined when a week later on my next trip to Vienna I read the headline in the evening papers: »Schuschnigg with Hitler.« Was it a reconciliation in order to deny before the world the revelations about the Reichswehr and the Vienna plan? No, a hardened evildoer would place no value on that. The Führer had found he couldn't get his Austria in twenty-four hours by a military *coup de main.* He held a court of terror among his officers. Twenty-five generals are said to have been killed; others fled—to Austria! One of those who saved himself—he is now living in Switzerland—has said that at the beginning of February he received a pressing invitation to come to the Reichswehr ministry in Berlin. He set out by rail. In the train, however, either because he had a presentiment of evil or because his wife had strongly urged him not to go, he began to feel that the affair was a little suspicious. He got out at the next station and returned home, where he found his wife overcome by terror and grief. She had just received a telegram from Berlin: »Your husband has met with an unfortunate accident and is dead. You can send for the sealed coffin at such and such a time.« Now, in that way, thinks Hitler, we shall soon have the Reichswehr »clean«. Then we can go back to Plan A (invasion of Austria). In the meanwhile, even though our heart is bursting with impatience, we'll try peaceful conquest by means of an »internal revolution«, but that too must not take more than from four to six weeks. How can it be done in such a short time? The police and all the machinery of law and order must come into Nazi hands. Herr Schuschnigg can then make all the speeches he wants to, calling his people to a holy war.

I do not mean that I saw the content and the results of the Berchtesgaden visit so plainly all at once. I knew only that the invitation must have been accepted under compulsion, presumably at Mussolini's dictation—and that was enough for me.

II

On the day of the Berchtesgaden meeting no one in Vienna had any idea of its real significance. In fact, an interpretation contrary to the true one prevailed. Even now I am moved by it; the Nazis, thinking their Führer had forsaken them by inviting their arch-enemy, went around hanging their heads, while those with Fatherland leanings and the Jews, after the first shock, wore a confident air.

If they had been able to see Schuschnigg on the evening of that day in a hotel room at Salzburg—the same Salzburg where half a year before I had seen ghosts—renting his emotion in a burst of tears before he continued to Vienna, they would have packed their trunks precipitately. For our fate is not safeguarded by the tears of those who rule us so surely as by their weapons of defense.

What Schuschnigg experienced in those days he immediately wrote down in a memorandum. This invaluable document his deputy, Minister Zernatto, who succeeded in reaching the border on the evening of March 11, is believed to have deposited in a safe place. (This is probably one of the chief reasons why Schuschnigg is today undergoing the torture of arrest; this memorandum was his »high treason«.) Outside Austria much of what had occurred was known by the next day; how the Austrian Chancellor, an inveterate smoker, was not allowed to light a cigarette, while his host talked on for hours, ostensibly because Hitler was sensitive to smoke, in reality however, to break Schuschnigg down; how the Chancellor handed to the German Führer the plan of the plot signed by Hess and General Reichenau—where upon Hitler opened wide the door to the next room and admitted three generals to whom he said, »Gentlemen, assure Herr Schuschnigg that you are ready to march«; how Hitler during this conversation demonstratively received a delegation of Austrian fugitive traitors and said to them in a ringing voice, »Children, I shall not forsake you any longer. You will go back to Austria.« But many more striking details were not learned and are not known today. Finally Schuschnigg saw that the conversation, which was really a six-hour monologue by Hitler, had become hopeless. He demanded to be taken to his car. Hitler looked at him and said with emphasis, »You will travel, however, in *my* car.« With great dignity Schuschnigg asked, »Am I then already you prisoner?«

Three days later Vienna was seized. The enemy had been let into the city, his Trojan horse the ministry of police and security, which had been handed over to the National Socialist Seyss-Inquart. But in contrast to the Greek warriors, the attackers did not wait for night before emerging from their hiding place; they came out in broad daylight, wearing the swastika and uttering cries of victory.

And the easygoing heedlessness of the citizens?

It was a game of chance between fear of ghosts and trust in the world (really, trust in Europe), a new kind of parlor game played in the old dining-rooms, in the bars and cafes of the town, in which people asked one another, »Are you an optimist or are you a pessimist?«

With each speech, with each new event, the strenght of the opponents, optimism and pessimism, varied. After Schuschnigg's pledge, »So far and no farther,« a new sun seemed to rise on Austria. Then after the ensuing speech of the Nazi Minister, Seyss-Inquart, »You young National Socialists fought like devils,« it was quickly darkened. While these speeches and counterspeeches were being made, I sat almost continually in the train between Prague and Vienna.

I was born in Austria; more deeply than many others I had been agitated by each convulsion of its existence. I wanted to be there when it sank into the grave.

In the Mousetrap

But the voices of my friends multiplied; they said, »Better not come back again.« For slowly the feeling grew upon them all—optimists and pessimists, Catholics, Jews, and patriots—that they were caught in a mousetrap.

The optimists, to be sure, still believed in a power which to the world's misfortune has never materialized in the whole five years since 1933, an international public-health police which would prevent the spread of political leprosy from one country to another. As Christians and good Austrians they thought: » They can't make us into a different people without our consent, even if we do speak the language.« The Jews thought further: »Even if it happens, we shall be for the ›deliverers‹ an alien race; and they must at least ask us what we want to do, go or stay, and grant us free passage.«

Shortsighted wretches! To be deprived afterward of their citizenship, not by their compatriots, the Austrians, but by the victorious invaders, was the least they had to bear. Even in the worst nightmare they could never have pictured to themselves with what means and to what ends not only their dignity but their property would be taken from them, could not have imagined that a financially rotten state, in order to repair the consequences of its own failures and to obtain indispensable goods, would coolly rob them—partly by law, partly by breaking into their homes at night and committing crimes beside which the terrors of St.

Bartholomew's Night grow pale – of the wealth they had accumulated by centuries of civilized bourgeois industry. Inconceivable was the formula »Vienna's Jews shall pay for Germany's sins.«

To understand this one must know, as all travelers do whose journeys have taken them to Austria in recent years, that Viennese Jews, in their customs, their appearance, their spiritual qualities—skeptical and ironic like the best Europeans—formed one of the finest strata of society in the world. They were strongly mixed with aristocratic blood, were neither narrow-minded nor boastful, they kept their eyes and hearts always directed to the rest of Europe, felt with justification that they were an élite dating from the old empire. There is no need to enumerate the famous names in art, science, and industry which this small group of scarcely 200,000 people has given to the world.

Now they were all trapped. But what was uncanny was that in this whole time, yes, up to the last decisive day, the word Jew was not heard from a single sneering mouth. Hitler's mills grind smoothly. No sudden outbursts of emotion accompany the work of vengeance. Even cynical bestiality is executed with military order. Characteristically the Germans have adopted the equivocal expression »individual acts« *(Einzelaktionen)*, a catchword which conceals from the world the identity of the police with gangsters and at the same time among themselves brings about a better division of the booty. Those who knew how to listen, in the anti-Semitic stillness of the last Vienna days, felt the more fearful.

Many of the victims might still have been able to save themselves. But now (March 9, when Schuschnigg announced the plebiscite) begins the real tragedy, which is at the same time an instructive example of how the weakness of rulers works the ruin of the governed. For the Viennese Jews the course of events contained another more important lesson—that one should never accept the protection of a forced sympathy.

Schuschnigg, half dictator, half democrat, had the terrible role of seeing his love, not his hate, bring ruin to those committed to his protection. Without his knowing it he had been allotted by destiny the task of turning his country into a mousetrap and himself springing the trap.

Among the thousands who after Berchtesgaden packed for a journey and studied maps in their rooms the joke went around, »What is the most valuable *Wertpapier?* A foreign passport.« But they changed their mind after Schuschnigg's first speech. The announcement of the plebiscite raised their confidence to new heights. They stood fast and remained.

If only they had merely waited. But they provided the conqueror with the opportunity to justify himself, to throw them into prison, and to rob them of their possessions. All the powerful and famous of the country realized this as soon as the enemy marched in. They had themselves furnished the excuse for their persecution—their names were found on the list of those who had contributed to funds to be used for propaganda for the plebiscite. Jews had reached deep into their pockets to strengthen their protector—for the enemy that was a symbol of how rich they must be.

But the trap was not yet quite shut. True, no one could get out of it very easily, but people could get in without difficulty. Schuschnigg's diabolical popularity brought it about that people who had lived outside the country for years, for decades even, journeyed to Vienna at the last moment to discharge their patriotic duty of voting in the plebiscite. Many of these were never seen again; their relatives appealed in vain to the diplomatic representatives of the countries where they had resided. Jews were by no means the only ones who met this dreadful fate. Most shocking is the story of some honest labor leaders who had fled to Brünn in Czechoslovakia in February, 1934, at the time of the mass murder of the Vienna workers. For the years of their banishment they had kept the faith. Austria no longer existed for them. Then Schuschnigg opened the door to them so that they might win over their followers for the plebiscite. On the day before the last they tied up their bundles for the journey with a backward glance of gratitude at the new homeland which for four years had given them safety and a living. They too were never seen again.

I came from Brünn at the same time and sat with some of them in the train. Their joy depressed me. Was it not against their principles to answer the call of their former enemy, who now because of a common need sat, so to speak, in the same galley? Did they not recognize that this strategic good-will was no dependable anchor?

Even toward the Socialists Schuschnigg now had a divided heart. When he was Minister of Education in Dollfuss's Cabinet in 1934 he was surer of his position. Today he needed them—too late—to save the state, regarded them as the »lesser evil«. But his love for them, like his love for the Jews, was a defensive love. He wanted to bargain with them, make concessions to them in return for a *Ja*-vote in the election. But he made his offers with half-willing hand and mind.

As I sat in the Brünn-Vienna train and heard Austrian Socialists for the first time in many years talking openly to one another, confident of the future yet vitally bound up in the hopes of the man who had sent for them, in that moment, though I was quite unaware of it, the bell of my deliverance rang. One thought occupied me. It gnawed at me and wouldn't let me loose. This thought, through which it seemed to me I could save the fatherland, was actually, by a joke of Providence, to be the means by which I should save myself.

I wanted to play the game of world politics, to throw myself as a man of letters into the political current. Who listens to persons like us, persons rich only in delusions and presentiments, mocked at as cafe Bohemians? Who has ever asked our advice? Our simple wisdom, because it is too direct, passes as impolitic. Our twice-two-is-four has never reached the ear of rulers. The guild of politicians bars the way to our too direct knowledge and observation as if they offered a sordid competition. Perhaps the extraordinary character of the times would allow me to accomplish something extraordinary—not like that talk with Starhemberg in Salzburg which had pleased the prince in him more than it had enlightened the politician.

How could one tell Schuschnigg, the half-dictator, remote from the world, what I had heard here in the train? How could one open his eyes to the need and the despair?

III

The Eleventh of March

On the morning of the eleventh of March I sat at breakfast in a Vienna coffee house. Though it will scarcely be believed, I had come back to vote. Or rather, for my previous fears had not been entirely senseless, I had come back to decide whether I should vote or go away again. A lady at my table spoke pleasantly; I did not hear her. »I have an idea,« I said. She laughed: »You always have ideas.«

This idea of mine I had propounded on the day before in the Hotel Bristol to a friend, the translator of Bernard Shaw, who like all intellectuals was optimistic (I met him later in flight). It had aroused his enthusiasm, I should take it at once to Schuschnigg, he thought. Oho, not so fast. Even in normal times makers of aphorisms do not easily come into the presence of chancellors. Hardly then today, two days before the plebiscite. Very well, said my friend, but I should at least try to present my plan to a certain lady whom he named—I must surely know her personally, the wife of Schuschnigg's best friend, the poet Franz Werfel.

I did in fact know Frau Mahler-Werfel, the widow of the composer Gustav Mahler. And there at the coffee house table, at half-past eight on Friday, I turned the thought over in my mind, » Shall I bother the wife of a poet with politics?«

I called her up. Frau Werfel asked me to meet her at a private residence. I should be there at eleven.

Eleven o'clock. The inner town, in the center of which is the appointed house, is overflowing with people—with people and ghosts. Most of the people are young men in recruiting cars, riding through the streets in endless columns and calling out »Heil Österreich!«. They are hailed joyfully by persons on the curb. (I see before me the honest shopkeepers with wet eyes who waved to them imploringly. In what prison are they now scrubbing the walks and toilets?) Among these people in the crowded streets specters walk also, fellows in puttees and riding trousers, with the swastika in their buttonhole, slinking along, with pudgy, cheese-like faces.

The poet's wife receives me, hears my plan. Yes Schuschnigg must learn of it; but how? She will telephone a Cabinet minister who more than anybody else has Schuschnigg's ear. Ten minutes later the Minister stands before me—a small, delicate man, still young, whose face and bearing show pleasing traces of his humanistic Jesuit education. He sits on the arm of a chair. My name suggests to him, very vaguely, literature, night life, anecdotes.

I explain my plan. I begin by saying that most submissively and with all due respect for the government I doubt Schuschnigg's knowledge of the real temper of the working classes.

The Minister pricks up his ears.

»Yes,« I say. »The remembrance of February, 1934, goes too deep. All these people, who only by necessity are neutral or have swung over to Hitler, would come out not 30 or 40 but 100 per cent for Austria if they were offered something solid, popular, real, such as the propaganda of the other side offers them—something to wake them up. Instead of that the government turns and twists in bureaucratic phrases, offers halfway measures, half-heartedly. And for that sort of thing those who were struck down yesterday have sharp ears. They think they are being ›done‹ again.«

What did I have in mind as something solid, popular, sensational?

My idea can be expressed in a sentence: Karl Seitz, the former burgomaster of Vienna, who was imprisoned in February, the most popular, most incorruptible man of the Social Democratic Party, must speak to the workers over the radio; and he will do it if he is allowed to say what he wants to.

The Minister ponders the proposal. I interrupt his reflections with the question: »Does the Chancellor know that many of the guard in the automobiles which accompany the demonstrating Nazis give the people the Hitler salute?«

The Minister is startled. Have I seen that with my own eyes? With his mind more made up, he comes back to my suggestion, and we discuss it from all angles.

At this point in our talk I could scarcely free myself from a haunting thought: I was sitting there and the Minister was listening to my advice; the dream of the »idle literary man« had come true – the government was listening to him, was asking him what to do. When dreams come true, the worlds in which they were dreamed usually end. Is it also to be so with my dream? I should almost have preferred a reserved, unapproachable minister who knew himself what he wanted to do without listening to others.

The Minister rises. My proposal will not only be considered but probably be acted upon. In this moment someone knocks loud three times on the door—as in »Don Giovanni, Act 2.« We both jump involuntarily. A man appears; on his entrance the Minister is visibly relieved. The man says something in his ear. And now the Minister becomes white as chalk. He forgets to say goodbye and is already outside.

»What was that?« I ask the lady of the house. She tries to reassure me while she plays nervously with her brooch: »Probably it was the police inspector who accompanies each minister; the automobile may have got into a crowd of demonstrators.« But she doesn't believe it herself and soon prepares to go.

A few minutes later when I leave the house I see a man standing at the gate. As he lounges there, leaning his head peacefully against the post and puffing at a cigarette, he looks like the figure in the silent films of twenty years ago who used to wait sinisterly before a house until the victim came out. I look at him. He makes no sign. I hurry across the street.

That the man had been sent to watch the house seemed clear. What it was that the unknown man had whispered to the Minister was not less clear. He had come at one o'clock, the precise hour that the first ultimatum from Berchtesgaden arrived at the chancellery. That was what he had whispered. No wonder the Minister had turned pale and hurried off.

I set out toward home by the shortest way. The next train goes at two. I have no time to lose.

Truly I should have liked to stay; the street made such an attractive varicolored picture—for all the admixture of dangerous colors; it was so gay, and the acquaintances I met on the way laughed at me for my hurry. But at long last the unexpected happened: my Salzburg experience revealed in this hour its unmistakable meaning.

A young man sent up his name to me in my room. He called himself the merchant W—(a Jewish name) from Prague. He had heard from the concierge that I wanted to go to Prague this afternoon and invited me to accompany him in his car.

I examined Mr. W—, the merchant from Prague, and concluded that he was a Sudeten German, not a Jew and not from Prague. Suddenly I seemed to see the car in the lonely Salzburg alley, the light of the red lamp, the big D.

I took leave of the young man as if I had not yet decided. As I came down the steps the concierge and one of the house servants—two brave followers of Hitler's who had never had much conversation with me—poured out upon me a stream of talk: how extravagant I was not to accept the offer of the fine gentleman who had just by chance heard of my intention to depart, said one; while the other seconded him in falsetto, his tongue at a gallop—such a piece of luck and I declined it; the trip to the station would cost me so much, the baggage extra, then there would be the trip from the station and again the baggage; such an opportunity and such lack of sense! It was a quarter of two. I had only time to say: »Herr W. promised me a speed record, but I don't want to break my neck.« That was my farewell to Vienna, to Austria. A quarter of an hour later I sat in the Prague train. The many hundreds who started by the next train, at eleven in the evening, were pulled out of the compartment by storm troopers at the border and thrust into a dungeon in Vienna.

Epilogue

That evening I had supper at a friend's house in Brünn. The eleven-year-old boy of the house turned on the radio to hear the philharmonic concert in Vienna. We listened—and shuddered.

Schuschnigg's farewell words: »I yield to force.« Music. Again a voice. And again music. All through the night between Haydn and Mozart the little instrument spat out world history.

On the next day, when I took the train again to continue my journey to Prague, I found people sitting in it with their heads so wound around with bandages that only their worried noses showed. Their appearance suggested undreamed-of horror. They refused to talk or to give any information, for their families were still in Vienna. And yet one found out a good many things—police chronicles and history mixed together. President Miklas had refused to sign the nomination decrees, though the Nazis held a revolver at his head; for that reason his sons are now in prison. Schuschnigg had been forced to say, »No bloodshed«; actually General Zehner, who shortly afterward

»committed suicide«, had been named troop commander against Germany. Hundreds of writers, artists, journalistis — among them many of my friends — had been thrown into prison. Slowly we learn what became of them. The greater part of them were sent to Dachau. A famous theater producer was arrested, taken to the Vienna Forest, and castrated. He died as a result. Others committed the »German suicide«. But most symbolic was the fate of Egon Friedell, the Bernard Shaw of Vienna, whose more reactionary than liberal history of civilization had been accepted even by the enemy. The Nazis had no hand in it, but it is characteristic of them that this story in which they appear only as a ghostly menace is more heartrending than any other. Friedell lived in his own three-story house. Also living there was a young girl who had two S.S. men as friends. One evening after the establishment of the new regime the two young men came to the house in uniform to take out the girl, but they made a mistake in the door and rang the wrong bell. Dr. Friedell opened it, saw them and, without asking what they wanted, rushed to the window. An instant later his powerful 200-pound body crashed three stories to the ground.

That was almost my own experience of twenty years, crowded into a second and with a tragic outcome. They look — and plunge into nothingness. One cannot express any better the content of the New Germany. Woe to him who has no fear of ghosts and invites them to drink, to talk or to sign a treaty.

Wo kommen die Gesichter her?

Kürzlich machte eines jener Photos die Runde durch die Welt, worauf sich ein neu gebildetes Kabinett, 15 bis 20 Mann hoch, und gewöhnlich auf einer Freitreppe aufgestellt, der Gunst der Kamera zu empfehlen pflegt. Das Kabinett, das in diesem Falle bei den Zeitungslesern seine physiognomische Visitenkarte abgab, war die Vichy-Regierung unter Führung Marschall Pétains. Also sah es – wie das bei faschistischen Kabinetten immer der Fall ist – drein, als hätte ihm der Photograph zugerufen: »Bitte, ein unfreundliches Gesicht!«

Dieser Eindruck vom neuen französischen Regierungs-Antlitz trog auch nicht in den einzelnen Visagen. Bei näherer Betrachtung sah man hier alles beisammen, was sogenannte »tatentschlossene«, »diktatorial durchgreifende« Regierungen zusammensetzt: bös verkniffenes Greisentum; die Kurzstirnigkeit unterer amtlicher Gehaltsklassen; heroische Stulpnasen; ausgehungerten Ehrgeiz in juvenilen Blaßgesichtern; und dazu, als französische Extra-Beigabe: eine Baskenmütze, freilich über einer brutalen Stirn. Es war aber auch das einzig Französische an diesem Bild ...

Kenner des französischen Volkes in seinen ausdrucksvollen physiognomischen Spielarten mußten sich vor diesem Photo sagen: »Frankreich war bisher das klassische Land guter Profile, wo sogar Politiker nicht schlechter auszusehen brauchten als Männer des Geistes und der Kunst. Woher kommen also diese neuen Gesichter? Wo haben sie sich bisher versteckt gehalten? Warum haben wir sie von der Bretagne bis zur Côte d'Or und Côte d'Azur noch nie gesehen?«

Die Frage folgt jedesmal dem großen Systemwechsel auf dem Fuß. Plötzlich sind neue Gesichter da, die man noch nicht gesehen hat. Man hatte sich auf die alten, menschlichen, demokratischen so felsenfest verlassen! Man konnte nicht glauben, daß es noch andere als sie gäbe. Mit einem Mal überschwemmen sie die Lokale, die Zeitungsspalten, die Bürgersteige. Woher kommt das?

Ganz offenbar kommt es daher, daß eine Klasse uns nicht früher physiognomisch sichtbar wird, als sie ins Sonnenlicht der politischen Macht getreten ist. Bis dahin haust sie unbemerkt, in Kellern, Katakomben, Schlupfwinkeln.

Gerade aus dieser einfachen Konstatierung aber, die jeder von uns anstellen konnte, der in seinem Land den Systemwechsel mitgemacht hat - sei es in Italien, in Deutschland, in der Tschechoslowakei oder Österreich –, geht hervor, daß der Faschismus tatsächlich eine »Klassenumschichtung« bedeutet. Und aus der unverkennbaren Ähnlichkeit, ja fast Identität, die alle diese neuen Gesichter – ob sie deutscher, französischer, italienischer oder welcher Stammeszugehörigkeit immer sind - untereinander aufweisen, folgt weiter die Erkenntnis: daß dieser Faschismus, der sich in seinen einzelnen staatlichen Verkörperungen seiner nationalen Eigenwüchsigkeit, Bestimmtheit und Überlegenheit brüstet, in Wirklichkeit die *einzige* »Internationale« darstellt, die wir bisher erlebt haben - zumindest: die erste *physiognomische* Internationale.

Die Herren, die auf dem französischen Gruppenbild unter der Führung des alten Marschalls versammelt stehen, wollen der Welt mit herrischem Aug' und ausladendem Kinn sagen: Wir sind Frankreich - wir sind die wahren und berechtigten Anwälte des französischen Volkes! Aber sie sagen uns in Wirklichkeit: Wir sind die eingesetzten Bevollmächtigten einer neuen Weltklasse; mit dem Geist Voltaires, Diderots, Victor Hugos, Ludwig XIV., ja sogar mit dem Marschall Fochs und Georges Clemenceaus haben wir nicht das mindeste zu schaffen; unter unserer Führung wird der französische Geist und die französische Sprache ent-französisiert werden wie Deutschland unter Hitler entdeutscht wurde.

Nichts ist für die Gewißheit dieses Eindrucks beweisender als unsere simple Frage beim Anblick des Photos »Das neue französische Kabinett«: Wo nehmen französische Menschen plötzlich diese Gesichter her?

Der hereingelegte Olymp

Erinnern Sie sich noch, geneigte Leser, der letzten Olympiade zu Berlin?

Sie fand zwei Jahre nach Hitlers Machtantritt unter einem seltsamen Doppelprotektorat statt; im Zeichen der Firma: Alkibiades & Dr. Goebbels.

Es war zu der Zeit, da der Nazismus das Land der Griechen mit der Seele suchte. Hellas erschien dem III. Reich ein unentbehrlicher Stützpfeiler auf dem Balkan. Die Griechen wurden von den Nazis umworben, mit dem seltsamen Kompliment: daß ja bereits ihre Vorväter, zur Zeit Ilions, im Grund nordische Recken gewesen seien, S.S.- und S.A.-Jünglinge, die im braunen Chiton zum Kampf um den Lorbeer antraten. Umgekehrt seien Männer wie Streicher, Goebbels, Göring, Hitler rassisch und geistig genommen Griechen.

So oft seit Hitler die deutsche Politik etwas im Schilde führt, muß vorerst die Wissenschaft ihre magdlichen Dienste dazu tun. Und wie gern tut sie das jedesmal (nicht erst seit Hitler)! Wie gern bieten deutsche Philosophen mit Nobelpreis-Gesichtern ihren Dienstboteneifer an, wenn ihnen die Autorität einen Wink dazu gibt! Wie gehorsam spülen sie, gleich homerischen Wartefrauen, die schmutzige Wäsche der Tagespolitik in den Wassern des Denkens und Spekulierens, sobald jene Politik ihrer »Weltanschauung« taugt! Da werden Vollbärte zu Karl-May-Knaben, und der Karl-May-Knabe taucht wieder auf im Ornat der Wissenschaft.

So wurde denn damals unter ihren segnenden Händen der »Deutschgrieche« resp. der »Griechendeutsche« geboren, eine Kreuzung aus Delphi und Neu-Strelitz. Piefke und Kulicke, mit dem ausgepluderten Gesäß, dem Steifnacken und den zu kurz geratenen Beinen, spazierten unter den Ruinen der Akropolis als die Hellenen Piefkos und Kulickistes. Umgekehrt bekam Alkibiades das Parteiabzeichen und durfte seinen Stamm, bis über die Tantaliden hinaus, zu den Schickelgrubers zurückleiten. Und dabei schienen traurigerweise die neuen Hellenen dieses Tausches nicht unfroh. Klein gewordene Völker, mit den Erinnerungen einer großen Vergangenheit, lassen sich die Umschmeichelungen eines großen Nachbarn immer gern gefallen. In ihrem Stolz empfinden sie auch die Herablassung zu ihnen als eine Ehrerbietung.

So wurde Griechenland für den historischen Akt, den Mussolini und Hitler vor vier Wochen am Brenner beschlossen, vorbereitet.

Nur eines möchten wir jetzt gerne wissen, da wieder ein Volk seinen Glauben an deutsche Umschmeichelung zu bezahlen hat: Was ist nun mit dem »griechisch-deutschen Menschen«? Wie kommt er sich vor, wenn aus Mussolinis Aeroplanen die Bomben auf ihn herunterprasseln?

Und nicht zuletzt: Wo registriert ihn, als was führt in heute die deutsche Wissenschaft?

Keine Sorge: Sie wird dem Alkibiades nachweisen, daß er, entgegen seiner nordischen Sendung, unter jüdischen Einfluß geraten ist ...

Maeterlinck und Popper

Jüngst erspäht mich aus einer rückwärtigen Reihe eines Fifth Avenue-Bus lächelnd ein Herr in mittleren Jahren. Gesicht und Hut: Zentraleuropa. Beide plauschbereit, ein bißchen eingetepscht. Einer der Hüte, die wir in den Schrank gehängt haben, als wir daran gingen, Amerikaner zu werden; eines jener Gesichter, die wir seit eh und je kennen und die uns doch im großen Geschichts-Trubel abhanden kamen ...

»Herr ...?« – »Ja«, sagte der andere, »ich bin's. Popper. Popper aus Wien, zuletzt Paris. Bankier Popper.« (Die vielen braven Männer, die diesen Namen tragen, mögen mir's verzeihen, daß meine Wahl gerade auf ihn fällt.)

Ich beglückwünsche Herrn Popper zu dem Glück, daß er sich jetzt in New York und nicht in Paris befindet. Ich gebe meinem zufriedenen Erstaunen Ausdruck, daß es ihm gelang, rechtzeitig die Gestade Amerikas zu erreichen.

Aber es muß ein Mißverständnis vorliegen. Der Bankier aus Paris scheint ein bißchen pikiert, als er zur Antwort gibt:

»Ich bin nicht Refugee. Ich befinde mich hier auf meiner alljährlichen Geschäftsreise.«

»Oh – da gehen Sie also nach Paris zurück?«

»Auch das nicht, ich warte bloß ab. Mein Haus, meine Möbel, mein Geschäft blieben drüben, und ich bin hier. Wenn Frankreich wieder frei ist, geh' ich zurück.«

Aber ich bocke:

»Eine interessante Koinzidenz: Sie sind nur in Geschäften hier, aber Ihre Geschäfte fallen glücklich mit der Anwesenheit Hitlers in Paris zusammen und ziehen sich solange hin, bis er wieder draußen ist. Habe ich Sie richtig verstanden?«

Statt einer Antwort beginnt Herr Popper noch stärker von den »Refugees« abzurücken. Die können es, meint er, nicht einmal jetzt lassen, das Gift ihrer Ironie herumzuspritzen, auf jedes unschuldige Haupt, das mit Politik, Judentum, Hitler nichts zu tun hat. Ich möge doch begreifen, daß er ein Weltmann sei. Und Bankier. Und naturalisierter Franzose. Und alljährlicher Besucher New Yorks. Und *kein, kein* Refugee!

Woran der Arme leidet, das könnte man verzeihend mit einem neuen Terminus als *»Komplex des Visitor-Visums«* bezeichnen, wenn dahinter nicht eine allgemeinere, schwerere Krankheit stecken würde: die Eitelkeit. Sie wollen zwar an denselben Strand kommen, aber sie wollen nicht auf demselben Boot sein wie wir! »Refugee«, das ist für sie Deklassiertheit. Und wenn *Börne* auf die Deutschen sagt: »Keine Juden zu sein, tröstet sie darüber, daß sie keine Hofräte sind«, so möchte man auf sie sagen: Keine Refugees zu sein, tröstet sie darüber, daß sie keine Bankiers mehr sind.

Während meine Gedanken so vom Autobus-Passagier mir gegenüber ins Zeitlose schweifen, erblicke ich an der Ecke der 59. Straße einen einsamen Spaziergänger, schneeweiße Locken um ein erlauchtes Haupt: den Dichter Maurice Maeterlinck.

Was glauben Sie wohl, Tourist Popper, gäbe der heilige Europäer da draußen an der Plaza-Ecke zur Antwort, wenn ihn einer so nach den Umständen seines Hierseins befragte, wie ich Sie zuvor?

Er würde mit stiller Würde sagen:

»Ich bin ein Refugee.«

Der martialische Piccolo

Einst, in Italiens besseren Tagen (man schrieb das Jahr 1933), als sich der Führer und der Duce zu ihrer ersten Begegnung in Venedig trafen, wurde ein Wort Mussolinis über Hitler kolportiert, das, nach beider Charakter und persönlichen Stellung zueinander und auch nach dem Verlauf der deutsch-italienischen Beziehungen im drauffolgenden Jahr, nicht ohne Wahrscheinlichkeit ist. Mussolini soll damals als Bilanz seines Eindrucks von dem hohen Gast aus dem Norden den Satz geprägt haben: *»Una bocca senza testa!«* (ein Maul ohne Kopf).

Wie sich die Zeiten ändern! Heute, sieben Jahre später, sind die Achsen-Funktionen so aufgeteilt, daß Hitler die *testa* (Kopf) und Mussolini die *bocca* (das Maul) zufällt. Der eine nimmt, der andere röhrt. Und der röhrende Teil muß dessen augenscheinlich noch froh sein, denn anders käme ihm in der sogenannten Neugestaltung des europäischen Raums keine Rolle mehr zu.

Daß sich Mussolinis Ausspruch gegen ihn selber gewendet hat und heute er die »bocca« ist, hat sich durch nichts klarer gezeigt als durch die Begebenheit der letzten Wochen. Hitler empfängt Molotoff in Berlin – und weit und breit ist kein Italiener zugegen. Hitler empfängt den König von Bulgarien in Berchtesgaden - und der vielreisende Graf Ciano sitzt in Rom. Hitler konferiert mit Laval - und Italiens Vertreter hat das Nachsehen. Zur Entschädigung wird Mussolini das Recht eingeräumt, eine der Balkan-Reden vom Stapel zu lassen, die heute klingen wie die Renommage eines sterbenden Ebers. Ganz offenbar dient diese Rede dazu, den Italienern zu sagen: »Auch wenn wir jetzt in Griechenland eins auf den Kopf bekommen, wir sind nicht aus dem Spiel. Auch wenn Rußland mit Deutschland bändelt, wir sind dabei. Und wenn sich auch der deutsche Gesandte in Athen bemüht hat, zu versichern, daß Hitler unserem Krieg gegen die Griechen fernsteht, wir kämpfen weiter Schulter an Schulter.«

Doch noch deutlicher klang aus dieser Rede ein anderer Akzent. Mussolinis Beteuerung, daß »er noch dabei ist«, sprach unverblümt auch die Angst aus, daß er nicht mehr dabei sein könnte. Den Balkon-Donnerer, der in den letzten Wochen zu Berlin, Vichy und Berchtesgaden nicht zugelassen wurde, muß allmählich ein Grieseln angegangen sein, ob der Herr da oben nicht am Ende pikiert sei und sich mit seinem Freund Stalin neue Ziele setze. Ein erboster, gekränkter Hitler ist gefährlich, man muß in die Flammen seiner Eitelkeit Räucherwerk tragen. Und Mussolini tat es mit den klassischen, selbstverkleinernden Sätzen, die da lauteten:

> »When I meet the Führer, I do not only see in him the Chief who created a Great Germany, the commander ...«
> »To consecrate the fraternity of Italian-German arms, I requested the Führer, who consented, that we be permitted to participate directly in the battle against Great Britain ...«
> »I add at once, Germany had no need of our aid.«
> »I am grateful to the Führer for having accepted my offer.«

Wer die Eitelkeit der beiden Führer-Freunde kennt, braucht keinen weiteren Kommentar. Wie muß Mussolini seinen Waffengefährten gereizt und erbittert geglaubt haben, daß er sich glücklich preist, mit seinem Volk der

Fähnrich im Kampf zu sein, den Hitler als der General anführt?! Was mag er angestellt, wessen muß er sich schuldig geglaubt haben, wenn er die »bocca senza testa« als den Chef und Commander apostrophiert, ihm für die Erlaubnis dankt, die eigenen Truppen zwecklos auf die Schlachtbank führen zu dürfen, kurz: sich vor ihm im Staube der Ergebenheit wälzt?!

Diese triumphale Selbstauslöschung der Würde läßt nur einen Schluß zu: In der großen Restauration Europas ist Mussolini nur noch Hitlers Piccolo. Ein Piccolo, der ab und zu das Recht oder den Auftrag erhält, den *Jupiter tonans* zu mimen ...

Hitler bringt die Toten zusammen

Wenn Hitler die Herzen der Völker zusammenbringen will, gräbt er ihre Toten aus.

Zarte Angebinde an den Überlebenden in der Form eines sorgsam plombierten Sarges waren immer schon seine Schwäche. Wie viele Angehörige von unfreiwilligen Selbstmördern oder »auf der Flucht« Erschossener wissen davon ein Lied zu singen! Nun überträgt er die traute Gewohnheit ins Welthistorische. Hinterbliebene Nationen sollen eine Freude haben. Hitler sendet ihnen ihre in fremder Erde verscharrten Großen ins Haus. Aus der herzlichen Beziehung von Grab zu Grab erhofft er die Verständigung zwischen den unterjochten Nationen.

Der Anfang dazu ist soeben, mit aller Feierlichkeit, in Paris gemacht worden. Der große Aufräumer und Umräumer hat die Kapuzinergruft in Wien, wo die Kaiser und Prinzen des kaiserlichen Hauses beigesetzt sind, öffnen lassen, um die Überreste des unglücklichen Herzogs von Reichstadt, Napoleons Sohn, nach Paris zu senden und sie im Invaliden-Dom neben den Gebeinen des erlauchten Vaters wieder beizusetzen. Welche Gesichter haben die Pariser zu diesem erhabenen, symbolischen Akt aufgesetzt? Wie tief ihre Herzen einst auch für Napoleon geschlagen haben mochten – die Tatsache, daß ihnen der Barbar, der ihnen das Land wegnimmt, im Kompensationsweg die Gebeine eines Prinzen zurückerstattet, kann sie nur als zynischer Witz berühren.

Aber aus welchen Gedanken (falls Gedanke) mag Hitler der Impuls zu dieser sinnigen Weihnachtssendung wirklich gekommen sein? Wollte er damit seine Verehrung zum großen Korsen plakatieren und sich zu ihm in ein Kollegenverhältnis setzen wie einer, der sagt: »Ja wir zwei . . . !«? Oder handelt es sich ihm mehr darum, den toten Habsburgern einen Schabernack zu spielen? Oder war es bei ihm ein Zug von schönem Familien-Verständnis, der ihm einblies: »Der Sohn gehört zum Vater«, eine Erstreckung seines Sinns für Symmetrie in die Pietät hinein? Oder reagierte er mit dieser symbolischen Gebärde bloß seinen Unmut darüber ab, daß er mit den toten Souveränen nicht schalten kann wie mit den lebenden? Oder fühlt er sich da schlechthin als Beauftragter des großen Leichenbestattungsvereins, zu dem er selber die Weltgeschichte gemacht hat?

Am nächsten kommen wir der Lösung, wenn wir den Spuren seines glanzvollen vermeintlichen Vorgängers folgen, dem er das posthume Geschenk gemacht hat: Napoleon. Dessen Biographen erzählen uns, daß es allüberall, wo er seinen Fuß als Eroberer hinsetzte, seinen Hauptspaß bildete, etwas zu ersinnen, was die alten Monarchen *ärgerte.* Im Schloß zu Charlottenburg fand er ein Portal geschlossen. »Warum ist es zu?« – »Auf Befehl der Könige, Sire, und seit urdenklichen Zeiten.« – »Auf damit! – und den kaiserlichen Adler drauf gepflanzt!« So transportierte er Standbilder, vertauschte er Wahrzeichen, exhumierte er Tote.

An Franz, dem Herzog von Reichstadt, hielt das Haus Habsburg eigensinnig als an einem Nur-Habsburger fest. Anders war über Maria Louises Mesalliance nicht hinwegzukommen. Und wir erinnern uns der Begebenheit, wie der alte Großvater, Kaiser Franz der Erste, als man ihm die schlechten Fortgänge des Prinzen in den Lehrfächern mitteilte, auf den Boden stampfte und in seiner Wiener Mundart ärgerlich ausrief: »Der Bua gerat' ja ganz seinem Vatern nach!«

Für die Franzosen andererseits war (trotz »L'Aiglon« und dem Sensationserfolg der jetzt im Tod als Jüdin geschmähten Sarah Bernhardt in dieser Rolle) die Erinnerung an den exilierten brustkranken Prinzen immer etwas demütigend Peinliches. Hitlers Ingenium ist es gelungen, zwei Ärgernisse zu einem historischen Akt zu summieren: Der »Bua« liegt neben dem Vater – und über den Leichnam des Vaters gebietet ein lebender Gefreiter aus Österreich.

Nachwort

Auf die Frage, wie sein Nekrolog aussehen solle, antwortete Anton Kuh einmal:

»Es gibt nur eine Form, zu überleben - nämlich die, daß die Leute das Gefühl haben, das Eigentliche und Wesentliche, das mit einem gestorben sei, könne in keine Nachrufformel gefaßt werden. Es kann sich nur in der von Mann zu Mann gehenden Legende erhalten.«[1]

In diesem Sinne hat Anton Kuh zweifellos überlebt, denn die tragende, beinahe einzige - wenn auch heute allmählich versiegende - Informationsquelle zu Anton Kuh ist die Anekdote. In einer Unzahl pointierter Geschichten und Erzählungen lebt er weiter - als mitreißender Redner und Polemiker, als Bohemien, der seine Nächte im Café Central oder Café Herrenhof oder im Berliner Romanischen Café verbrachte, als notorischer Schnorrer, der seine Gönner mit geistreichen Bonmots für ihre Ausgaben entschädigte, als Gelegenheitsjournalist, der nur dann schrieb, wenn Geldmangel ihn dazu nötigte.

Der Bohemien Anton Kuh - er ist eingegangen in die Erinnerungen seiner Zeitgenossen, die ihn immer wieder auf die gleiche Weise charakterisieren. Eine beeindruckende Übereinstimmung, die gleichwohl fragende Leere erzeugt: Es werden vordergründig dominierende Züge eines Menschen dargestellt, Episoden eines Lebens wiedergegeben; der große »Rest« aber bleibt im Dunkeln.

Er bleibt es auch, wenn man die Fachliteratur zu Rate zieht. Nur zu oft wird Anton Kuh überhaupt nicht genannt, und, ist dies doch der Fall, so sind die Angaben über ihn spärlich, manchmal auch unrichtig. Einen ersten wirklich fundierten und informativen biographischen Überblick hat Frau Ruth Greuner in ihrem Nachwort zu dem Sammelband »Luftlinien« (Löcker Verlag, Wien 1981) gegeben.

Die vorliegende neue Sammlung »Zeitgeist im Literatur-Café« ist als Folgeband dazu gedacht und möchte die Bemühungen fortsetzen, dem Leser die Persönlichkeit Anton Kuhs in ihrer ganzen Vielfalt näherzubringen.

Es gibt wenige zu seinen Lebzeiten veröffentlichte Bücher: 1921 erschien der Essay »Juden und Deutsche«, diesem folgte der Aphorismenband »Von Goethe abwärts«. 1922 stellte Kuh eine Börne-Auswahl zusammen (»Börne, der Zeitgenosse«) – mit einem Vorwort, das Alfred Döblin als eine »ganz außerordentlich vehemente und blitzende ›Vorrede‹«[2] bezeichnete. 1925 gab Anton Kuh seine im Oktober dieses Jahres gegen Karl Kraus gehaltene Stegreifrede »Der Affe Zarathustras« in Druck. Nach mehrjähriger Pause folgten 1931 die satirischen Betrachtungen »Der unsterbliche Österreicher« und eine weitere Sammlung von Aussprüchen mit dem Titel »Physiognomik« (das Buch erschien ohne Jahresangabe, dürfte aber – wie eine Rezension vom 22. November 1931 vermuten läßt – auch in diesem Jahr herausgekommen sein).

Der bescheidene Umfang von Anton Kuhs schriftstellerischem Werk (zwischen Buchdeckeln), seine – wie er selbst einmal bekannte – »jahrelange, konsequente Faulheit . . ., Bücher zu schreiben«[3], einerseits und sein satirischer Witz, sein brillanter Verstand, seine Schlagfertigkeit, seine rhetorische Begabung und seine Fähigkeit, treffend zu formulieren, andererseits führten dazu, daß er als »Sprechsteller«[4] in die Geschichte der Kaffeehaus-Literatur eingegangen ist.

Als Journalist hingegen war Anton Kuh sehr rege. Er schrieb regelmäßig für das »Prager Tagblatt« und »Die Stunde«, Beiträge von ihm erschienen aber darüber hinaus in einer Vielzahl anderer Tageszeitungen und Zeitschriften. Sein journalistisches Œuvre umfaßt Feuilletons, satirisch-kritische Betrachtungen, Porträts berühmter Zeitgenossen und verstorbener Größen, Glossen zum Tagesgeschehen, Thaterkritiken und Buchrezensionen.

Nach Hitlers Machtergreifung wurden ihm die von Prag aus geführte Exilzeitschrift »Die Neue Weltbühne«, die Nachfolgerin der inzwischen verbotenen Berliner »Weltbühne«, und später, nach seiner Emigration in die Vereinigten Staaten im Jahre 1938, das Blatt des German Jewish Club »Der Aufbau« zum Forum für seine literarische Auseinandersetzung mit Hitler und dem Nationalsozialismus. Kaum ein Beitrag, in dem er sich nicht mit dem »Führer« und der politischen Entwicklung in Europa befaßte. Kuh bediente sich weiterhin gekonnt der Satire als Ausdrucksmittel, doch ist die reine Lust an der Polemik von deutlich spürbarem Ernst, von Besorgnis und Verbitterung überschattet.

Der Umfang seines journalistischen Schaffens ist nicht unbeträchtlich: Über tausend Beiträge sind inzwischen gesichtet (nur ein Bruchteil davon konnte in die beiden Auswahlbände aufgenommen werden), und so ist es an der Zeit, das gängige Klischee vom Kaffeehausliteraten, der »viel gesprochen und wenig geschrieben«[5] hat, zu revidieren.

Die in diesem zweiten Auswahlband enthaltenen – bisher praktisch unzugänglichen – Texte sind verschiedenen Tageszeitungen und Zeitschriften entnommen und innerhalb einzelner Themenkreise chronologisch geordnet. Eine geringfügige Kürzung wurde mit [...] gekennzeichnet. Die bei Anton Kuh oft unterschiedliche Rechtschreibung wurde in den meisten Fällen den heutigen Gepflogenheiten angepaßt, eindeutige Druckfehler wurden korrigiert. Unter den Exilschriften befindet sich der Essay »Escape from the Mousetrap«, in eigenwilligem, aber nicht minder wortgewaltigem und gewandtem Englisch verfaßt, das deutlich stilistische Merkmale von Anton Kuhs deutschsprachigen Schriften erkennen läßt. Eine deutsche Übersetzung, die jedoch nicht den Anspruch erhebt, Anton Kuhs Ausdrucksweise getreu nachzuvollziehen, ist im Anhang beigefügt. In dem 1938 in drei Fortsetzungen in »The Nation« erschienenen Aufsatz schildert Anton Kuh seine letzten Tage in Österreich vor Hitlers Einmarsch, seinen Plan zur Rettung seines Landes und sein daraufhin über Vermittlung von Alma Mahler-Werfel geführtes Gespräch mit einem Minister der Schuschnigg-Regierung[6] - eine Episode, die bisher nur aus Erzählungen und Anekdoten von Zeitgenossen bekannt war und die damit ihre autobiographische Bestätigung erfährt.

*

Für die zahlreichen Hinweise und die wissenschaftliche Betreuung danke ich: Thea Kuh Tausig (Genf), Ruth Greuner (Berlin/DDR), Mimi Grossberg (New York), Prof. Dr. Hartmut Binder (Ditzingen/Stuttgart), Prof. Dr. Alois Hofmann (Prag), Prof. Dr. Wendelin Schmidt-Dengler (Wien) und Prof. Dr. Viktor Suchy (Wien). Wertvolle Informationen erhielt ich auch von dem inzwischen verstorbenen Schriftsteller Prof. Friedrich Torberg. Ferner danke ich den Mitarbeitern des Dokumentationsarchivs des Österreichischen Widerstands, der Dokumentationsstelle für neuere österreichische Literatur, der Österreichischen Nationalbibliothek, der Wiener Stadt- und Landesbibliothek, der Wiener Universitätsbibliothek, der Deutschen Bibliothek Frankfurt/Main, des Deutschen Literaturarchivs (Schiller-Nationalmuseum, Marbach/Neckar), des Landesarchivs Berlin, der Deutschen Staatsbibliothek (Berlin/DDR), der Berliner Stadtbibliothek (DDR) und der Prager Universitätsbibliothek. Und ich danke dem Österreichischen Institut für Zeitgeschichte, das freundlicherweise die Genehmigung zur Wiedergabe des für den Schutzumschlag verwendeten Fotos erteilt hat.

Mein besonderer Dank gilt meinen Eltern, die mich während meines Studiums immer und in jeder Hinsicht unterstützt und damit auch die Herausgabe dieses Auswahlbandes ermöglicht haben.

Wien, 15. September 1983 *Ulrike Lehner*

Anmerkungen

1 Anton Kuh, in: Die literarische Welt, Jg. 3 (1927), Nr. 15/16, S. 3.

2 Alfred Döblin: Die geistige Revolution. In: Prager Tagblatt, Jg. 48, Nr. 28, 4. Februar 1923, Unterhaltungsbeilage.

3 Anton Kuh: Von Goethe abwärts, Aphorismen, Essays, Kleine Prosa, Forum Verlag, Wien-Hannover-Bern 1963, S. 175.

4 Diese Charakterisierung Anton Kuhs wird Kurt Tucholsky zugeschrieben.

5 Nachwort zu »Von Goethe abwärts«, S. 326.

6 Es handelte sich hierbei um den damaligen Unterrichtsminister Hans Pernter. Auch Alma Mahler-Werfel berichtet – in ihren Memoiren »Mein Leben«, Frankfurt 1963, S. 231 – von dieser Begegnung.

Flucht aus der Mausefalle

I

An die Spitze dieses Berichtes stelle ich meine Angst vor Gespenstern. Es wird sich zeigen, auf welch bezeichnende Weise sie mit der Geschichte des sterbenden Österreich zusammenhängt.

Jahrelang sind Gespenster im freundlichen, heiteren, sonnigen Österreich herumspaziert, und niemand hat sie gesehen, niemand wollte sie sehen. Und genauso wie mein armes kleines Land nicht merkte, wie sie bei hellichtem Tag umgingen, und infolge dieser Unaufmerksamkeit zugrunde gerichtet wurde, weigert sich die ganze Welt, Gespenster zu sehen, und glaubt nur an Fakten. Wenn diese Geschichte meiner – ich will es nicht verhehlen – chronischen Angst, die zugleich die Geschichte eines Staates ohne Angst ist, Politiker im »Umgang mit Gespenstern« unterweist, dann hat sie ihren Zweck erfüllt. Die Lehre daraus: Die beste Waffe gegen den Feind ist, ihn zu allem für fähig zu halten.

Blitze in einer Augustnacht

Wie Blitze einem Gewitter, so ging den letzten Tagen sowohl Österreichs als auch meiner österreichischen Existenz eine unvergeßliche Nacht voran. In jener Augustnacht war der Himmel schwarz und schwer von Regen, was nicht weiter überraschend war, da ich mich in Salzburg zur Zeit der Festspiele aufhielt. Ich saß mit einer befreundeten Dame aus der Tschechoslowakei unter den schützenden Arkaden eines großen Gasthausgartens. Statt der anheimelnden österreichischen Melodien hatte eine Bauernkapelle unter dem begeisterten Beifall der Gäste den ganzen Abend lang preußische Militärmärsche gespielt. Ich wußte daher, in welcher Art Lokal ich mich befand.

Wir waren die letzten in dem verlassenen Garten; die Kellnerinnen nahmen bereits die Tischtücher ab. Eine eigentümliche Stille nach dem Trubel – man hörte nur die schlurfenden Schritte auf dem Kies. Wir gingen über den Hof zum Ausgang am Salzachufer. Aber das Tor war versperrt. Irgendwer hatte es in unhöflicher Eile direkt vor unserer Nase verriegelt. Merkwürdig! Wir müßten zur Hintertür hinausgehen, bedeutete man uns, in die enge Gasse, die direkt nach Bayern und ins Reich führte.

Draußen blickte ich mich nach allen Seiten um, und mir kamen Bedenken. In der Gasse, in der die rote Lampe des Lokals gegenüber glühte wie eine letzte Verkehrsampel, standen drei Männer in einigem Abstand voneinander und warteten. Einer war ganz in der Nähe, die beiden anderen befanden sich auf dem gegenüberliegenden Gehsteig. Sie standen dort mit solch lässiger Nonchalance, daß ich mich unwillkürlich fragte, warum sie sich gar so betont desinteressiert zeigten. Da fiel mein Blick auf das Nummernschild eines Automobils, das von der Lampe vis à vis beleuchtet wurde. Es trug ein großes D. Aus Deutschland also? Der schwere Wagen stand im Schatten. Ich blickte rasch auf das Schild des Lokals. Ja, die Bristol-Bar. Hatte mich nicht eben dorthin vor ein paar Tagen dieser freundliche Mensch eingeladen, vor dem mich der Polizeichef gewarnt hatte? Rasch zurück in den dunklen Eingang. Erklärungen später. Wir laufen zurück, trommeln an die Tür des Oberkellners; er brummt etwas mit schläfriger Stimme (obwohl er das Tor erst vor zwei Minuten geschlossen hat). »Wenn Sie nicht sofort das vordere Tor aufmachen«, schreie ich, »zeige ich Sie an.« Er stellt keine Fragen, beschimpft mich nicht, will nicht wissen, warum ich ihn anzeigen will. Er kommt heraus und öffnet uns schweigend das Tor.

Kein Zweifel, man hatte meine Entführung geplant. Dessen bin ich mir heute, nach Österreichs »letztem Tag«, noch sicherer. Damals dröhnten mir die Wiener Warnungen im Ohr: Ich sollte mich nicht zu nahe an die Salzburger Grenze wagen; in abgefangenen Papieren war von mir und einem geplanten Anschlag die Rede. Durchaus glaubhaft jetzt. Der »Völkische Beobachter« hatte des öfteren in liebenswürdiger Weise seine Leser darüber befragt, wie lange man mich noch beobachten solle.

Ich gehe zurück zum Ufer der Salzach, wohin mich der mächtige Schlüsselbund des Oberkellners entlassen hat. Die Nacht ist noch nicht um. Ich hätte ihre erste Hälfte nicht so ausführlich beschrieben, wäre sie nicht der Auftakt zum eigentlichen Abenteuer gewesen, zu einem historischen Ereignis, möchte ich fast sagen.

Wir haben das Gefühl, noch nicht in Sicherheit zu sein. Im strömenden Regen hasten wir über die Brücke zu dem gemütlichen Café Bazar, das immer beruhigend voll mit Prominenz ist.

Bei diesem Regenguß ist das Café völlig leer. Aber draußen, in dem kleinen Garten, der zum Fluß hinunterführt, sitzt in einer Laube eine verspätete Gruppe von Gästen. Ein Mann ruft mir zu: »Sie sind also wieder da?« Ich trete näher und erkenne den Grafen

Franz Esterházy, einen bekannten Musikliebhaber – der Komponist Haydn lebte und arbeitete am Hofe seines Ururgroßvaters. »Ja, ich bin da, aber um Haaresbreite wäre ich jetzt dort drüben« – und ich deute nach Westen, in Richtung Deutschland. Dann erzähle ich meine Geschichte, ohne auf die anderen Leute am Tisch zu achten. Ein junger Mann, im Schatten der Efeuranken nicht erkennbar, unterbricht mich lachend: »Sehen Sie nicht Gespenster?« Stimme und Akzent sind die eines österreichischen Aristokraten. Ich sehe mir den Sprechenden genauer an.

»Gerade Sie, Hoheit, sollten das nicht sagen. Hätte Ihr Freund und Führer, Dollfuß, Gespenster gesehen, wäre er heute noch am Leben.«

Der junge Mann, dem ich dort zum ersten Mal begegnete, war Fürst Rüdiger Starhemberg, der frühere Vizekanzler und Kommandant der Heimwehr, auf Hitlers und Mussolinis Wunsch zum Rücktritt gezwungen, aber immer noch »erster Sportführer«. Im Februar 1934 hatte er die Wiener Arbeiter niederschießen lassen. Damals war er Schuschniggs Rivale.

Eine denkwürdige Unterhaltung folgt. Ich sage: »In diesen Zeiten muß sich ein Mensch, der gegen den Nationalsozialismus kämpft oder schlicht keine Sympathie für ihn zeigt, wie ein Hase fühlen, dem der Jäger auf der Spur ist. Ich habe den Instinkt eines gejagten Hasen. Denn ich kenne das Gesicht des Jägers. Jäger haben immer die gleiche Art Gesicht – von sturer Härte, heimtückisch, häßlich von Natur aus –, wie wir heutzutage sagen: weh, ein deutsches Gesicht. An Ihrer Stelle, Hoheit, hätte ich eine polizeiliche ›Physiognomie‹-Sondereinheit aufgestellt, um alle derartigen Gesichter aus Österreich zu entfernen.«

Starhemberg, der weiß, daß ich eher zur Linken neige, ist überrascht: Bin ich denn für einen Diktator?

Statt direkt zu antworten, verweise ich auf einen Artikel, den ich zur Zeit von Starhembergs Rücktritt für ein französisches Magazin geschrieben habe. »Ich ergriff darin Partei für Sie, gegen den Kanzler. Ich schrieb: ›Ein Mensch, der gegen Gangster Krieg führt, sollte keine Gefühle haben, nicht einmal demokratische Gefühle, sicherlich kein Nationalgefühl. Er muß sich vergegenwärtigen, daß es ein Kampf auf Leben und Tod ist, er muß . . .‹«

Starhemberg vollendete meinen Satz, lächelnd: »Er muß selbst ein Gangster sein.«

»Nein, aber er muß über die Gangster-Psychologie verfügen. Schuschnigg ist zu sehr Humanist. Seit seiner Gymnasialzeit ist er bei allem, was deutsch ist, sentimental. Das kann ihn in Schwierigkeiten bringen. Er wird nicht dafür büßen müssen, daß er zu sehr Diktator war, sondern dafür, daß er es zu wenig war. Eine Diktatur muß Angst und Schrecken verbreiten. Wenn sie es nicht tut, wenn sie auf halbem Weg stehenbleibt, wird sie von einer gründlicheren Diktatur verschlungen werden. Und deshalb bin ich jetzt – für Sie.«

Starhemberg sah spöttisch von einem zum anderen, als wollte er sagen: »Ist das nun ein Kompliment oder eine Beleidigung?« Dann wanderte sein Blick über die Efeuhecke hinweg zum Ufer der Salzach, wo seltsame Gestalten durch die Nacht streiften. Ein Gebirgler mit breitkrempigem Hut und wallendem Bart, der seit einer Viertelstunde mit seinem Bergstock unbekümmert Zigarettenstummel arretierte, fiel mir auf. »Schauen Sie!«

Starhemberg sah hin und lächelte abermals: »Keine Sorge, das ist mein Leibwächter.«

»Ich wäre auf der Hut vor dem Behüter. Den einen Tag kleidet sich der Polizist wie ein Bandit, den anderen Tag kleidet sich der Bandit wie ein Polizist.«

Es war im Scherz gesprochen. Aber Starhemberg sah plötzlich sehr ernst und nachdenklich aus. Ohne Zweifel sah er den Tag vor sich, an dem sein Freund Dollfuß von Verbrechern ermordet wurde, von denen einige wie Polizisten gekleidet und einige tatsächlich Polizisten waren. Vor meinen Augen erschien ein anderer Tag, der nicht in der Vergangenheit, sondern in der Zukunft lag, der Tag, an dem ganz Österreich wie ich in jener Nacht in einem weiten, aber plötzlich allzu engen Hof umherlaufen würde – nur würde dann nicht allein die Vorder-, sondern auch die Hintertüre versperrt sein. Lachen Sie, wenn Sie wollen, Hoheit; selbst Ihr Lachen wird ersterben.

Fünf Wochen – zwischen Wien und Prag

Weiter mit der Geschichte von den Gespenstern, die mich verfolgten – das heißt, mit der Geschichte vom sterbenden Österreich.

Den Februar und März dieses Jahres, die kritischen fünf Wochen zwischen Anfang und Ende des Dramas, verbrachte ich fast wie ein Schlafwagenschaffner zwischen Wien und Prag hin- und herpendelnd. Mein Paß ist gestempelt: 2. Februar, Abreise von Wien; 11. Februar, Ankunft; 15. Februar, Abreise; 16. Februar, Ankunft; 20. Februar, Abreise; 24. Februar, Ankunft; 25. Februar, Abreise; 26. Februar, Ankunft; 28. Februar, Abreise; 9. März, Ankunft; 11. März (das Ende Österreichs), Abreise.

Fast jeder dieser Tage ist ein historisches Datum. Am 4. Februar brach die Reichswehrrevolte aus; am 11. fand die Unterredung zwischen Hitler und Schuschnigg in Berchtesgaden statt; am 15. übernahm die österreichische Halbnazi-Regierung die Amtsgeschäfte; am 20. hielt Hitler seine große Rede; am 24. hielt Schuschnigg die seine; am 9. März kündigte er die Volksabstimmung an; am 11. überschritten deutsche Truppen die Grenze.

Der Leser darf sich nicht vorstellen, daß ich bei jedem dieser Geschehnisse aufsprang und in Windeseile zum Bahnhof rannte. Oft trat das neue Ereignis erst nach meiner Ankunft ein. Die Übereinstimmung der Daten deutet eher auf eine kontinuierliche und folgerichtige Vorahnung meinerseits hin – ich war damals Berichterstatter für ein Prager Finanzblatt und schloß auf die mir eigene Weise von einem Ereignis auf das andere.

Ein Außenstehender oder jemand, der den deutschen Berichten Glauben schenkt, meint den wahren Lauf der Ereignisse in dieser zeitlichen Abfolge ausgedrückt zu sehen. Daher wird er sich sagen: Zuerst revoltierten die Generäle; dies machte Hitler zu einer Versöhnung mit seinem Nachbarn bereit; er lud Schuschnigg nach Berchtesgaden ein; Schuschnigg jedoch verweigerte den Gehorsam; und so spitzte sich die Lage zu. In Wirklichkeit folgten die Ereignisse einander wie in einer Art Ibsen-Technik, ihr Auftreten und ihre jeweilige Bedeutung wurden in umgekehrter Reihenfolge sichtbar, so wie jede der aufeinanderfolgenden Szenen eines Ibsen-Dramas zunächst einmal enthüllt, was lange zuvor geschehen ist. Der 11. März war schon im 4. Februar enthalten. Aber um das zu begreifen, muß man Kenntnis von einem anderen Datum haben: Zwei Tage vor dem 4. Februar waren in Wien die Pläne für eine Verschwörung gegen die Regierung aufgedeckt worden, und sie trugen die Unterschriften von Hitlers Stellvertreter Heß und von einem der höchsten deutschen Truppenkommandanten.

Zu diesem Zeitpunkt war ich in Prag. Auslandskorrespondenten hatten mir vorher in Wien erzählt, daß ihre Botschaften ihnen das Versprechen abgefordert hätten, vorläufig keinen Gebrauch von den Wiener Enthüllungen zu machen. Schuschnigg hatte darum gebeten, im Interesse des Friedens. Mussolini hatte ihm tags zuvor, von Rom aus, klargemacht, daß er die Angelegenheit nicht hochspielen sollte.

Das Wesentliche dieser Aufschlüsse war bald im Ausland bekannt. Zugleich mit allgemeinen Anweisungen, Tumulte zu inszenieren, um dem deutschen Militär einen Vorwand für einen »friedlichen Einmarsch« zu liefern, sah der Plan - im Geiste des Dollfuß-Mordes ersonnen - vor, daß österreichische Nationalsozialisten, als Anhänger Kaiser Ottos und Mitglieder der Vaterländischen Front gekleidet, in die deutsche Botschaft in Wien eindringen und Herrn von Papen töten sollten: zwei Fliegen auf einen Schlag – Vorwand für eine Strafaktion und zugleich Beseitigung eines Mannes, der zu viele peinliche Geheimnisse teilte. Seit Juni 1934 hatte Papen um sein Leben gebangt und umso eifriger versucht, die Gunst des Nazi-Regimes zu gewinnen. (Die Nazis haben geleugnet, seine Ermordung geplant zu haben. Aber das mysteriöse Verschwinden von Papens Sekretär, dem Legationsrat Baron Ketteler, unmittelbar nach Hitlers Einmarsch in Wien, und die Entdeckung seines verstümmelten Leichnams liefern eine schockierende Bestätigung. In Hitlers Reich ist dies das Schicksal desjenigen, der zu viel weiß.)

In der Politik sind fixe Ideen manchmal dem logischen Denken förderlich. Dank meiner lebhaften Vorstellung, daß alles um mich und um Österreich sich rasend schnell drehte, wußte ich auf Anhieb Dinge, die sich erst später als richtig erwiesen. Die hohen Reichswehroffiziere hatten am 4. März ihren Dienst beim Führer keineswegs aus vagen Motiven des Kastengeistes und der »Weltanschauung« quittiert, wie dies die Weltpresse vermutete; die vorgeblichen »grundlegenden Meinungsverschiedenheiten« waren eher der Schleier über einem Geheimnis. Das Geheimnis war Österreich. General von Fritsch und sein Stab hatten durch ausländische Botschafter von den Wiener Enthüllungen Wind bekommen (das war offenbar ihr Hochverrat) und wollten mit der Angelegenheit nichts zu tun haben. Ich lief von Zeitungsredaktion zu Zeitungsredaktion und lancierte dort diese neue Vermutung, erntete jedoch nur allzu oft erstauntes Kopfschütteln.

Man kann sich meine Gefühle vorstellen, als ich eine Woche später auf meiner nächsten Fahrt nach Wien in den Abendzeitungen die Schlagzeile las: »Schuschnigg bei Hitler«. Handelte es sich um eine Versöhnung, um vor der Welt die Enthüllungen über die Reichswehr und den Wiener Plan zu verleugnen? Nein, ein hartgesottener Übeltäter würde darauf keinen Wert legen. Der Führer hatte erkannt, daß er sein Österreich nicht innerhalb von vierundzwanzig Stunden durch einen militärischen Handstreich einnehmen konnte. Er hielt ein Schreckensgericht über seine Offiziere. Fünfundzwanzig Generäle sollen umgebracht worden sein; andere flohen - nach Österreich! Einer von denen, die sich retteten - er lebt jetzt in der Schweiz -, hat berichtet, daß er Anfang Februar eine dringende Aufforderung erhielt, ins Reichswehrministerium nach Berlin zu kommen. Er machte sich per Bahn auf den Weg. Im Zug jedoch, sei es, daß er eine böse Vorahnung hatte, sei es, weil ihn seine Frau bestürmt hatte, nicht zu fahren, regte sich in ihm das Gefühl, die Sache sei ein wenig verdächtig. Er stieg bei der nächsten Station aus und kehrte nach Hause zurück, wo er seine Frau vor Entsetzen und Kummer aufgelöst vorfand. Sie hatte soeben ein Telegramm aus Berlin erhalten: »Ihr Mann ist bei einem bedauerlichen Unfall ums Leben gekommen. Sie können zu der und der Zeit seinen versiegelten Sarg abholen lassen.« Nun, auf diese Weise, denkt Hitler, werden wir die Reichswehr bald »sauber« haben. Danach können wir auf Plan A (Einmarsch in Österreich) zurückkommen. In der Zwischenzeit werden wir, selbst wenn unser Herz vor Ungeduld zerspringt, die friedliche Eroberung mittels einer »inneren Revolution« versuchen, aber auch dies darf nicht länger als vier bis sechs Wochen dauern. Wie läßt sich das in so kurzer Zeit machen? Die Polizei und der Apparat zur Aufrechterhaltung von Ruhe und Ordnung müssen in Nazihände kommen. Herr Schuschnigg kann dann so viele Reden halten wie er will, in denen er sein Volk zu einem heiligen Krieg aufruft.

Ich will nicht behaupten, daß ich Inhalt und Auswirkungen des Besuchs in Berchtesgaden sofort so klar und deutlich sah. Ich wußte nur, daß die Einladung unter Druck angenommen worden sein mußte, wahrscheinlich auf Geheiß Mussolinis - und das reichte mir.

II

Am Tage des Berchtesgadener Treffens hatte niemand in Wien eine Ahnung von seiner wahren Bedeutung. Es herrschte sogar eine der richtigen genau entgegengesetzte Deutung vor. Selbst heute bin ich noch ganz gerührt darüber; die Nazis, im Glauben, ihr Führer habe sie im Stich gelassen, indem er ihren Erzfeind einlud, gingen mit hängenden Köpfen herum, während diejenigen mit vaterländischen Neigungen und die Juden nach dem ersten Schock Zuversicht zur Schau trugen.

Hätten sie Schuschnigg am Abend jenes Tages in seinem Hotelzimmer in Salzburg sehen können – in demselben Salzburg, in dem ich ein halbes Jahr zuvor Gespenster gesehen hatte –, wie er seinen Gefühlen mit einem Tränenausbruch Luft machte, ehe er nach Wien weiterreiste, sie hätten schleunigst ihre Koffer gepackt. Denn die Tränen derjenigen, die uns regieren, bieten uns und unserem Schicksal keinen so verläßlichen Schutz wie ihre Verteidigungswaffen.

Was Schuschnigg in jenen Tagen erlebte, schrieb er unmittelbar darauf in einem Memorandum nieder. Dieses Dokument von unschätzbarem Wert soll sein Stellvertreter, Minister Zernatto, dem es gelang, am Abend des 11. März die Grenze zu erreichen, an einem sicheren Ort deponiert haben. (Das ist wahrscheinlich einer der Hauptgründe, weshalb Schuschnigg heute die Tortur der Haft über sich ergehen lassen muß; dieses Memorandum war sein »Hochverrat«.) Außerhalb Österreichs war vieles von dem, was vorgefallen war, bereits am nächsten Tag bekannt; wie dem österreichischen Kanzler, einem starken Raucher, nicht gestattet wurde, sich eine Zigarette anzuzünden, während sein Gastgeber stundenlang redete, angeblich, weil Hitler gegen Rauch empfindlich war, in Wirklichkeit aber, um Schuschnigg zu zermürben; wie der Kanzler dem deutschen Führer den von Heß und General Reichenau unterzeichneten Plan für den Anschlag übergab – woraufhin Hitler die Tür zum Nebenraum weit öffnete und drei Generäle eintreten ließ, zu denen er sagte: »Meine Herren, versichern Sie Herrn Schuschnigg, daß Sie marschbereit sind«; wie Hitler während dieser Unterredung demonstrativ eine Delegation geflüchteter österreichischer Verräter empfing und sich mit schallender Stimme an sie wandte: »Kinder, ich werde euch nicht länger im Stich lassen. Ihr werdet nach Österreich zurückkehren.« Aber viele, noch eindrucksvollere Einzelheiten erfuhr man nicht und weiß man bis heute nicht. Schließlich sah Schuschnigg, daß das Gespräch, eigentlich ein sechsstündiger Monolog Hitlers, hoffnungslos geworden war. Er verlangte, zu seinem Wagen gebracht zu werden. Hitler sah ihn an und sagte mit Nachdruck: »Sie werden reisen, aber in *meinem* Wagen.« Mit großer Würde fragte Schuschnigg: »Bin ich also bereits Ihr Gefangener?«

Drei Tage später war Wien genommen. Der Feind war in die Stadt eingelassen worden, sein trojanisches Pferd war das Polizei- und Sicherheitsministerium, das dem Nationalsozialisten Seyß-Inquart übergeben worden war. Aber im Gegensatz zu den griechischen Kriegern warteten die Angreifer nicht die Nacht ab, um aus ihrem Versteck hervorzukommen; sie kamen am hellichten Tag heraus, trugen das Hakenkreuz und riefen Siegesparolen.

Und die lässige Sorglosigkeit der Bürger?

Es war ein Hasardspiel zwischen der Angst vor Gespenstern und dem Vertrauen in die Welt (eigentlich in Europa), eine neue Art von Gesellschaftsspiel, das in den alten Speisezimmern, in den Bars und Kaffeehäusern gespielt wurde und bei dem man einander fragte: »Sind Sie ein Optimist oder sind Sie ein Pessimist?«

Mit jeder Rede, jedem neuen Ereignis wechselte die Stärke der Widersacher Optimismus und Pessimismus. Nach Schuschniggs Gelöbnis »Bis hierher und nicht weiter« schien eine neue Sonne über Österreich aufzugehen. Dann, nach der darauffolgenden Rede des Nazi-Ministers Seyß-Inquart, »Ihr jungen Nationalsozialisten habt gekämpft wie Teufel«, verdunkelte sie sich rasch. Während diese Reden und Gegenreden gehalten wurden, saß ich beinahe unentwegt im Zug zwischen Prag und Wien.

Ich bin in Österreich geboren; tiefer als viele andere hatte mich jede Zuckung seiner Existenz erschüttert. Ich wollte dort sein, wenn es ins Grab sank.

In der Mausefalle

Doch die Stimmen meiner Freunde mehrten sich; sie sagten: »Komm lieber nicht zurück.« Denn allmählich machte sich in ihnen allen – Optimisten und Pessimisten, Katholiken, Juden und Patrioten – das Gefühl breit, daß sie in einer Mausefalle gefangen waren.

Die Optimisten, natürlich, glaubten noch immer an eine Macht, die zum Unglück der Welt in den ganzen fünf Jahren seit 1933 nie Gestalt angenommen hatte, an eine internationale Gesundheitspolizei, welche die Ausbreitung politischen Aussatzes von einem Land aufs andere verhindern würde. Als Christen und gute Österreicher dachten sie: »Sie können ohne unsere Zustimmung kein anderes Volk aus uns machen, auch wenn wir dieselbe Sprache sprechen.« Die Juden dachten weiter: »Selbst wenn es geschieht, werden wir für die ›Befreier‹ eine fremde Rasse sein; und sie müssen uns wenigstens fragen, was wir tun wollen, gehen oder bleiben, und uns freies Geleit gewähren.«

Kurzsichtige arme Teufel! Nachher ihrer Bürgerrechte beraubt zu werden, nicht von ihren Landsleuten, den Österreichern, sondern von den siegreichen Eindringlingen, war das Geringste, was sie ertragen mußten. Selbst im schlimmsten Alptraum hätten sie sich niemals vorstellen können, mit welchen Mitteln und zu welchen Zwecken man ihnen nicht nur ihre Würde, sondern auch ihren Besitz nehmen würde, hätten sie sich niemals denken können, daß ein finanziell morscher Staat, um die Folgen seines eigenen Versagens wettzumachen und um in den Besitz unentbehrlicher Güter zu gelangen, sie kaltblütig – teils durch Gesetze, teils, indem man nachts in ihre Häuser und Wohnungen einbrach und Verbrechen verübte, neben denen die Schrecken der Bartholomäusnacht verblassen – ihres Reichtums berauben würde, den sie in Jahrhunderten mit kultiviertem Bürgerfleiß angehäuft hatten. Unfaßbar die Formel: »Wiens Juden sollen für Deutschlands Sünden zahlen.«

Um das zu verstehen, muß man – wie alle Reisenden, deren Weg in den letzten Jahren nach Österreich geführt hat – wissen, daß Wiener Juden in ihren Sitten, ihrem Auftreten, ihren geistigen Qualitäten – sie waren skeptisch und ironisch wie die besten Europäer – eine der vornehmsten Gesellschaftsschichten der Welt bildeten. Sie waren stark mit aristokratischem Blut vermischt, waren weder engstirnig noch prahlerisch; sie hielten ihre Blicke und Herzen immer auf das übrige Europa gerichtet und fühlten sich mit Recht als eine aus der alten Monarchie stammende Elite. Es erübrigt sich, die berühmten Namen aus Kunst, Wissenschaft und Industrie aufzuzählen, die diese kleine Gruppe von kaum 200.000 Menschen der Welt geschenkt hat.

Nun saßen sie alle in der Falle. Unheimlich aber war, daß während dieser ganzen Zeit, ja bis zum letzten entscheidenden Tag, das Wort Jude nicht aus einem einzigen höhnenden Mund zu hören war. Hitlers Mühlen mahlen reibungslos. Keine plötzlichen Gefühlsausbrüche begleiten das Werk der Rache. Selbst Akte zynischer Bestialität werden in militärischer Ordnung ausgeführt. Bezeichnenderweise haben sich die Deutschen den zweideutigen Ausdruck »Einzelaktionen« zugelegt, ein Schlagwort, welches vor der Welt verbirgt, daß die Polizei mit Verbrechern identisch ist, und ihnen gleichzeitig eine bessere Aufteilung der Beute ermöglicht. Jene, die – in der antisemitischen Stille der letzten Wiener Tage – zu hören verstanden, fürchteten sich umso mehr.

Viele der Opfer hätten sich möglicherweise immer noch retten können. Aber nun (am 9. März, als Schuschnigg die Volksabstimmung ankündigte) beginnt die wirkliche Tragödie, die zugleich ein lehrreiches Beispiel dafür ist, wie die Schwäche der Herrschenden den Untergang der Beherrschten bewirkt. Für die Wiener Juden brachte der Lauf der Ereignisse eine weitere, eine noch wichtigere Lehre – daß man niemals den Schutz einer erzwungenen Sympathie annehmen sollte.

Schuschnigg, halb Diktator, halb Demokrat, fiel die schreckliche Rolle zu, mitanzusehen, wie seine Liebe, nicht sein Haß, jenen den Untergang brachte, die seinem Schutz anvertraut waren. Ohne daß er es wußte, war ihm vom Schicksal die Aufgabe zuteil geworden, sein Land in eine Mausefalle zu verwandeln und sie selbst zuschnappen zu lassen.

Unter den Tausenden, die, nach Berchtesgaden, ihre Sachen für eine Reise packten und in ihren Zimmern Landkarten studierten, machte der Witz die Runde: »Was ist das wertvollste Wertpapier? Ein ausländischer Paß.« Aber nach Schuschniggs erster Rede änderten sie ihre Meinung. Die Ankündigung der Volksabstimmung gab ihrer Zuversicht neuen Auftrieb. Sie blieben fest und im Lande.

Wenn sie wenigstens einfach abgewartet hätten. Aber sie boten dem Eroberer die Gelegenheit, sich zu rechtfertigen, sie ins Gefängnis zu werfen und sie ihrer Habe zu berauben. Alle die Mächtigen und Berühmten des Landes erkannten das, sobald der Feind einmarschierte. Sie selbst hatten den Vorwand für ihre Verfolgung geliefert – ihre Namen wurden auf der Liste derjenigen gefunden, die Gelder für Propaganda zugunsten der Volksabstimmung gespendet hatten. Juden hatten tief in ihre Taschen gegriffen, um ihren Schirmherrn zu stärken – für den Feind war das ein Zeichen dafür, wie reich sie sein mußten.

Aber die Falle war noch nicht ganz zu. Richtig, niemand mehr konnte leicht hinaus, aber man konnte noch ohne Schwierigkeiten hinein. Schuschniggs diabolische Popularität brachte es zuwege, daß Menschen, die jahrelang, ja jahrzehntelang außerhalb des Landes gelebt hatten, im letzten Augenblick nach Wien reisten, um ihrer patriotischen Pflicht nachzukommen, beim Plebiszit ihre Stimme abzugeben. Viele von ihnen sind nie wieder gesehen worden; ihre Angehörigen wandten sich vergeblich an die diplomatischen Vertreter der Länder, in denen sie gelebt hatten. Juden waren keineswegs die einzigen, die dieses furchtbare Schicksal ereilte. Ganz besonders schrecklich ist die Geschichte einiger aufrechter Arbeiterführer, die im Februar 1934, zur Zeit des Massakers an den Wiener Arbeitern, nach Brünn in die Tschechoslowakei geflüchtet waren. All die Jahre ihrer Verbannung hindurch waren sie sich treu geblieben. Österreich existierte für sie nicht mehr. Dann öffnete Schuschnigg ihnen das Tor, damit sie ihre Anhänger für die Volksabstimmung gewinnen könnten. Einen Tag vor dem letzten Tag schnürten sie ihre Bündel für die Reise, mit einem letzten dankbaren Blick zurück auf die neue Heimat, die ihnen vier Jahre lang Sicherheit und Lebensunterhalt geboten hatte. Auch sie wurden niemals wieder gesehen.

Ich kam zur selben Zeit von Brünn und saß mit einigen von ihnen im Zug. Ihre Freude bedrückte mich. War es nicht gegen ihre Prinzipien, dem Ruf ihres früheren Feindes zu folgen, der nun, infolge einer gemeinsamen Bedrängnis, sozusagen im selben Boot saß? Erkannten sie nicht, daß dieses strategische Wohlwollen kein zuverlässiger Anker war?

Selbst den Sozialisten gegenüber hegte Schuschnigg zwiespältige Gefühle. Als Unterrichtsminister im Dollfuß-Kabinett von 1934 war er sich seiner Position sicherer gewesen. Heute brauchte er sie – zu spät –, um den Staat zu retten, betrachtete er sie als das »kleinere Übel«. Aber seine Liebe zu ihnen war, ebenso wie seine Liebe zu den Juden, eine defensive Liebe. Er wollte mit ihnen handeln, ihnen Zugeständnisse machen als Gegenleistung für ihre Ja-Stimme bei der Wahl. Aber er machte seine Angebote zögernd und halbherzig.

Als ich im Zug Brünn–Wien saß und österreichische Sozialisten zum ersten Mal seit vielen Jahren offen zueinander sprechen hörte, voll Vertrauen in die Zukunft, jedoch auf Gedeih und Verderb an die Hoffnungen jenes Mannes gebunden, der nach ihnen geschickt hatte –, in diesem Moment läutete, obwohl ich mir dessen gar nicht recht bewußt war, die Glocke meiner Befreiung. Ein Gedanke ergriff Besitz von mir. Er nagte in mir und wollte mich nicht mehr loslassen. Dieser Einfall, mit dem ich, wie es mir schien, mein Vaterland retten könnte, sollte mir dann tatsächlich, durch einen Witz der Vorsehung, meine eigene Rettung ermöglichen.

Ich wollte das Spiel der Weltpolitik spielen, mich als Literat in den politischen Strom werfen. Wer hört schon auf Leute wie uns, Leute, die nur an Einbildungen und Vorahnungen reich sind, die als Café-Bohemiens verspottet werden? Wer hat uns jemals um unseren Rat gefragt? Unsere einfache Weisheit gilt, weil sie zu direkt ist, als unpolitisch. Unser Zwei-mal-zwei-ist-vier ist niemals bis ans Ohr der Herrschenden gedrungen. Die Gilde der Politiker verbarrikadiert den Weg zu unserem zu unmittelbaren Wissen und unserer zu unmittelbaren Beobachtung, als stellten sie eine Schmutzkonkurrenz dar. Vielleicht würden mir die außergewöhnlichen Zeiten gestatten, etwas Außergewöhnliches zu vollbringen - ungleich jenem Gespräch mit Starhemberg in Salzburg, das mehr den Fürsten in ihm erfreut als dem Politiker ein Licht aufgesteckt hatte.

Wie konnte man Schuschnigg, dem weltfremden Halb-Diktator, beibringen, was ich hier im Zug gehört hatte? Wie konnte man ihm die Augen öffnen für die Not und die Verzweiflung?

III

Der elfte März

Am Morgen des 11. März saß ich in einem Wiener Kaffeehaus beim Frühstück. Ich war, man wird es kaum glauben, zurückgekommen, um zu wählen. Oder vielmehr, denn meine früheren Ängste waren nicht vollkommen vernunftwidrig gewesen, war ich zurückgekommen, um zu entscheiden, ob ich wählen oder wieder wegfahren sollte. Die Dame an meinem Tisch plauderte angenehm. Ich hörte sie nicht. »Ich habe eine Idee«, sagte ich. Sie lachte: »Sie haben immer Ideen.«

Diese meine Idee hatte ich am Tag zuvor im Hotel Bristol einem Freund vorgetragen, dem Übersetzer von Bernard Shaw, der wie alle Intellektuellen optimistisch war. (Ich begegnete ihm später auf der Flucht.) Sie hatte seine Begeisterung erweckt. Ich sollte sie sofort Schuschnigg unterbreiten, meinte er. Oho, nicht so eilig. Selbst in normalen Zeiten gelangen Aphorismenschreiber nicht so leicht in die Gegenwart von Kanzlern. Dann noch viel weniger heute, zwei Tage vor dem Plebiszit. Na schön, sagte mein Freund, aber ich sollte zumindest versuchen, meinen Plan einer gewissen Dame vorzulegen, die er mir nannte - ich kennte sie doch gewiß persönlich, die Gattin von Schuschniggs bestem Freund, dem Dichter Franz Werfel.

In der Tat kannte ich Frau Mahler-Werfel, die Witwe des Komponisten Gustav Mahler. Und dort am Kaffeehaustisch,

Freitag um halb neun, überlegte ich hin und her: »Soll ich die Frau eines Dichters mit Politik belästigen?«

Ich rief sie an. Frau Werfel bat mich, sie in einem Privathaus zu treffen. Ich sollte um elf dort sein.

Elf Uhr. Die Innere Stadt, in deren Zentrum besagtes Haus steht, ist überschwemmt von Menschen – von Menschen und Gespenstern. Die meisten Leute sind junge, »Heil Österreich!« rufende Männer in Rekrutierungsautos, die in endlosen Kolonnen durch die Straßen rollen. Sie werden von den Menschen am Straßenrand freudig bejubelt. (Ich sehe noch die rechtschaffenen Geschäftsleute vor mir, wie sie ihnen mit feuchten Augen flehentlich zuwinken. In welchem Gefängnis schrubben sie jetzt wohl die Gänge und Toiletten?) Inmitten dieser Menschen gehen in den überfüllten Straßen auch Gespenster, Kerle mit Wickelgamaschen und in Reithosen, das Hakenkreuz im Knopfloch schleichen sie dahin, mit ihren feisten Käsegesichtern.

Die Frau des Dichters empfängt mich, hört sich meinen Plan an. Ja, Schuschnigg muß davon erfahren; aber wie? Sie wird mit einem Minister des Kabinetts telephonieren, der bei Schuschnigg mehr Gehör findet als jeder andere. Zehn Minuten später steht der Minister vor mir – ein kleiner, zarter Mann, noch jung, dessen Gesicht und Haltung auf angenehme Weise seine humanistisch-jesuitische Erziehung verraten. Er sitzt auf der Armlehne eines Sessels. Mein Name erinnert ihn, sehr vage, an Literatur, an Nachtleben, an Anekdoten.

Ich erkläre ihm meinen Plan. Ich beginne mit der Feststellung, daß ich, untertänigst und bei allem gebührenden Respekt für die Regierung, daran zweifle, daß Schuschnigg um die tatsächliche Stimmung in den arbeitenden Klassen weiß.

Der Minister spitzt die Ohren.

»Ja«, sage ich, »die Erinnerung an den Feber 1934 sitzt zu tief. Alle diese Menschen, die sich nur der Not gehorchend neutral verhalten oder zu Hitler übergeschwenkt sind, würden sich nicht nur zu dreißig oder vierzig, sondern zu hundert Prozent für Österreich erklären, wenn man ihnen etwas Solides, Populäres, Greifbares anböte, so wie es die gegnerische Propaganda tut – etwas, das sie aufweckt. Stattdessen dreht und windet sich die Regierung in bürokratischen Phrasen, bietet halbherzig halbe Maßnahmen an. Und für derartige Dinge haben jene, die man gestern niederschlug, feine Ohren. Sie glauben, sie werden wieder ›eingeseift‹.«

Was hätte ich als etwas Solides, Populäres, Greifbares im Sinn?

Meine Idee läßt sich in einem Satz ausdrücken: Karl Seitz, der ehemalige Bürgermeister von Wien, der im Februar inhaftiert worden war, der populärste, unbestechlichste Mann der Sozialdemokratischen Partei, muß über das Radio zu den Arbeitern sprechen; und er wird es tun, wenn man ihm erlaubt, zu sagen, was er will.

Der Minister denkt über den Vorschlag nach. Ich unterbreche seine Überlegungen mit der Frage: »Weiß der Kanzler, daß viele der Polizisten in den Autos, die die demonstrierenden Nazis begleiten, die Leute mit dem Hitlergruß grüßen?«

Der Minister schreckt auf. Habe ich das mit eigenen Augen gesehen? Einem Entschluß bereits näher, kommt er auf meinen Vorschlag zurück, und wir betrachten ihn von allen Seiten.

An diesem Punkt unseres Gesprächs konnte ich mich kaum von einem Gedanken freimachen, der mich verfolgte: Ich saß da und der Minister hörte sich meine Ratschläge an; der Traum des »literarischen Müßiggängers« hatte sich erfüllt – die Regierung hörte ihm zu, fragte ihn, was zu tun sei. Wenn Träume wahr werden, dann ist das für gewöhnlich das Ende der Welten, in denen sie geträumt wurden. Sollte das bei meinem Traum genauso sein? Ich hätte fast einen zurückhaltenden, unnahbaren Minister vorgezogen, der selbst wußte, was er zu tun gedachte, ohne auf andere zu hören.

Der Minister erhebt sich. Mein Vorschlag wird nicht nur in Erwägung gezogen werden, sondern wahrscheinlich wird man ihm entsprechend handeln. In diesem Augenblick klopft jemand laut dreimal an die Tür – wie im zweiten Akt von »Don Giovanni«. Beide fahren wir unwillkürlich zusammen. Ein Mann erscheint; bei seinem Eintreten ist der Minister sichtlich erleichtert. Der Mann flüstert ihm etwas ins Ohr. Und nun wird der Minister kreidebleich. Er vergißt, sich zu verabschieden, und ist auch schon draußen.

»Was war das?« frage ich die Dame des Hauses. Sie versucht, mich zu beruhigen, während sie nervös mit ihrer Brosche spielt. »Wahrscheinlich war es der Polizeiinspektor, der jeden Minister begleitet; das Auto ist vielleicht in eine Demonstrantenschar geraten.« Aber sie glaubt das selbst nicht und macht sich zum Weggehen fertig.

Ein paar Minuten später, als ich das Haus verlasse, sehe ich einen Mann am Haustor stehen. Wie er da herumhängt, den Kopf friedlich gegen den Türrahmen gelehnt, und an seiner Zigarette zieht, sieht er aus wie jene Figur in den Stummfilmen von vor zwanzig Jahren, die immer finster vor einem Haus zu warten pflegte, bis das Opfer herauskam. Ich schaue ihn an. Er rührt sich nicht. Ich eile über die Straße.

Daß der Mann geschickt worden war, um das Haus zu beobachten, schien klar. Was der Unbekannte dem Minister zugeflüstert hatte, war nicht weniger klar. Er war um ein Uhr gekommen, genau zu der Zeit, als das erste Ultimatum aus Berchtesgaden im Kanzleramt eintraf. Das war es, was er ihm zugeflüstert hatte. Kein Wunder, daß der Minister bleich geworden und davongestürzt war.

Ich begebe mich auf dem kürzesten Weg nach Hause. Der nächste Zug geht um zwei. Ich habe keine Zeit zu verlieren.

Offen gesagt, wäre ich gerne geblieben, die Straße ergab ein so anziehendes, vielfarbiges Bild - trotz der Beimischung gefährlicher Farben; sie war so fröhlich-bunt, und die Bekannten, die ich unterwegs traf, lachten mich wegen meiner Hast aus. Aber schließlich geschah das Unerwartete: In dieser Stunde enthüllte sich mir die unmißverständliche Bedeutung meines Salzburger Erlebnisses.

Ein junger Mann ließ sich bei mir auf dem Zimmer melden. Er nannte sich Kaufmann W- (ein jüdischer Name) aus Prag. Er habe vom Hausmeister erfahren, daß ich diesen Nachmittag nach Prag wolle, und lud mich ein, ihn in seinem Wagen zu begleiten.

Ich fragte Herrn W-, den Prager Kaufmann, aus, und kam zu dem Schluß, daß er ein Sudetendeutscher war, kein Jude und nicht aus Prag. Plötzlich war mir, als sähe ich den Wagen in der einsamen Salzburger Gasse, das Licht der roten Lampe, das große D.

Ich verabschiedete mich von dem jungen Mann und tat, als hätte ich mich noch nicht entschlossen. Als ich die Treppe hinunterkam, überschütteten mich der Hausmeister und einer der Hausangestellten - zwei wackere Hitleranhänger, die nie viele Worte mit mir gewechselt hatten - mit einem Redeschwall: Wie verstiegen von mir, das Angebot des noblen Herrn, der nur zufällig von meiner Absicht abzureisen gehört habe, nicht anzunehmen, sagte der eine; während der andere ihm mit Falsettstimme und galoppierender Zunge sekundierte - so ein Glück und ich schlug es aus. Die Fahrt zum Bahnhof würde mich so viel kosten, das Gepäck noch extra, dann wären da die Fahrt vom Bahnhof und wieder das Gepäck; so eine gute Gelegenheit und so viel Unvernunft! Es war dreiviertel zwei. Ich hatte nur noch Zeit zu sagen: »Herr W– hat mir einen Geschwindigkeitsrekord versprochen, aber ich habe keine Lust, mir das Genick zu brechen.« Das war mein Abschied von Wien, von Österreich. Eine Viertelstunde später saß ich im Zug nach Prag. Die vielen hundert Menschen, die mit dem nächsten Zug um elf Uhr abends aufbrachen, wurden von SA-Leuten an der Grenze aus den Abteilen gezerrt und in Wien in den Kerker geworfen.

Epilog

An diesem Abend war ich bei einem Freund in Brünn zum Nachtmahl eingeladen. Der elfjährige Sohn des Hauses drehte das Radio auf, um das Philharmonische Konzert aus Wien zu hören. Wir lauschten – und schauderten.

Schuschniggs Abschiedsworte: »Ich weiche der Gewalt«. Musik. Wieder eine Stimme. Und wieder Musik. Die ganze Nacht hindurch spuckte der kleine Apparat zwischen Haydn und Mozart Weltgeschichte aus.

Am nächsten Tag, als ich wieder in den Zug stieg, um meine Reise nach Prag fortzusetzen, fand ich Menschen darin sitzen mit derart verbundenen Köpfen, daß nur noch ihre verängstigten Nasenspitzen hervorlugten. Sie weigerten sich, zu reden oder irgendwelche Informationen zu geben, denn ihre Familien waren noch in Wien. Und doch brachte man eine ganze Menge in Erfahrung – Polizeiberichte und Geschichte miteinander vermischt. Präsident Miklas hatte sich geweigert, die Ernennungsdekrete zu unterzeichnen, obwohl ihm die Nazis einen Revolver an den Kopf setzten; aus diesem Grund sitzen seine Söhne jetzt im Gefängnis. Schuschnigg war gezwungen worden zu sagen: »Kein Blutvergießen«; in Wirklichkeit war General Zehner, der kurz danach »Selbstmord beging«, zum Truppenkommandanten gegen Deutschland ernannt worden. Hunderte von Schriftstellern, Künstlern, Journalisten – unter ihnen viele meiner Freunde – waren ins Gefängnis geworfen worden. Langsam erfahren wir, was mit ihnen geschehen ist. Der größere Teil von ihnen wurde nach Dachau geschickt. Ein berühmter Theaterdirektor wurde festgenommen, in den Wienerwald geschleppt und kastriert. Er starb daran. Andere begingen den »deutschen Selbstmord«. Besonders symbolhaft aber war das Schicksal von Egon Friedell, dem Bernard Shaw von Wien, dessen eher reaktionäre als liberale Kulturgeschichte sogar vom Feind akzeptiert worden war. Die Nazis hatten ihre Hände dabei nicht im Spiel, aber es ist bezeichnend für sie, daß diese Geschichte, in der sie nur als gespenstische Bedrohung auftauchen, erschütternder ist als jede andere. Friedell lebte in seinem eigenen dreistöckigen Haus. Ferner wohnte dort ein junges Mädchen, das mit zwei SS-Männern befreundet war. Eines Abends, nach der Errichtung des neuen Regimes, kamen die beiden jungen Männer ins Haus, um das Mädchen auszuführen, doch sie irrten sich in der Tür und drückten auf die falsche Klingel. Dr. Friedell öffnete, erblickte sie, und ohne zu fragen, was sie wollten, stürzte er zum Fenster. Einen Augenblick später schlug sein mächtiger, hundert Kilo schwerer Körper drei Stock tiefer auf dem Pflaster auf.

Das war beinahe meine eigene Erfahrung aus zwanzig Jahren, in eine Sekunde gepreßt und mit tragischem Ausgang. Sie schauen – und stürzen ins Nichts. Man kann das Wesen des Neuen Deutschland nicht besser zum Ausdruck bringen. Weh dem, der keine Angst vor Gespenstern hat und sie zu einem Trunk, einem Gespräch oder zur Unterzeichnung eines Vertrages einlädt.

Übersetzung: Ulrike Lehner, Utta Roy-Seifert

Quellen:

Der Aufbau. Hrsg. German Jewish Club, später: New World Club, New York 1933 (Jg. I)

Wo kommen die Gesichter her? Jg. VI, Nr. 34, 23. August 1940, S. 2
Der hereingelegte Olymp, Jg. VI, Nr. 44, 1. November 1940, S. 6
Maeterlinck und Popper, Jg. VI, Nr. 46, 15. November 1940, S. 3
Der martialische Piccolo, Jg. VI, Nr. 47, 22. November 1940, S. 4
Hitler bringt die Toten zusammen, Jg. VI, Nr. 51, 20. Dezember 1940, S. 5

Die Bühne. Zeitung für Theater, Literatur, Film, Mode, Kunst, Gesellschaft, Sport. Hrsg. Verlag »Die Stunde«, Wien 1924 (Jg. 1)

Die Stimmen der Presse, Jg. 1, Nr. 2, 14. November 1924, S. 17
Zwei Parodien, Jg. 2, Nr. 9, 8. Jänner 1925, S. 4
Hans Nebbich im Glück, Jg. 3, Nr. 79, 13. Mai 1926, S. 41
Beim Geheimrat, dem Friseur, Jg. 3, Nr. 83, 10. Juni 1926, S. 15

Der Friede. Wochenschrift für Politik, Volkswirtschaft und Literatur. Hrsg. Dr. Benno Karpeles, Wien 1918 (Jg. 1)

Girardi, Jg. 1 (1918), S. 335–336
Deutschösterreichisches, Jg. 2 (1918/19), S. 315–316
Die Agonie des Leitartikels, Jg. 3 (1919), S. 36

Wiener Mittags-Zeitung. Wien 1901 (Jg. 51, davor: Die Morgen-Post, Wien 1851, bzw. Wiener Tagblatt, Wien 1886)

Bayern 1921, Jg. 71, Nr. 188, 19. August 1921, S. 3 und Jg. 71, Nr. 189, 20. August 1921, S. 5

The Nation. New York 1865 (vol. 1)

Escape from the Mousetrap, vol. 146, No. 23, 4. Juni 1938, S. 645–647; vol. 146, No. 24, 11. Juni 1938, S. 674–676 und vol. 146, No. 25, 18. Juni 1938, S. 701–703

Der Querschnitt. Begründet von Alfred Flechtheim, Propyläen-Verlag, Berlin 1921 (Jg. 1)

Lexikon berühmter Sachsen, Jg. 10 (1930), S. 331–332
Ödön Horváth: »Der ewige Spießer«, Jg. 10 (1930), S. 852
Sach-Lexikon, Jg. 11 (1931), S. 38
Hofmannsthal, Jg. 11 (1931), S. 573
Der Backfisch, Jg. 12 (1932), S. 257-258 (auch in: Von Goethe abwärts. Aphorismen, Essays, Kleine Prosa. Forum Verlag, Wien-Hannover-Bern, 1963, S. 289-291)

Die neue Revue. Hrsg. Gert von Gontard, Berlin 1930 (Jg. 1)

Was ist pensch? Jg. 2 (1930/31), S. 290–293

Pariser Tageblatt. Quotidien en langue allemande, Hrsg. Wladimir Poliakoff, Paris 1933 (Jg. 1)

Ich lerne Französisch, Jg. 2 (1934), Nr. 343

Prager Tagblatt. Prag 1876 (Jg. 1)

Schuhmeier, Jg. 38, Nr. 44, 14. Februar 1913, S. 1-2
Der Sommer-Lebemann, Jg. 38, Nr. 204, 27. Juli 1913, S. 4-5
Wedekind, Jg. 39, Nr. 201, 24. Juli 1914, S. 5
Es onkelt . . ., Jg. 40, Nr. 329, 28. November 1915, S. 8
Der umgewandelte Kommis, Jg. 40, Nr. 350, 16. Dezember 1915, S. 4-5
Zeitgeist im Literatur-Café, Jg. 41, Nr. 92, 2. April 1916, S. 7
Weltfeiertag, Jg. 41, Nr. 113, 23. April 1916, S. 6
Die Zeitung des Gerüchtes, Jg. 41, Nr. 230, 20. August 1916, S. 4
»Hjuhs«, Jg. 41, Nr. 313, 11. November 1916, S. 3
Der »Erste Wiener«, Jg. 41, Nr. 325, 23. November 1916, S. 5
Melange = Milch + Kaffee, Jg. 42, Nr. 80, 23. März 1917, S. 4
Parlamentarischer Bilderbogen, Jg. 42, Nr. 154, 7. Juni 1917, S. 2
Hausierer-Requiem, Jg. 42, Nr. 267, 29. September 1917, S. 2-3
Monographie der Möbelpacker, Jg. 42, Nr. 319, 20. November 1917, S. 2 u. 3
Wien ohne Zeitung, Jg. 43, Nr. 18, 20. Jänner 1918, S. 2

Servas! Jg. 43, Nr. 75, 31. März 1918, S. 4
Am Wendepunkt, Jg. 43, Nr. 241, 17. Oktober 1918, S. 3
Café de l'Europe, Jg. 43, Nr. 296, 21. Dezember 1918, S. 2
Patej und Lukaj, Jg. 44, Nr. 40, 15. Februar 1919, S. 2
Diktatur der Tertianer, Jg. 45, Nr. 77, 31. März 1920, S. 2
Der Student von Wien, Jg. 45, Nr. 100, 28. April 1920, S. 3
Goetze und Ketzer, Jg. 47, Nr. 274, 23. November 1922, S. 3
Die politische Feuerwehr, Jg. 48, Nr. 150, 30. Juni 1923, S. 1
Wie lernt man eine Frau kennen? Jg. 50, Nr. 139, 14. Juni 1925, S. 3
Die furchtbaren Witzerzähler, Jg. 50, Nr. 296, 20. Dezember 1925, Beilage S. II
Ein Sujet – ein Sujet! Jg. 52, Nr. 91, 17. April 1927, S. 4
Der wahre und der falsche Heurige, Jg. 52, Nr. 248, 19. Oktober 1927, S. 3
Der Bohemien, Jg. 53, Nr. 134, 7. Juni 1928, S. 5
Bar-Amerika, Jg. 53, Nr. 143, 17. Juni 1928, S. 4 (in anderer Fassung in: Von Goethe abwärts, S. 79–81)
Der Traum von der vierten Galerie, Jg. 55, Nr. 111, 11. Mai 1930, S. 9
Der Tag des Rundfunks, Jg. 56, Nr. 167, 19. Juli 1931, Beilage S. II
Posa antichambriert, Jg. 56, Nr. 233, 7. Oktober 1931, S. 3
Capistran, Jg. 56, Nr. 253, 31. Oktober 1931, S. 2
Das tägliche Zwiegespräch, Jg. 57, Nr. 89, 14. April 1932, S. 4
Über das Reden, Jg. 57, Nr. 93, 19. April 1932, S. 3
Wörterbuch des Fremdenverkehrs, Jg. 58, Nr. 130, 3. Juni 1933, S. 3
»Der Sterbende murmelte unverständliche Worte«, Jg. 59, Nr. 121, 26. Mai 1934, S. 3
Angelina oder: Der Blick durchs Schlüsselloch, Jg. 59, Nr. 146, 24. Juni 1934, Beilage S. II
Tagebuch aus einem Sanatorium, Jg. 59, Nr. 175, 29. Juli 1934, Beilage S. II
In London überrascht, Jg. 60, Nr. 81, 5. April 1935, S. 3
Kleiner Führer durchs Englische, Jg. 60, Nr. 95, 21. April 1935, S. 3–4
In der Filmkantine, Jg. 61, Nr. 243, 18. Oktober 1936, Beilage S. II
Pythagoras und das Tischtuch, Jg. 62, Nr. 1, 1. Jänner 1937, Beilage S. II

Die Stunde. Wien 1923 (Jg. 1)

Lama, Hund und Taucher, Jg. 1, Nr. 51, 1. Mai 1923, S. 3 (in anderer Fassung in: Von Goethe abwärts, S. 135–137)
Der zertretene Rasen, Jg. 1, Nr. 69, 25. Mai 1923, S. 3 (auch in: Von Goethe abwärts, S. 283–284)
Wien am Gebirge, Jg. 1, Nr. 101, 4. Juli 1923, S. 3
Teut im Wahlkampf, Jg. 1, Nr. 193, 21. Oktober 1923, S. 3
Sipo, Schupo, Apo und Pogrom, Jg. 1, Nr. 207, 18. November 1923, S. 3
Der heilige Boden, Jg. 1, Nr. 217, 22. November 1923, S. 3
Die »blonden Mädels« und die »Tante«, Jg. 3, Nr. 647, 6. Mai 1925, S. 5
Das Reise-Visavis, Jg. 3, Nr. 712, 25. Juli 1927, S. 5 (in anderer Fassung in: Von Goethe abwärts, S. 43–45)
Die Zweite von rechts, Jg. 4, Nr. 874, 7. Februar 1926, S. 5

Die Weltbühne. Wochenschrift für Politik, Kunst und Wirtschaft. Begründet von Siegfried Jacobsohn, 1926–1933 geleitet von Carl von Ossietzky, Berlin (Jg. 1, 1905, Die Schaubühne)

Ein ausgestorbenes Rollenfach, Jg. 14 (1918), S. 181–183
Die Politik der Tertia, Jg. 14 (1918), S. 557–558

Die neue Weltbühne. Wochenschrift für Politik, Kunst und Wirtschaft, Prag-Paris-Zürich 1933 (Jg. 1)

Friedensangebote, 1936, Nr. 11, S. 345–346
Schachtelsätze, 1936, Nr. 33, S. 1046–1047
Malheur mit 98, 1936, Nr. 41, S. 1300–1301
Reichstagsbrand in Marokko, 1937, Nr. 3, S. 88
Fünf historische Stunden, 1937, Nr. 49, S. 1557–1558

Vossische Zeitung. Berlin 1785 (Jg. 1)

Die Verhaftung Adolf Loos', Nr. 216, 9. September 1928, Erste Beilage

Inhalt

I. Am Wendepunkt

II. Ein ausgestorbenes Rollenfach

III. Die Agonie des Leitartikels

IV. Der Bohemien

V. Weltfeiertag

VI. Der hereingelegte Olymp

Anton Kuh
im Diogenes Verlag

Metaphysik und Würstel
Feuilletons, Essays und Publizistik
Herausgegeben und mit einem Nachwort
von Ruth Greuner
detebe 21455

Hans Nebbich im Glück
Feuilletons, Essays und Publizistik
Neue Sammlung. Herausgegeben und mit
einem Nachwort versehen von Ulrike
Lehner. detebe 21456